亞當‧席塞爾 ADAM SEESSEL——著 陳儀——譯

科技股的 價值投資法

3 面向、6 指標，全面評估企業獲利能力， 跟巴菲特一起買進科技股

WHERE THE MONEY IS

VALUE INVESTING IN THE DIGITAL AGE

謹將本書獻給我的雙親

湯姆與黛安

他們教我熱愛優質的寫作

並欣賞嚴謹的探索精神

身為一名新手，我還沒有被舊體制的扭曲傳統影響，因此，當各種全新的動力開始對金融領域產生影響時，我總能輕易明快採取回應。憑藉著比眾多前輩更透徹的眼光和更敏銳的判斷力——因為那些前輩的才智已被他們的經驗腐化了——我學會區分什麼是重要的、什麼不重要；什麼是可靠的、什麼不可靠；甚至學會了什麼是誠實的，什麼又不誠實。

——班・葛拉漢（Ben Graham），
《價值投資之父葛拉漢：賺錢人生》（*The Memoirs of the Dean of Wall Street*）

投資的關鍵不是要評估一個產業將對社會產生多大的影響，也不是評估它將成長多少，而是要判斷任何一家特定企業的競爭優勢是什麼，最重要的是要判斷那個優勢的耐久性。

——華倫・巴菲特（Warren Buffett），《財星》（*Fortune*），1999 年

免責聲明

本書參照之具體價格數據與資訊是由 ICE 數據公司（ICE Data）提供。ICE 數據公司不擔保前述數據與資訊之準確性或完整性，且對與那些數據與資訊的使用不負任何責任。

本文件的任何內容皆不應被理解為具體的投資建議，也不宜將之視為買賣任何投資商品或進行任何型態之投資的推薦意見。本書不構成任何出售要約，也不構成徵求購買任何證券的要約──唯有在合格受要約人（offeree）收到保密之私人發售備忘錄或其他描述該發售案之正式授權文件等情況下，才能提出那種要約徵求。本書所描述的所有基金資訊隨時都可能出現變動。

本書提供的所有資訊可能在後續版本中加以修改或增補。

本書討論的投資標的只涵蓋作者可代表他本人所管理的基金或為客戶投資的那些標的類型，未納入所有投資主題。但作者並不保證他的任何基金或客戶未來一定會（或一定不會）投資那些證券。讀者不該假設本書討論的任何一個投資主題或概念絕對有利可圖──無論是就過去或未來而言──也不該假設作者未來提出的推薦意見絕對有利可圖，另外，讀者也不該假設那些推薦意見能創造與本書討論之投資主題或概念等量齊觀的投資績效。

　　本書提出的所有績效資訊、預估值、市場預測以及估計，皆屬前瞻性聲明（forward looking statements），且是以特定假設為基礎。因此，不該將任何估計值、預測值和假設，理解為對未來將發生或過去已發生之實際事件的陳述。過往績效不盡然代表未來的成果。儘管我們相信本書準備的所有資訊皆已相當精確，但作者不對本書完整性或精確性做任何公開或含蓄的擔保，也不會為本書出現的誤謬負責。

目 錄

第三部　綜合分析

術語說明

　　這是一本探討投資的書籍，因此本書理所當然地包含許多商業、財務和會計術語。然而，不熟悉這些術語的讀者不該因此而卻步。資金管理圈的專業人士和各個高薪專業領域裡的多數人一樣，喜歡使用一些深奧難懂的語言，其目的無非是為了讓他們的工作看起來很困難，實際上卻不然。說穿了，那只是一種故弄玄虛的煙幕彈，投資顧問想用那樣的方式來證明他們的收費並不離譜。

　　誠如彼得‧林區（Peter Lynch）在他近一個世代前寫的書裡所言，我相信投資太過重要，不能一股腦兒全部託付給專家。一如林區，我也認為任何一個有才智、常識且在社會上歷練過的人，都有可能成為優秀的投資人。事實上，由於業餘投資人較無需承受短期盈虧的壓力，因此反而常比專業投資人更能立於不敗之地，善加利用市場上的機會來獲取利益。具體來說，當專業人士忙著煩惱下一季的績效將從何而來之際，業餘投資人反而能好整以暇地將眼光放長，而長期投資才是真正的獲利之道。

　　話說回來，會計是商業的語言，不管你是要到外國旅遊或是要涉足商務領域，懂這些行話總是有幫助的。不過，我要再重申一次，請無須害怕。投資人必須理解的那部分會計知識一點也不神

祕，而且不是非常複雜。

　　本質上來說，會計只是計算一家公司擁有多少財產、欠多少錢的學問，另外，會計也能幫助企業追蹤流入與流出公司的資金。說穿了，會計只是商業人士用來計分的一組規則。誠如本書稍後將說明的，這些規則會隨著經濟現實的改變而調整。我們敢說，鑑於數位世代快速興起，目前的會計系統應該要進行很多那類調整。

　　我將在接下來的章節，竭盡所能地以最簡單的用語，解釋不見得每個人都能輕鬆理解的金融和會計概念。

　　然而，如果你還是難以理解我的解釋，我在本書結尾處附上一份術語表，表中包含我使用的每一個商業及金融術語的定義。如果參考術語表後，你還是感覺一頭霧水，請上 Investopedia.com 網站查詢，這是免費的網站，它以簡潔的文字為這類術語做註解，相當實用。如果你還想更深入探究，我建議你閱讀傑佛瑞・李鐸（Jeffrey B. Little）與路西恩・羅德茲（Lucien Rhodes）合著的《瞭解華爾街》（暫譯，*Understanding Wall Street*）。這是我結束記者生涯、剛加入金融圈時選讀的第一批初學者入門書之一，內容淺顯易懂，對我助益良多。

迅速坐大的科技公司

　　過去十五年，我大學時代的朋友之一亞歷克斯（Alex）只用了一個非常簡單的策略，就累積了可觀的財富：他只持有一家企業的股票，而那家企業是蘋果公司（Apple）。亞歷克斯是在 2007 年買入蘋果公司的股票，當時它剛推出 iPhone。他是根據以下邏輯而購買蘋果公司的股票：

A. 我剛買了一支 iPhone，它的確是一項革命性的產品，想必現在和未來很多年，將有更多、更多的民眾也會購買它。

B. 蘋果公司的股票價格將會隨著 iPhone 的銷售量而逐漸水漲船高。

　　誠如下圖所示，最後的結果顯示，亞歷克斯的看法正確得荒謬絕倫。在這十五年間，以標普 500 指數（S&P 500）衡量的大盤指數上漲了大約三倍，而蘋果的股票則上漲大約四十五倍。

　　然而，如果只看蘋果公司的驚人漲幅，一定會忽略一個事實：
過去十五年間，蘋果公司的股票市值曾四度下跌 30%。換言之，每
隔三至四年，亞歷克斯的畢生積蓄都會縮水幾乎三分之一。任何曾
經投資股票市場的人都知道，那絕對是非常煎熬的感受。

　　不過，亞歷克斯並沒有失去理智，沒有因此廢寢忘食，更沒有
對他當初持有蘋果公司股票的那個邏輯失去信心；總之，他現在變
得非常有錢，一切只因他看出一家卓越企業的價值，並堅定持有它
的股票。如果在蘋果公司剛推出 iPhone 時投資 1 萬美元到它的股票，
到今天，那些股票已價值將近 50 萬美元，這個成果大約是投資標普
500 指數的十五倍。

　　不過，請別搞錯重點，上述大盤指數報酬已經算是非常好了。
過去一百年來，儘管美國股票市場劇烈起伏且偶有崩盤，卻向來是

從 iPhone 在 2007 年推出後的總報酬

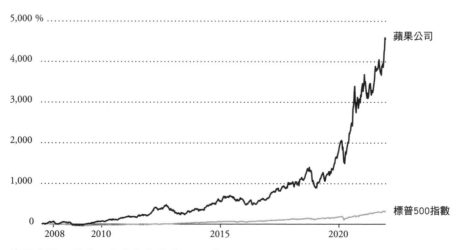

資料來源：輝盛研究系統公司（FactSet）

累積財富的最佳場所。這個事實並不是什麼神祕的理由所造成。很多民眾認為美國股票市場像是令人難以區分真實與幻覺的鏡廳（hall of mirrors），也有民眾認為它像被奧茲國（Oz）巫師幕後操縱的翡翠城（Emerald City，譯注：引用自《綠野仙蹤》），但事實正好相反。美國股票市場其實只是眾多美國企業組成的集合體——而這些企業的利潤隨著時間而成長。當企業的利潤成長，它們的市值也會上漲。如果你相信美國將繼續成長並欣欣向榮，就應該參與這股成長趨勢，從中分一杯羹。

誠如下圖所示，美國股票市場平均每年增值 8％至 10％——視採用的指數與衡量的期間而定。另一個累積長期財富的主要管道（美國房地產）的成長率，則明顯遜色——美國房地產市場平均每年僅成長 5％。以當今的利率環境來說，三年期定存單的年利率大約是 1％，商用支票存款帳戶的平均利率更僅區區 0.04％。

除非你理解複合成長（compounding）的力量，否則一定感覺上述各種商品的收益率差異聽起來沒什麼大不了的。複合成長是指某些事物的成長模式，包括運算能力、企業利潤、股票價值等的成長模式，特別是以「成長」本身為基礎的成長模式，這種成長模式就像滾下山的雪球，持續不斷地蓄積動能和規模。如果你投資 1 萬美元到美國房地產市場，以房地產每年增值 5％的合宜報酬率推算，五十年後，你的淨資產將略高於 10 萬美元。不過，如果把同一筆資金投入股市，根據股票市場的平均報酬推估，你最終將累積超過 70 萬美元的財富。

從下圖便能清晰理解為何愛因斯坦（Albert Einstein）將複利稱

股票打敗其他資產類別

投資 1 萬美元後的價值變化，根據平均年度報酬計算而來 *

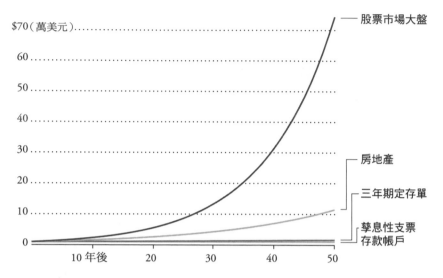

* 以下述報酬率為基礎：孳息性支票存款帳戶（0.04％），三年期定存單（1％），房
　地產（5％），股票市場（9％）

為世上第八大奇蹟。這張圖也說明了為何應該投資股票市場。愈年
輕的人愈應該投資股票市場，原因很簡單，因為你有更多時間讓市
場去經歷它的起起伏伏，並隨著時間一步步獲取市場的平均報酬，
最後坐享複合成長的好處。即使你現在已經四十歲，我還是認為你
不該持有太多債券，甚至不該持有任何債券，因為債券支付的利息
並沒有比三年期的定存單利率高多少。某些所謂 2045 年目標日期基
金（2045 target date funds）持有高達 15％的債券曝險部位，但我認
為 15％太多了。未來你有超過二十年的時間能讓偶爾劇烈起伏的報
酬率趨向平滑，所以，你應該放手讓美國企業界的成長來為你效勞。
　　投資股票市場時，可以採取投資整體市場的形式，也可以選擇
投資具體的標的。不熟悉市場或對「市場」戒慎恐懼的人偏好被動

投資法；這種投資人會購買單純複製股票市場大盤指數的指數型基金。而在這類投資人當中，稍稍有冒險精神的人則會購買各種不同的指數股票型基金（exchange-traded fund，以下簡稱 ETF），這種基金會先在整個經濟體系裡找出它們認為未來將績效超前的個別產業，接著透過其投資組合追蹤並複製那些產業。至於我，則是投資特定的個別股票。

一如亞歷克斯和他持有的蘋果公司股票，我也想要找出未來將表現比大盤指數（大約是每年成長 9％）優異的企業。我建議你也採用這種投資方式。我將透過本書把相關的投資技巧傳授給你，另外，我也會具體說明要怎麼使用我的投資方法。

市場上有數以百萬計的其他人不斷想方設法，希望創造超越市場的績效，而要在如此激烈競爭的環境中找出一個真正能打敗市場的概念，簡直比登天還難。那就像嘗試解一個複雜的謎題或是去尋寶，如果你不打算嚴肅應對這個挑戰，就乾脆不要接受這個挑戰。畢竟這個世界上有很多無須賭上畢生積蓄的謎題可解，也有很多無須賭上畢生積蓄的尋寶遊戲可參加。然而，如果你能像亞歷克斯一樣專心致志地識別、購買並長期持有優於平均水準的股票，你一定也能累積到實實在在的長期財富。複合成長的魔法將讓你達到那個目的：投資 1 萬美元到年報酬 9％的大盤指數，五十年後，你將擁有 70 萬美元以上的財富，而如果你把相同金額的資金投資到年報酬 12％的產品，五十年後，你將坐擁 300 萬美元。

當然，關於這個主題，一幅畫面絕對勝過千言萬語：請看看另一面的圖形。

一個世代前，彼得・林區也曾在他的一系列暢銷投資書籍裡——其中最有名的是《彼得林區選股戰略》（*One Up on Wall Street: How to Use What You Already Know to Make Money in the Market*）——提出類似的主張。林區在擔任富達麥哲倫基金（Fidelity Magellan）的基金經理人時，成功創下長期打敗大盤的優異記錄，他對想經由挑選個股來累積財富的業餘投資人提出一份別出心裁的三點建議：

1. 運用你個人平日的歷練與常識，找出優於平均水準的企業。
2. 投資那些企業。
3. 好整以暇地坐等複合成長魔法發揮它的作用。

表現優異的股票能打敗市場

投資 1 萬美元後的價值變化，根據平均年度報酬計算而來 *

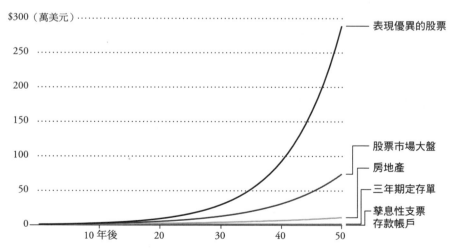

* 以下述報酬率為基礎：孳息性支票存款帳戶（0.04%），三年期定存單（1%），房地產（5%），股票市場（9%），表現優異的股票（12%）

　　林區在《彼得林區選股戰略》中寫道：「最終來說，」「優質的企業終將成功，平庸的企業終將失敗，而這些企業的投資人將因此獲得回報或發生虧損。」

　　直到如今，林區的意見仍一如往常地中肯，問題是，過去一個世代的技術變遷，早已顯著改變了我們的經濟體系，而所謂「優秀企業」的本質和特性，也和過去大不相同。林區出書時，網際網路、手機和社群媒體還不存在，而他為了說明日常生活中的優秀企業具備什麼特質而舉的例子，如玩具反斗城（Toys "R" U）、速霸陸（Subaru）和漢佰公司（Hanes，蕾格絲〔 L'eggs 〕褲襪的生產商）等，如今都已落伍到令人感到可笑。我這麼說並不是有意貶損彼得‧林區——畢竟這個世界本來就不斷改變；不過，我們還是必須承認，當初促使他選擇那些股票的同一套常識，如今卻告訴我們要對那類股票敬而遠之。目前內燃機引擎汽車面臨了無人駕駛與電動車的雙重威脅；多數女性早就不再穿褲襪；至於玩具反斗城，則因被沃爾瑪（Walmart）與電子商務等兩大巨擘夾殺，而在2017年聲請破產保護。

　　在運算能力與相關技術持續改善的加持之下，數位企業已徹底改造了我們的日常生活、世界經濟體系以及股票市場（就本書目的來說，股票市場是最重要的）。2011年起，美國股票市場的漲幅有大約一半來自資訊科技與相關部門的貢獻；自2016年起，更有高達三分之二的市場增值是這些部門所貢獻。十年前，全世界的公開掛牌企業中，非屬政府控制的前十大市值企業裡，只有兩家是數位企業。但如今，誠如以下圖表所示，前十大市值企業中有八家是數位企業。

全球最大市值的企業

1990年	2000年	2010年	2021年
1 奇異（General Electric）	奇異	艾克森美孚	蘋果公司
2 日本電信電話公司（NTT）	英特爾（Intel）	中國石油	微軟（Microsoft）
3 皇家荷蘭殼牌（Royal Dutch Shell）	思科系統（Cisco Systems）	蘋果公司	Google母公司（Alphabet）
4 奧馳亞集團*（Altria Group）	微軟	中國工商銀行	沙烏地阿拉伯國家石油公司（Saudi Aramco）
5 國際商用機器（IBM）	皇家荷蘭殼牌	中國移動通訊	亞馬遜（Amazon）
6 艾克森（Exxon）	輝瑞（Pfizer）	微軟	特斯拉（Tesla）
7 寶僑（Procter & Gamble）	艾克森美孚（Exxon Mobil）	波克夏‧海瑟威（Berkshire Hathaway）	Meta（臉書，Facebook）
8 豐田汽車（Toyota Motor）	沃爾瑪	中國建設銀行	輝達（Nvidia）
9 恩易禧（NEC）	沃達豐（Vodafone）	沃爾瑪	波克夏‧海瑟威
10 沃爾瑪	諾基亞（Nokia）	寶僑	台灣積體電路

資料來源：輝盛研究系統公司
* 譯注：即原來的菲利普莫里斯（Philip Morris）

　　誠如這張圖表所示，數位時代來得太快，導致我們沒有時間退一步解析它的意義。儘管每個人都清楚知道某種戲劇化且持久的現象已經發生，多數投資人卻似乎還是對此感到困惑。多數人還沒有學會這個主要產出為「〇」和「一」的產業部門的語言，也沒能搞懂它的動態。若說這樣的狀況令人感到遺憾，還流於輕描淡寫，因為如今世界上新增的財富，多半是這些奠基於數位基礎的企業——華爾街習慣簡稱它們為「科技公司」（tech）——所創造。

　　如今科技公司幾乎徹底支配了我們的日常生活，所以，自然而然會有人認為這場數位革命多半已完成，不過，事實並非如此。從很多方面來說，這場革命其實才剛展開。即使經過一整個世代的成長，亞馬遜公司的年度零售銷售量，才終於和沃爾瑪等量齊觀。雲端運算相關支出佔資訊科技總支出的比重，也大約才 10％至 15％，總有一天，這個佔比有可能上升到三分之二以上。舉例來說，全球小型企業會計軟體的主要提供者財捷軟體公司（Intuit），目前在它的最終整體潛在市場的市佔率僅僅 1％至 2％。諸如此類的企業不勝枚舉，而隨著運算能力持續複合成長，這類高潛力科技公司也會逐年增加。

　　隨著科技公司創造許多新產業與新財富，大部分的傳統經濟部門則因這些企業的興起而漸漸空洞化。在科技公司戲劇化崛起的同時，舊經濟體系的市場價值急遽下跌。過去十年間，化石燃料部門佔美國股票市場價值的比重，從 13％遽降至 3％。在同一時期，金融服務產業的總市值佔比，也從 15％降至 10％。就在不久前的 2015 年，艾克森美孚公司與富國銀行（Wells Fargo）——世世代代受人信賴的兩檔績優投資標的——的市值，大約分別是亞馬遜公司的二至三倍。但如今，誠如下圖所示，目前亞馬遜公司的市值已達到艾克森美孚和富國銀行兩家企業的合計總市值的四倍。

　　儘管大型科技公司佔盡媒體版面，但成千上萬家較不知名的較小型科技公司的市場價值也同樣繼續上升，包括：文件生產力與數位行銷領域的 Adobe 公司；設計模擬軟體領域的 Ansys 公司，以及數位建築工具的 Autodesk 公司，但這幾家公司只是眾多這類小型成長

市場價值（兆美元）

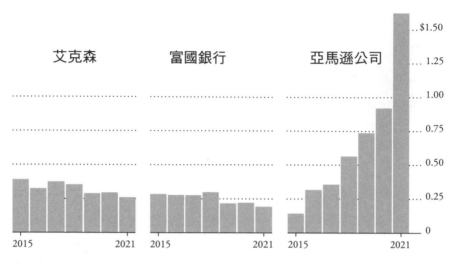

資料來源：輝盛研究系統公司

企業中的少數例子，而且，同樣以字母 *A* 為公司名稱字首的企業還非常多。多數人是因為 Adobe 公司功能優異的 PDF 而知道這家公司，但知道 Adobe 公司 2020 年的盈餘高達約 35 億美元的人則比較少；這樣的盈餘規模幾乎已和卡夫亨氏公司（Kraft Heinz，該公司的品牌包括奧斯卡邁耶〔 Oscar Mayer 〕熱狗和費城〔 Philadelphia 〕奶油乳酪等，這些產品自西元 1800 年代推出，迄今依舊存在）的盈餘等量齊觀。

　　雖然科技革命是從美國開始，且這場革命迄今依舊以美國為中心，但這場革命的範圍持續擴大，並已演變成一個全球現象。以中國來說，阿里巴巴和騰訊（Tencent）支配了當地的數位市集，而日本的軟體銀行（SoftBank）則成了當地十大市值企業之一。在德國，

最有價值的公司是資料庫提供者思愛普公司（SAP），另外，在諸如印度（如 Flipkart 電子商務公司、信實電信公司〔 Reliance Jio 〕）、以色列（Wix 線上網站建立服務公司、埃爾比特系統公司〔 Elbit Systems 〕）與澳洲（賽洛會計系統軟體公司〔 Xero 〕、澳提姆安軟體公司〔 Altium 〕）等不同國家，也分別存在著活力十足的新創企業文化。

　　基於這種種現象，如果我們真心想在數位時代累積財富，就必須理性且深入探究要如何投資這個時代。我們必須瞭解作為企業的科技公司是如何運作的，也必須瞭解那些企業的競爭優勢來自何處──其中有一些是舊優勢，有一些是新優勢。我們也必須學習如何評估那些企業的價值，因為科技公司的損益表看起來和舊經濟型企業的損益表非常不同。或許最重要的是，作為當今的投資人，我們必須坦然面對一個盡在不言中但又令人倍感壓力的事實：數位經濟體系的崛起，已經使我們世世代代所依賴的許多工具和知識結構變得不再可行。

　　打從諸如亞馬遜與 Alphabet 等公司開始在公開市場上交易以來，它們的股票看起來就一直很昂貴，所以，若以傳統的衡量標準來評估這些企業，會顯得它們的股票很沒有投資的吸引力。儘管如此，從亞馬遜公司在 1997 年完成首次公開發行（IPO）後，它的股票增值了兩千三百倍以上，幾乎高達大盤指數的三百倍。而 Alphabet 公司的股票自 2004 年公開掛牌交易以來，也增值了接近七十倍，大約是大盤指數的十五倍。諸如此類的事實只能用以下兩種方式之一來加以解釋：一則是市場又錯了，而我們即將經歷另一場科技毀滅，

一則是很多用來衡量價值的傳統標準已經崩壞。

　　有些人認為答案是第一個，也就是「另一場科技毀滅」。這批人主張，科技公司的興起，說穿了只是第二個網路泡沫的來臨——回顧 1990 年代末期，隨著線上商務看起來大有可為，投資人將大量資金投入幾十家科技相關的企業。當時許多企業在自家公司名稱後面附加「dot-com」字眼，再一窩蜂地湧進市場，向熱情的大眾募集資金。問題爆發前的科技狂熱猶如一場恣意追求歡樂的派對——在短短不到五年內，科技股權重相當高的那斯達克指數（NASDAQ）上漲到原來的四倍——但派對後的宿醉卻也非同小可：從 2000 年的泡沫期高峰到十八個月後的谷底，科技股市值共縮水了 80%。

　　然而，儘管那些悲觀主義者暗示我們即將經歷另一場科技泡沫崩潰，但他們的看法卻是錯誤的。當今的科技公司早已非吳下阿蒙，它們用第一波網路公司未曾使用過的方式，腳踏實地地向下扎根，所以，目前這些企業的基礎皆已非常強健，而且也確實都頗具獲利能力。二十年前，諸如 Pets.com 之類的公司以它們「能吸引大量眼球」等令人存疑的主張，成功地以數億美元的評價完成 IPO；但即使是在 Pets.com 最顛峰的時期，它也從未賺過一毛錢的利潤——即使它一年花掉高達 1 億美元的行銷支出，卻未曾創造高於 5,000 萬美元的年度銷售額。相較之下，當今的網路企業則和虛有其表的 Pets.com 截然不同。舉例來說，Adode 公司的年度營收接近 160 億美元，且該公司也從這些營收賺到了實實在在的 50 億美元利潤。另外，臉書擁有三十五億名使用者，而它的年度盈餘更接近 400 億美元，大約是

迪士尼公司（Disney）盈餘的四倍。

　　有些唱衰者也認為，鑑於大型科技公司對人類生活驟然產生的影響力已大到令民眾感到憂慮，所以各國政府遲早將出手干預，而政府的干預將迅速壓抑科技公司的勢力，從而妨礙科技公司繼續為股東賺取財富的能力。換言之，這些人主張，各國政府很可能採取各種行動，壓制這些數位巨擘的影響力，甚至可能成功徹底將這些巨擘化整為零——不過，不管是監理規定或立法行動，都不可能摧毀一整個世代的民眾每天習慣性使用世界上幾個最大型科技應用程式的習性。如今，世界各地民眾每天利用 Google 進行搜尋的次數高達五十五億次，有任何一個國家的政府能藉由監理手段來改變這個事實嗎？政治人物能剝奪臉書為數十億每月定期使用臉書的使用者提供服務的權利嗎？這些企業的應用程式早已被緊密編織到世界上各個角落的日常生活當中，而且，這個編織結構一年比一年更緊密、一年比一年更牢固。因此，像 Google 和臉書這樣的企業，理所當然可被視為我們這一代的可口可樂和通用汽車（General Motors）。

．．．．．．．．．．．．．．．．．．．．．．．

　　科技公司是如何那麼快速變得那麼龐大的？而身為投資人的我們，又該如何回應這樣的動態？第二個問題的答案正是本書的主題。只要回答第一個問題，就能知道解答第二個疑問的脈絡，所以，我將在此解答第一個問題。

　　科技公司之所以能那麼快速坐大，主要原因和運算能力與科

技變遷的複合成長效應有關。從工程師們最早在 1950 年代末期首度將矽電晶體商業化之後，運算能力大約每二十個月就增加一倍。每單位運算能力的成本則大約同樣每隔二十個月就會折半。隨著人類能以更少金錢代價取得更大的運算能力，電腦和相關的功能性如寬頻存取等，遂變得極度便宜，且功能愈來愈強大。當年科技專家首次導入場效電晶體（field-effect transistor，一種基礎半導體，是人類史上最大量製造的人工製品）時，它只能容納一顆晶片，且要價 1 美元以上。如今，每一個場效電晶體能容納數百萬顆晶片，要價卻只要 0.000000001 美元，也就是說，十億顆場效電晶體只要價 1 美元。

　　這個性價比（price/performance，譯注：價格相對性能的狀況，俗稱 CP 值）大爆發，就是後來所謂的摩爾定律（Moore's law）；歷經六十多年，這個定律迄今仍有效。工程師圈子至少在十年前就已預測「摩爾定律將死」，但到目前為止，那一天卻還沒有到來。在此同時，「以較少成本實現更多成果」的運算記錄，迄今依舊相當驚人。從 1959 年至 2000 年，矽晶片的功率增強了三千萬倍，而晶片的成本卻大致沒有變化。那確實是巨大的進展，但並沒有強大到足以驅動我們當今周遭所見到的巨大科技變化。誠如創投資本家馬克・安德生（Marc Andreessen）在十年前一份深深影響著事後發展的論文中指出的，在進入千禧年之際，全世界只有 1%的人口連上寬頻網路。當時的行動電話還非常昂貴，以致於全世界只有 15%的人口擁有行動電話。那樣的事實有助於解釋為何千禧年那一波網路熱潮

最終會崩潰：因為當時科技骨幹的強度還不足以撐起那一股熱潮。[1]

　　然而，大約在十年前，運算能力與相關的功能性終於達到臨界點，並使得我們眼前所見的這場革命得以實現。如今，世界上有超過一半的人口既能存取寬頻網路，也擁有功能強大的智慧型手機，這使世界上的多數人得以透過網路進行搜尋、購物、聊天、銀行業務往來以及很多其他日常活動。

　　為什麼我們要透過網路進行上述林林總總的日常活動？因為這些做事方法比老掉牙的做事方法更好！奧運的標語是「*Citius, Altius, Fortius*」——即「更快、更高、更強」。如果科技公司有標語，應該會是「*Citius, Parvius, Melior*」，也就是「更快、更便宜、更好」。數位應用程式能為我們節省時間、節省金錢，並以許多大大小小的方式，讓我們的生活變得更輕鬆且更美好。在 Google 搜尋（Google Search）推出以前，想要查詢任何東西，就得親自上圖書館查閱資料，否則就得投資一系列厚重不堪的百科全書；問題是，那些參考來源很快就過時，而且查詢過程幾乎沒有互動可言。另外，在數位地圖問世以前，我們必須使用容易破損且處處折痕的紙本地圖，而且，它不會告訴你有哪些替代路線可走，也不會回報沿途的交通事故。在臉書和繽趣（Pinterest）問世以前，人與人的群組只能仰賴實

1　任何對這個主題有興趣的人，應該都會樂於閱讀安德生的「為何軟體正吞噬這個世界」（Why Software Is Eating the World）一文，這篇文章最初是 2011 年在《華爾街日報》（*Wall Street Journal*）上發表。相同的，你也可以閱讀戈登・摩爾（Gordon Moore）在 1965 年發表的「將更多元件塞進積體電路」（Cramming More Components onto Integrated Circuits）一文，這篇論文的標題雖比較不那麼附庸風雅，卻也清楚說明了運算能力的性價比動態。前者大約五頁長，後者大約四頁。為什麼所有最重要的研究報告都寫得那麼簡短？

體的（而非數位版）告示版來互動。

　　諸如此類的改善與提升，是科技公司那麼快速坐大的第二個原因：科技公司讓我們得以用更完善的方式做事。火箭不動產抵押貸款（Rocket Mortgage）應用程式讓民眾得以經由網路，取得具成本競爭力的房貸，而且申請貸款所花費的時間，比到傳統實體銀行申貸的時間少一半。財捷軟體公司為它的小型企業客戶提供 1% 的每日現金餘額利率──這比一般傳統商業銀行高二十五倍。另外，亞馬遜最近估計，它一年平均為它的 Prime 付費訂購客戶節省七十五小時往返實體商店的時間。如果把上述七十五小時乘以兩億名 Prime 付費訂購客戶，並將這些付費客戶的時間價值指定為每小時 10 美元，那麼，就算扣除 Prime 付費訂購客戶支付給亞馬遜的會費，整體付費訂購客戶還是省下了 1,250 億美元的金錢──這不就是「時間就是金錢」的真諦嗎？這種更快／更好／更便宜的動態不僅讓消費者受惠，也讓企業界受用無窮。舉例來說，Google 或臉書上的數位廣告不僅比類似的主時段電視廣告便宜，還更能精準鎖定目標客群，且更有效率，因為這種廣告的影響是可追蹤的。

　　目前社會各界確實高度關注各個大型科技平台在各式各樣議題上所造成的威脅，而這樣的憂慮並非杞人憂天。我們的確必須在隱私權和資訊流動、言論自由和不當政治影響力等之間，找到一個適當的平衡點。然而，作為投資人的我們，則不該忘記民眾一開始會採納這些技術的原因。其中某些技術能改善我們的生活，某些則能降低我們的成本，甚至既能改善生活又能降低成本。最近一份由艾瑞克・布萊恩喬福森（Erik Brynjolfsson）領導的麻省理工學院（MIT）

研究，請消費者對他們日常使用的科技應用程式進行量化評價。他和他的團隊詢問消費者：要付多少錢，他們才願意放棄在臉書、Google 與其他應用程式的帳戶。最後這份研究發現，平均來說，有心人士必須支付 550 美元的年費給臉書的使用者，才足以促使他們「戒掉」臉書。而 WhatsAPP 使用者開出的數字遠高於此——大約是臉書的十倍。幾乎更令人難以置信的是，這份研究發現，一般使用者要求收取 17,500 美元的年費，才願意過完全沒有 Google 的生活。這個金額幾乎已達到一般美國公民所得的三分之一。

　　將主要應用程式的實用性與一般人可能稱呼的「數位經濟學」結合在一起，就能找到科技公司在市場上快速崛起的第三個解釋——也就是這個謎題的最後一塊拼圖。人類世界從未見證過如此強大的商業模型。達到經濟規模的成熟軟體公司擁有一般美國企業三至四倍的邊際利潤率。即使是積極透過支出來促進營運成長的進取型科技公司，都擁有超越舊經濟型企業獲利能力，因為它們的邊際利潤率非常高。舉小型企業軟體提供者財捷軟體公司為例，它花費在行銷、業務與研究開發的支出，大約是濃湯生產商康寶公司（Campbell）的四倍之多，即使如此，財捷公司的邊際利潤率卻仍高達康寶公司的兩倍。

　　這怎麼可能？答案是：康寶公司的原料是番茄、雞肉和麵，這些原料都需要不少成本；至於財捷軟體公司的原料則是非實體的，所以，它的原料幾乎是零成本。此外，諸如財捷軟體公司這種以軟體為基礎的企業，並沒有重大的資本需求，也沒有明顯的製造需求。當康寶公司想要製造更多濃湯，它必須興建一條新的生產線或

新廠房。即使是銷售糖水的可口可樂，一旦有心擴展業務，它就必須要求各地的子公司興建更多裝瓶廠，並投資卡車和販賣機。相較之下，軟體公司則非常不同，這種公司不需要工廠，也不需要生產線，只需要聰明的工程師負責操作的筆記型電腦就好。當一家軟體公司有意介入新的地理市場，它的工程師只要寫好新程式碼，接著按下「部署」（deploy）按鍵，全球各地就能同步取得它們的軟體，而這麼做幾乎不會產生任何新增成本。何況，如今即使是軟體公司的主要資本財要求——處理與儲存數據的巨大伺服器——都能以租用的方式取得，無須斥資購買。這就是雲端運算業務的本質。

　　較高的獲利能力＋較低的資產密集度＝有史以來最高資本報酬率的企業。當福特公司想要推動營運的成長，它就必須投資，而該公司需要花費 10 美元以上的資產投資，才能獲取 1 美元的利潤。另外，若可口可樂想多賺 1 美元的利潤，必須投資大約 6 美元的資產。相較之下，如果臉書想多賺 1 美元利潤，只需要投資 2 美元的資產。

....

　　一如多數革命，數位革命的歷程也不是井然有序，一帆風順。科技不僅給了我們無所不在的眾多消費性應用程式，也賦予我們全新的資產類別，且讓我們得以用全新的方法來交易現有的資產。人類花了數千年的光陰才終於達成共識，共同同意以黃金來作為交易的媒介；反觀今日，比特幣卻在短短不到十年內，就獲得了巨大的吸引力。自古以來，股票市場投機者就與我們同在，而如今只要有手機訊號的地方，他們就能下賭注。最近這些投機客在社群媒體上

集結在一起，以全新的交易平台來癱瘓專業的放空者。

這林林總總的騷亂和令人迷惑的狀況，可能會促使缺乏經驗的投資人提出一個合理的疑問：究竟投資股市的理由是什麼？

這個問題的答案並不複雜。我們把資金投資到某種標的的理由是，儘管今天把所有錢都花光的確很痛快，但每個人都知道，到了未來的某個時點，我們一定會需要一些錢——我們將需要錢送小孩去念大學、幫助父母應付長期照護所需，並確保我們自己能過上安適的退休生活。我們犧牲了在今天花掉 1 美元的歡愉，並經由投資，將那 1 美元改造為未來某個時點的 5 美元乃至 10 美元。而且，誠如我先前詳細說明的，過去一百年間，美國股票市場是最佳的投資選擇。

然而，有鑑於數位經濟迅速興起，如果我們想在二十一世紀初投資順利，就必須修正我們的世界觀與工具組合。彼得‧林區告訴我們要「投資你熟知的事業」，如今這個建議大致上依舊中肯。一如獵人，把錢投資到自己熟悉的領域的投資人，才能獲得最好的績效。然而，如今很多較年老的投資人卻感覺自己被迫進入一個不熟悉的領域，對未來的績效前景感到茫然。市面上一大堆古怪名稱的企業——例如 Chegg（譯注：從事線上與實體課本租賃與線上學生輔導等）、Splunk（譯注：巨量資料平台）和拼多多（Pinduoduo，譯注：從事電子商務）——到底是在經營什麼業務？我們又要如何信任負責經營這些企業但成天穿著帽 T 的「高階執行主管」？成熟的投資人先前雖已學會藉由投資銀行、能源與實體零售業等舊經濟產業來增加他們的財富，但如今這些業務都已成了數位企業的囊中物。於是，從投資的角度來說，經驗較豐富的老投資人所熟悉的很多事物，目

前都已經毫無用處可言。

　　較年輕且較缺乏經驗的投資人,則有著相反的問題。這類投資人是在數位生態系統中成長,所以他們天生與直覺上就懂得這個領域,也因此有能力搜尋與追蹤當今的投資機會。然而,很多較年輕的投資人卻也普遍不信任市場和「這個體系」,而他們的不信任其來有自,且有正當理由。較年輕的投資人已忍受過三次重大市場崩潰的折磨——包括 2000 年至 2001 年的網路泡沫破滅、2008 年至 2009 年的金融危機,以及 2020 年的冠狀病毒大流行傳染病——這一切導致這批年輕人成年後的所得低於他們父母那一輩,債務卻比那一輩還要多。難怪較年輕世代不願像老一輩,訴諸可靠的投資標的來累積財富,而是企圖以較新穎且較具實驗性質的資產類別來致富,例如加密通貨、社會責任訴求的股票,以及紅迪(Reddit)留言版上吹捧的投機標的。

　　但請別誤會我的意思,我個人不喜歡把加密通貨當作一種投資標的的理由並非它太過新穎,而我太老。我不喜歡把加密通貨當成投資標的的理由,和我不喜歡把黃金視為投資標的的理由是一樣的。加密通貨或黃金都不是充滿活力且能隨著時間逐漸擴展的業務。比特幣或許可作為一種新型的價值貯藏工具(storehouse of value),但它終究只是通貨的一種。它沒有顧客、沒有營收,且沒有利潤可讓它成長。

　　總之,我們正處於一個怪異的歷史時刻:此時此刻,較老的投資人瞭解市場,但不瞭解科技,而較年輕的投資人雖瞭解科技,卻不瞭解市場。如果這兩個族群當中有任何一個族群希望成功透過複

合成長的力量，將 1 美元變成 5 美元乃至 10 美元，眼前的這個動態
就必須改變。

　　從很多方面來說，我們能輕而易舉地改變這個動態。這個方法
和林區的投資紀律一樣，可分解為三個步驟：

1. 我們必須提醒自己，股票市場不過是許多企業組成的集合
   體，而就過去的歷史而言，投資這些企業是累積財富的最佳
   管道。
2. 我們應該承認，世界經濟愈來愈數位化，所以，我們必須搞
   懂數位企業是如何創造財富的。
3. 我們應該投資數位企業中最優質的企業，接著就放手讓複合
   成長效應施展它的力量。

　　若能以這個方法來應對，就不會對科技公司的快速崛起及其
相關衍生的混亂，感到害怕或迷惘，而是會將之視為令人興奮的發
展。的確，數位企業看起來完全不同於一個世代以前最具優勢的企
業，但一如所有產業，科技部門一樣也依循某些特定的規則在運作
著。我們絕對可以研究這些規則、瞭解這些規則，並根據這些規則
來投資。這個世界確實瞬息萬變，但我們還是能設法從這個局勢中
獲利。

· ·

　　價值型投資人——我是其中一員，也向來對價值型投資法引以

為傲——比世界上所有類別的投資人都更難以順應這個數位時代所帶來的變化進行適當的調整。雖然「價值型投資法」一詞的使用早已司空見慣，但這個詞語卻相當難以定義。一如基督教有很多分支，價值型投資法也一樣。有些流派著重企業的資產，有些則聚焦在企業的盈餘，有些流派甚至會用不同的方式，分析資產和盈餘。因此，每一位價值型投資人實際上都是以不同的方法在實踐價值型投資活動，而這個分歧現象又因多數投資人主觀與頑固的脾性而加劇。

然而，不管價值型投資法如何百家爭鳴，它基本上還是以少數幾個重要原則為中心。其中最重要的是對紀律、嚴謹度和研究的堅持。價值型投資人並不是把股票市場當成購買樂透彩券的投注亭或投注站，相對的，在他們眼中，股票市場是一個可嘗試系統化累積財富的場所。我們這些價值型投資人並不是操盤手，也不是投機客，而是一群喜歡讀書和分析的人，我們還喜歡指標、標準和比率——以及所有能幫助我們理解公開市場的事物。最重要的是，我們尋求將投資方法編纂為一組制式的規則。我們硬是為股票市場套上一個框架，並期待能利用這個系統（而不是憑運氣）打敗市場。

價值型投資人也是惡名昭彰的吝嗇鬼，這類投資人痛恨以高價購買任何一項投資標的。也因如此，我們才會被稱為「價值」型投資人，那也是我們看不起其他某些在決策過程中較不重視價格的投資方法的原因。我們鄙視所謂的成長型投資人，因為那種投資人主要只對擁有陡峭的銷售與盈餘成長軌跡的企業感興趣。我們甚至覺得動能型投資人（momentum investors）令人作嘔，只因這類投資人把市場當成賭場，妄想藉由短期的順勢操作法——運氣成分居多——

來獲取利益。

正因為價值型投資方法嚴守紀律,故已有一項接一項的學術研究顯示,以價值為本的紀律,已創造了長期打敗市場的亮眼成果。[2]然而,科技進展帶來了極端新穎卻又令人感到陌生的商業模型,面對這些全新的商業模型,價值型投資法的原有框架已開始瓦解。以價值為本且曾經可靠的衡量標準,如股價淨值比(price to book value,衡量一家企業的價格相對其資產是否昂貴)和當期本益比(price to current earnings,衡量一家企業的價格相對當期盈餘的高低),並無法翔實反映科技公司巨大的價值創造(value creation)能力。因此,如今同一批學術研究也開始顯示,價值型投資法的效用已漸漸不如既往。[3]

即使是華倫‧巴菲特(Warren Buffett)——價值型投資法的第一把交椅,也普遍被視為史上最成功的投資人——都努力設法駕馭這個全新的經濟環境。儘管巴菲特的長期報酬(我是指原始意義下的長期報酬)依舊亮麗,但實際上他的報酬已每下愈況。誠如下圖所示,巴菲特績效超前市場的程度,早在1980年代就已達到高峰,1990年代起便漸漸降低,而從2017年開始,他的績效已開始落後市場。

2　例如請見尤金‧法馬(Eugene F. Fama)與肯尼斯‧法蘭奇(Kenneth R. French)「價值型股票相對成長型股票:國際上的事證」(Value Versus Growth: The International Evidence),《金融期刊》(*Journal of Finance*),53, no. 6 (1998): 1975–99, http://www.jstor.org /stable/117458。「長期」是指十年以上。

3　例如請見巴魯克‧列夫(Baruch Lev)與阿努波‧斯瑞維斯塔瓦(Anup Srivastava)「價值型投資法近年來失靈的原因」(Explaining the Recent Failure of Value Investing),紐約大學史登商學院(New York University, Stern School of Business),2019年10月,https:// papers.ssrn.com/sol3/papers.cfm?abstract_id=3442539.

　　面對這樣的局面，價值型投資人該如何因應？我們應該像很多
動能型投資名嘴所說的，「閉著眼睛買尖牙股（FAANG，譯注：由臉
書、亞馬遜、蘋果、網飛〔 Netflix 〕、Google 等五家公司英文名稱
的第一個字母組成）嗎？」或者我們能否設法找到一套經過修正的
紀律——一個有助於我們瞭解科技公司為何能迅速坐大的新方法？
我們能否設計一個系統來評估與分析科技股，以便利用它們所創造
的財富而獲益？畢竟價值型投資法是靈活且務實的理智構思。自價
值型投資法在一個世紀前問世迄今，它至少歷經一次演進。如今，
這個方法能否廣泛考量當前這個數位時代所帶來的變化，再一次演
進呢？

波克夏‧海瑟威公司 vs 標普 500 指數
十年期績效差異

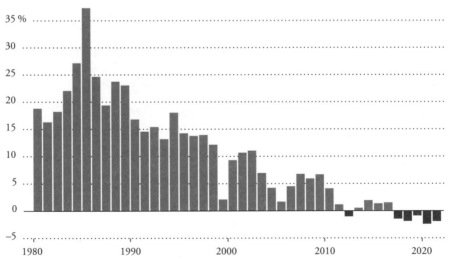

註：2021 年 12 月 31 日年化報酬率
資料來源：標普道瓊指數公司

　　我相信可以，而本書就建議了一種演進後的價值型投資法。我從 1995 年展開華爾街分析師生涯後，就見證了科技股的蛻變——這些股票從一群怯生生的小毛頭，變成今日的強大物種，某些科技公司甚至成了世界史上前所未見的強大經濟怪傑。過去幾年，身兼全職基金經理人與《霸榮》（*Barron's*）及《財星》（*Fortune*）等雜誌兼職作家的我，一直努力想釐清這些議題——我會在本書竭盡所能地解決這些問題。

　　老實說，我寧可完全不要研究「科技公司」。短短六年前，我還是個安於舊有正統觀點的價值型投資人，當時的我非常樂意用過去二十五年以來的方式，繼續應對未來二十五年的投資職涯，非常枯燥乏味。我天生對科技就不怎麼感興趣，不喜歡各式各樣的小型電子裝置，也幾乎不懂電的運作原理。如果原來的方法不會導致我產生財務上的危險，我寧可繼續堅持那些舊方法——問題是，舊產業正逐漸凋零，新產業則是以一個多世紀以來未曾見過的速度飛快誕生。若我無視於眼前瞬息萬變的經濟現實，堅持沿用過去的老方法，我自己和我客戶的未來績效勢必會非常慘澹。

　　這是我經過幾年的掙扎、研究和深思後，才終於心不甘、情不願歸納出來的結論，這個轉變過程並不容易，簡直就像要求一名真正的信徒放棄他的信仰。不過，作為一名商業領域的學習者，作為一個熱中於所謂真理（這麼說或許流於誇大）的人，我不得不承認，某些攸關重大的事態確實已經發生。所以，我重新校準了我的儀器，全神貫注在數位經濟上。我這麼做並不是因為科技公司很迷人、很有趣，也不是因為科技公司對社會有益，而是基於和銀行搶

匪威利・蘇頓（Willie Sutton，譯注：二十世紀著名的銀行搶匪）一樣的理由：因為錢就在那裡。

第一部
準備投資

第一章

世界已經改變

　　我在二十五年前剛展開金融職涯時，和多數不熟悉「華爾街之道」的民眾一樣，認為我進入了一個充斥睪固酮的世界，那個世界裡的鯊魚和牛仔們成天對著電話筒大吼，並用一種只有他們懂得的語言，在股票交易大廳內比手畫腳。誠如上述畫面所示，我的理解被表象的東西所誤。不出多久，我就搞懂了真正驅動市場的要素：它是完全不同於我和許多其他民眾所想像的那些粗魯形象的一種次文化。

　　我的第一份工作是到盛博公司（Sanford C. Bernstein）上班，該公司向來以詳盡且嚴謹的投資研究著稱。這家公司的大廳安靜得像是修道院大廳。盛博公司有一組專門負責研究世界各地主要商業部門——銀行、汽車、製藥等等——的團隊，這個團隊的分析師是在不對外開放的辦公室裡上班，其中多數分析師的模樣，總會讓我聯想到大學裡的教授。他們總是發狂般地沈思，除非為了吃東西或上洗手間，否則不會輕易走出他們的辦公室。醫療產業的研究人員肯

尼・阿布拉莫維茲（Kenny Abramowitz）習慣快步走向洗手間，他的腳步總是非常匆忙，連襯衫沒有好好扎進褲子裡，他也不以為意，放任襯衫衣角不斷隨著他的腳步，在身後趴噠趴噠地不斷晃動。

　　我在這家公司學會一個道理：優秀投資人的座右銘和僧侶的座右銘是一樣的：研究、學習與落實對紀律的熱誠。優秀的投資人並不是靠睪固酮或腎上腺素過活；優秀的投資人不會搭理那些激素。彼得・林區說，他大學時期上過最寶貴的課程，是一堂有關邏輯的課，這堂課根本和財務學八竿子打不著。而巴菲特則會為了放鬆而閱讀哲學家伯特蘭・羅素（Bertrand Russell）的書或是玩橋牌。巴菲特總是非常虔誠地守護他個人的思考時間，根據他的合夥人查理・蒙格（Charlie Munger）的說法，巴菲特每週的行事曆上，經常只記錄一項活動：「理髮」。

　　我來自新聞工作圈，所以，盛博公司這種講求高度節制的修道院式節奏，讓我感受到很大的衝擊。受制於新聞報導週期，新聞記者的工作經常有令人陷入危機或面臨戲劇性事件的機會，相較之下，投資則沒有最後的期限可言。這個新體驗讓我領悟到一個道理，急迫感會誘使人們做出差勁的決策。優秀的投資人每天早上都會一如往常地上班，他們不妄想一蹴可及，而是希望慢慢地增進他們的知識。優秀的投資人會坐下來好好研究一家企業；等到研究完畢後，他們會選擇採用以下三種替代方案之一：投資、拒絕投資，或觀望（這是最常見的方案）。稍後隨著環境改變，他們會隨之改變原本的意見；當然，優秀的投資人不會一次只研究一家企業，他們還會研究其他企業，並針對那些企業做出其他結論；接著，等到圍

繞著那些企業的狀況改變，那些投資人也會據此改變他們的結論。久而久之，這些優秀的投資人會變得既不像牛仔，也不像鯊魚，而是像繪製潮汐圖的人——就像馬克・吐溫（Mark Twain）筆下的密西西比河船舶領航員。

這種緩慢、漸進的方法特別能體現長期投資人的特性，長期投資人並不是把股票交易所視為「玩股票」的賭博大廳。取而代之的，我們這些價值型投資人是把股票交易所視為隨著時間逐漸**發掘**價值的場所。我早年在報紙圈的良師益友（他叫佩特・史提斯〔 Pat Stith 〕，喜歡嚼雪茄，是一名採訪記者）曾說：「遲早你會因你過人的潛質而為人所知，」股票也是一樣的道理。牛仔可能順著動能前進，鯊魚則可能圍著一檔熱門股打轉一段時間，不過，到最後，那樣的戲劇性事件和促使股票漲跌的真正因素並不太有關係。誠如彼得・林區所言，長期下來，優秀的企業將在股票市場勝出，而差勁的企業不是凋零，就是衰亡。

在 1980 年代和 1990 年代漸漸崛起的彼得・林區，是班・葛拉漢（Ben Graham，巴菲特的老師，也被稱為現代證券分析之父）的知識後裔之一。當年，葛拉漢用一套嚴謹的投資紀律來應對二十世紀初的投機市場。他一手發明的方法，讓世世代代的投資人得以用一種系統化的方式應對市場，不再只是靠運氣來獲得正面的成果。葛拉漢的方法就是後來所謂的價值型投資法。雖然這項紀律已演變成不同學派和分支，但這些學派和分支還是沿著幾個中心正統觀點繼續演進。所有價值型投資人都不假手他人，偏好自己做研究。所有價值型投資人都遵守和買進價格有關的紀律。最重要的是，所有價

值型投資人都鄙視隨機性；取而代之的，一如葛拉漢，我們都為市場套上一個框架。我們利用一系列鮮少修改的規則來投資，並堅信長期以後，這樣的紀律將幫助我們創造優於大盤指數的績效。

「回歸均值」迷思

我在盛博公司任職時，我們使用的框架稱為「回歸均值」（reversion to the mean），「回歸均值」是一個數學術語，簡單說，就是指「生活最終將回歸常態」的概念。儘管諸如能源與金融服務等經濟部門在股票市場時而得寵，時而失去青睞，回歸均值的概念卻主張，世界經濟體系不會有任何本質上的變化。如果製造業股票有一天變得相對比歷史平均水準昂貴，那麼，根據回歸均值的概念，那些股票最終將恢復正常的較低市場評價。另一方面，如果以歷史標準衡量，零售業股票價格已相對便宜，則那些股票最終將會增值，回歸歷史平均水準。

在此，我必須強調一個重點：就股票市場的脈絡來說，「昂貴」的意思並不是指股價很高，這個差異非常重要。股票昂貴與否，並不是以諸如汽油或雜貨等的方式來衡量，根據那種衡量方式，當一項商品的金額價值愈高，就意味那一項商品愈昂貴。但企業（整體）──乃至股票（具體）──是便宜還是昂貴，則只能以「其價格相對某項事物而言」的方式來判斷。在判斷一檔股票昂貴或便宜時，投資人會拿該股票的價格和它的某個價值衡量指標進行交叉檢核。班‧葛拉漢通常是以一家公司的淨資產價值（即資產減去負債）

來衡量它的股價是否過高或偏低——而巴菲特則較重視一家企業的利潤源流（profit stream）相對其股價的水準。

「回歸均值」框架是採用和巴菲特相同的方式來衡量股票的價值：拿一家企業當前的報價和該公司利潤進行比較；價值型投資人約翰・坦普頓爵士（Sir John Templeton）的名言一語道盡了這個紀律的精髓：「世界上最危險的四個英文字是：『this time it's different（譯注：這次有所不同）』。」盛博公司將坦普頓爵士的這句話奉為使徒信經（Apostle's Creed）。當時，公司諄諄告誡我們：不要試圖預測影響深遠的全面性變化（wholesale change）何時會發生，因為那個變化不會發生；只要購買「就歷史水準而言顯得便宜」的企業，賣掉「就歷史水準而言顯得昂貴」的企業就好，沒什麼難的。因為生活最終將回歸常態。

當時還是資淺分析師的我，是一位石油與天然氣產業資深分析師的徒弟，我們和其他分析師的主要工作之一，是要將我們研究的企業的數據，輸入所謂的「黑箱」。那並不是一個真正的箱子，而是盛博公司慣用的精密電腦模型；我們利用這個模型進行回歸均值的計算，以便判斷特定股票就統計而言是否便宜。我們會將預估銷貨收入、估計盈餘、債務比率等等數據輸入黑箱，接著，黑箱就會歸納出它判定昂貴或便宜的股票與產業部門。盛博公司會接著根據這項結論，賣掉經黑箱判定昂貴的股票或產業部門，並買進黑箱判定便宜的股票或產業部門，為客戶的投資組合建立許多正好物美價廉的知名美國企業股票。例如，我們在能源產業失寵之際，持有艾克森公司和英國石油（BP），也曾在零售業非常便宜之際，持有西爾斯

百貨（Sears）與潘尼百貨（JCPenney）。

　　由於到二十世紀末期，一切事物的確終於回歸常態，所以，黑箱確實為盛博公司和它的客戶賺到了非常豐厚的利潤。盛博公司在巔峰時期管理的資產規模，最多高達 8,000 億美元，這也使它成為世界上最大型的資金管理公司之一。

　　我還在盛博公司工作時，黑箱是由公司的投資長路・桑德斯（Lew Sanders）負責統轄。路的身材纖瘦，為人沈默寡言，每次看到他走過盛博公司的走廊，都感覺好像看見一位沈靜且優雅的修道院院長。路的形象看起來就像一個善於偵測潮流的理智投資人，而我當時也以成為那樣的投資人為目標。我常看到他站在盛博公司的公用彭博（Bloomberg）終端機前，費心搜尋並消化資訊，每每一站就是好幾個小時。路有一雙我見過最淡、最清澈且最冰冷的藍色眼睛，當他站在那台電腦前時，他身體結構中唯一移動的部分，就是那一雙眼睛；他的眼球總是左右不斷游移，偶爾停下聚焦在某個項目，接著再次順著整個螢幕移動。而他在盯著螢幕的同時，還不時會用手指頭敲敲鍵盤，以取得新的數據集。取得數據後，他的眼睛又會開始來回游移。

　　記得我當時常想，這才是正牌投資人搜尋獵物的方式啊！正牌的投資人不會到處移動，而是靜止不動，不斷觀察。

・・・・・・・・・・・・・・・・・・・・・・・

　　後來，我有感於自己已完成學徒生涯，於是便離開了盛博公司的，先後曾加入巴倫資本公司（Baron Capital）與戴維斯精選顧問公

司（Davis Selected Advisers），擔任較資深的分析師。從西元 2000 年開始，我和戴維斯公司的另一名同事，聯手為戴維斯公司管理一檔共同基金。到 2003 年時，由於我覺得自己已擁有足夠的價值型投資人經驗，於是著手創辦了自己的公司。

我結合了諸如回歸均值以及班‧葛拉漢原創的某些方法——例如購買跌到清算價值或低於清算價值的股票——來經營我的新投資業務。十年後，我締造了打敗標普 500 大盤指數的記錄（扣除管理費後）。那時的我對自己的成果相當自豪，畢竟我不僅為自己賺到錢，也為客戶賺到錢，所以，當時的我並不認為有理由作任何改變。

然而，到了 2015 年前後，我的系統卻突然有點不管用了。

標準的價值型投資原則不再管用

直到今天，我都還記得 2014 年除夕晚上，我坐在辦公桌前的煎熬心情。當時我並不像路‧桑德斯那樣目不轉睛地凝視著螢幕，而是眼神不斷飄移。我先是看了看在冬日特有的陰霾中閃耀著歡樂光芒的帝國大廈（Empire State Building）；接著，又看了看印表機上黯淡無光的投資組合報表。那一年，市場上漲了 13％至 14％，但我的投資組合卻縮水了 4％至 5％。就算你不太懂投資，也能分辨出那是非常巨大的績效落差。

當時我持有的投資標的，全是根據標準的價值型投資原則佈局而來，但那些投資標的卻沒有一檔讓我獲得回報。例如，我持有論壇傳媒（Tribune Media）的股份，該公司是由許多電視台與報紙組

成，理論上來說，該公司的清算價值高於我購買時的股價。當時，論壇傳媒剛聘任一位年輕的新執行長，而他在福克斯廣播公司（Fox Broadcasting）的經營績效有目共睹。然而，論壇傳媒的交易價並未因此而回漲到清算價值，反而繼續下跌。另外，我還持有雅芳產品公司（Avon Products）的股份，雅芳是登門拜訪型直銷美妝產品公司，2014 年時，該公司的營運也不理想。在此之前兩年，一個專精於消費性產品公司的億萬富翁家族，曾開價每股 23 美元要將雅芳公司私營化。但是，雅芳拒絕了那個家族的開價，它的股票也隨之下跌，不過，這麼一跌，讓我感覺它漸漸有一點投資價值，並因此介入它的股票。相較於那個精明私人買家的開價（23 美元），我介入的成本只有每股 12 美元，不過，到 2014 年年底時，雅芳公司的股價卻只剩 9 美元。

　　那時，我的投資組合裡充斥了其他諸如此類的企業——為鐵道公司生產火車車頭與車廂等的美國貨運車公司（FreightCar America）、從事石油服務業務的七七能源公司（Seventy Seven Energy）等，這些都是典型的回歸均值型股票，而且我是基於同一個理由購買這些股票：它們相對比歷史平均水準還要便宜。過往的經驗告訴我，這些股票理應很快就會上漲……不過，截至 2014 年年底，情況正好相反。

　　一如所有價值型投資人，我早已習慣在買進股票後，眼睜睜看著它的股價跌到我的買進價以下。誠如葛拉漢的名言，短期而言，股票市場是一台投票機，但長期而言，它是一台秤重機。換言之，隨著時間的推進，股票市場終將明察秋毫，得知一家企業的真正價值。價值型投資法的精髓，就是要在市場對一檔股票「投票」之際

出手購買它,接著再耐心等待市場為它「秤重」。

　　然而,2014 年 12 月底深夜時分坐在辦公桌前的我,卻感覺非常不安,我內心隱約感覺到,市場已經為我的股票秤過重了,而且市場發現那些股票偷斤減兩。

　　我當時持有的企業都具備兩個特質。首先,那些企業都是向來非常優質的企業,而且它們的股票非常便宜。然而,第二個特質是,那些企業可能都已經風光不再。雅芳在海外的業務確實有一點成長潛力,但在美國和歐洲,這種登門拜訪式銷售法正日益沒落,畢竟已有很多業務轉移到網路上進行。而以論壇傳媒來說,網路上的競爭者正蠶食鯨吞著該公司的大量報紙與電視台廣告收入。或許這家公司有沒有一位炙手可熱的新執行長並不重要。如果論壇傳媒和雅芳公司的商業模型正因大規模的數位變遷而逐漸遭到破壞,它們的價值能有多高?萬一我持有的企業不是因為市場大拍賣而顯得便宜,而是因為前景黯淡而看似便宜,但實際上很貴,我又該怎麼應對?

昂貴的科技股旋風

　　一如其他所有人,當時的我也注意到,數位應用的興起,正開始對我的傳統型持股構成威脅,不過,我並沒有認真研究那些數位應用,主要原因是,和那些數位應用有關的股票實在都太貴了。當時的我和多數價值型投資人一樣,對很多投資人給予這些「新經濟」企業極高評價一事嗤之以鼻。2014 年年初,臉書花了 200 億美元,收購成立僅僅五年的即時訊息公司 WhatsApp。**200 億**美元耶!——

那比雅芳與論壇傳媒兩家公司加起來的總市值還要高一倍；但雅芳和論壇傳媒每年分別能創造 100 億美元的營收，那是 WhatsApp 營收的五百倍以上。

　　我記得我當時想，這當中一定有什麼不對勁。如果這不是網路泡沫再起的徵兆，就是臉書摸透了一些我和其他舊經濟型投資人還不懂的道理。我內心的那個價值型投資人想要相信世界上最危險的四個英文字依舊是「this time it's different」（這次有所不同），然而，面對眼前的事態，我又不得不承認，科技公司這一次的興起，和此前十五年網路世代的狀況真的大不相同。科技公司確實很昂貴——不過，這些企業或許貴得有道理。WhatsApp 的使用者即將達到十億人，那大約代表全球人口的 15％。Google 經由搜尋業務，獲得了高達 660 億美元的廣告收入，而且這項收入每年還繼續成長 20％至 25％。WhatsApp、Google 搜尋以及其他數位應用的商業模型都相當健全，而且，那些模型都是以看起來具有永續性的競爭優勢為基礎。這些企業的使用者年年增加，銷貨收入愈來愈高，而且，它們在顧客的日常生活中佔有了愈來愈不可動搖的地位。

　　我能用相同的方式來形容我持有的企業——發行報紙、登門銷售化妝品，與製造貨運車廂的企業——嗎？我沒辦法。

．．．．．．．．．．．．．．．．．．．．．．

　　從葛拉漢在一個世紀前導入價值型投資紀律後，價值型投資法和科技股就有點格格不入。科技股根本就不符合價值型投資人的所有框架。對科技股應用回歸均值策略不太行得通，因為科技股幾乎

看起來永遠都比它們的歷史平均水準昂貴。另外，軟體公司的有形資產非常少，因此，我們無法以葛拉漢那種以資產為本的原創分析方法，來評估軟體公司的價值。最重要的是，價值型投資框架將「可預測性」與「穩定性」奉為圭臬，但直到近年來，科技股才終於開始具備這兩項特質。

不久前，投資「科技公司」都還是意味著投資科技硬體公司——也就是製造個人電腦、路由器和光纖電纜等的企業。這些企業彰顯了隱藏在巴菲特的忠告裡的智慧——巴菲特勸告我們，永遠不要把成長產業和具獲利能力的產業混為一談，因為成長不代表獲利。當一家企業推出一項新半導體或新的個人電腦，要經過一段時間，金錢才會滾滾而來，但當金錢滾滾而來，競爭者就會競相介入，並導致利潤大幅縮減。新千禧年後，以軟體為基礎的更優異商業模型開始大行其道，可惜那時的科技基礎建設卻還不夠健全，不足以撐起那些模型，於是，眾多科技公司的股價最終在網路泡沫破滅時崩盤，這樣的發展促使價值型投資人更加篤信，世界上最危險的四個英文字果然是「this time it's different」（這次有所不同）。價值型投資人相信，如果科技產業部門真的有所謂回歸均值的情事，就是回歸混沌的均值；想當然爾，沒有任何一個嚴肅的價值型投資人會對回歸混沌均值有興趣。

然而，經過十五個年頭，不尋常的事發生了。2016 年時，身為價值型投資人明燈與葛拉漢嫡傳弟子的巴菲特，買進了價值 70 億美元的蘋果公司股份。這項行動讓投資圈極度不解，簡直就像天主教徒無法理解為何某位教宗突然開放女性擔任神職人員，個中緣由讓

人摸不著頭緒。蘋果公司是一家硬體科技公司,所以,它在 1990 年
代末期遭遇到極度殘酷的競爭,一度差九十天就宣告破產。而巴菲
特購買蘋果公司股份的行動,頓時使整個投資圈忙著推敲這位奧馬
哈的先知(Oracle of Omaha)在想什麼,更希望釐清那個行動究竟代
表什麼意義?

　　幸運的是,我正好有一張機票可以去聽聽巴菲特本人的說法。

　　每年春天都會有四萬名價值型投資法的忠實信徒,齊聚巴菲特
的故鄉奧馬哈,聽他和蒙格詳述他們的控股公司(波克夏・海瑟威
公司)的經營狀況,並聽聽他們對世界局勢的看法。任何對投資有
興趣的人,都應該至少到奧馬哈去朝聖一次:巴菲特和蒙格坐在籃
球場的平台上,答覆一整天的問題,以詳細說明他們在過去一年當
中投資了什麼、為什麼投資那些標的等。即使巴菲特已高齡九十一
歲,蒙格甚至更加年邁,他們還是致力於以老掉牙的形式 —— 即親
自口頭說明 —— 來傳遞價值型投資法的血統。

　　我在 2017 年 5 月前往奧馬哈時,內心早已開始懷疑,這一次真
的不同了。Google、臉書、騰訊和蘋果等公司,皆已非吳下阿蒙,這
些公司和網路熱潮時期那些不成熟的企業截然不同。相反的,這些
企業擁有巴菲特終其一生職涯所追尋的那種品牌忠誠度與世代成長
能力。不僅如此,這些企業全都賺錢 —— 而且賺大錢。2016 年時,
Google 母公司 Alphabet 的淨收益已近 200 億美元。相較之下,百年
老招牌可口可樂(波克夏海威公司的長期持股之一)的淨收益,只
有 Alphabet 的三分之一。

　　等到我啟程前往奧馬哈時,我已賣掉了雅芳、論壇傳媒和其他

早已風光不再的過氣股票。我當時斷定，以華爾街的語言來說，這些股票已成了價值陷阱（value trap）：即便宜但沒有價值的股票。那時，Alphabet 成了我的最大持股部位，我的績效因此漸漸改善，這也讓我愈來愈能夠以全新的方式來看待這個世界。不過，那終究是一個新觀點與新立場，所以，我迫切想找人印證那個觀點與立場是否正確──我想聽聽巴菲特解釋他為何購買蘋果公司。同病相憐，信念也需要找到支持者，尤其是剛剛察覺的信念。

巴菲特大手筆買進蘋果公司股票的契機

事實上，在這場股東大會召開前，巴菲特已對一位採訪人員解釋過，他購買蘋果公司的股票，並不代表他的研究法有任何顯著的變化。他回想，他是在某個時刻突然領悟到，原來蘋果公司也擁有和可口可樂等公司一樣的消費者特許經營（consumer franchise）特質。有一次，他帶著曾孫子女和他們的朋友到冰雪皇后（Dairy Queen）去消費，不過，到店裡後，情況卻讓他感覺非常無奈：沒有一個孩子願意認真點他們要什麼口味的冰淇淋，因為他們都幾乎無法從手上的 iPhone 抽離。

他事後說：「我以前沒有買過蘋果公司的股票，因為它再怎麼說都是一檔科技股。」「我介入蘋果公司的原因是，我認同它的生態系統的價值，也相信那個生態系統具有永續生存能力。」

當時，同在台上的蒙格並不願這麼輕易地放過巴菲特。他拿巴菲特最近這個大手筆買進行動，對他開了個小玩笑。

蒙格對巴菲特說：「我認為你買進蘋果是個好徵兆。」「這件事說明了兩個可能性。一是你瘋了，一是你在學習。」

在場聽眾聽完後大笑，因為他們瞭解，儘管巴菲特對蒙格表達抗議，但他說的一點也沒錯：巴菲特購買蘋果公司股票一事，代表他的投資行為出現了戲劇性的變化。在巴菲特長達七十年（七十個年頭長到足以有子女、孫子女和曾孫子女）的投資生涯裡，他反覆以中西部式的禮貌說法來告誡他的門徒：科技股不值得價值型投資人浪費時間。但如今他卻豪擲了 70 億美元，購買蘋果公司的股份。

隨著這場股東大會持續進行，情勢更明顯顯示，巴菲特已非常深入研究過數位經濟體系，而且深深地被他學到的新知識所撼動。

巴菲特告訴聽眾：「眼前這個世界和安德魯・卡內基（Andrew Carnegie）興建鋼鐵廠後的那個世界非常不同；當年他繼續利用這座鋼鐵廠的盈餘興建另一座鋼鐵廠，並在這個過程中變得非常富裕；這個世界也和洛克斐勒（Rockefeller）興建煉油廠並購買油罐車與其他所有事物時的那個世界非常不同。」「我不認為一般人很理解個中的差異。」

他接著說：「如果安德魯・梅隆（Andrew Mellon）仔細研究目前這些高市值企業，他應該會非常困惑。」「我的意思是，就算幾乎沒有資產，也能創造出數千億美元價值的概念……」

蒙格插嘴道：「是非常快速地創造，」

巴菲特對蒙格的說法表示認同：「對，非常快速地創造，」「幾乎不需要任何資金，就能經營股票總市值高達 2.5 兆美元的這五家科技公司（蘋果、微軟、Alphabet、亞馬遜和臉書），它們創造價值

的速度超過所有曾經家喻戶曉的企業，至於這些企業是哪些，看看三十年或四十年前的財星五百大企業就知道——包括艾克森、通用汽車，或者你能想到的名稱。」[4]

錯過 Google 母公司 Alphabet

幾乎向來比巴菲特更有話直說的蒙格，則是自責他和他的合夥人沒有買進 Google 的母公司 Alphabet。

蒙格告訴在場聽眾：「事後來看，如果你們問我，我們在科技領域犯下的最嚴重錯誤是什麼，我認為是我們明明擁有足夠的聰明才智能釐清 Google 的價值，（譯注：卻沒有投資它）」「所以，我會說，我們在那部分讓你們失望了。我們有足夠的聰明才智釐清這件事，但卻沒有去做。」

巴菲特對蒙格的說法表示認同，他回顧此前十年，他第一次留意到 Google 時的情形——當時波克夏‧海瑟威公司的汽車保險子公司——政府員工保險公司（GEICO）——開始以「每一個點閱數」為計價基礎，購買 Google 搜尋的廣告。

巴菲特說：「我們付給 Google 每一個點閱數 10 美元或 11 美元之類的廣告費，」「也就是說，每次某個人點一下滑鼠，我們就得付 10 美元或 11 美元給 Google，而他們的成本完全沒有因此而增加，那肯

---

4 在撰寫本書之際，也就是那場大會過後四年半，這五家企業的總市值幾乎達到上述金額的四倍——即 10 兆美元。

定是很好賺的業務。」

對一個向來訓練自己要中性思考的人來說，巴菲特當時就數位經濟的興起所做的整體結論，卻不尋常地黑白分明：

他告訴聽眾：「這是一個不同於過往的世界，而我認為這是可能延續下去的世界，」「我不認為朝那個方向前進的**趨勢**會在短期內結束。」

賓果！我心想，巴菲特和我有志一同，而且他的見解已經開始廣為流傳。那一場股東大會結束時，我興致勃勃地期待在會後的晚餐與雞尾酒宴會中，和其他到場人士討論這個話題。

然而，我後來卻發現，在那些場合裡，根本沒有人想要談論蘋果公司。事實上，根本沒有人想要談論廣義的科技公司，更沒有人想要聊巴菲特剛剛描述的那個新世界。取而代之的，每個人還是繼續聊著多年來相同的老掉牙話題——舊經濟企業。他們討論了巴菲特最近所做的航空業投資，儘管這些投資的規模比他對蘋果的投資還要少。那些人還花了很多時間分析巴菲特對波克夏・海瑟威旗下不同保險子公司所做的漸進式微小持股變動。

那些人的言談逼得我快要發瘋。航空與保險公司正是巴菲特剛剛說過的那種過氣的成熟資本密集型企業。難道沒有人聽到這位大師剛剛的提點嗎？他明明告訴我們，從現在開始應該要向前看，而不是回顧過去。

. . . .

那年冬天，我特地去探訪路・桑德斯，也就是有著一雙冰冷淡

藍眼珠的那位盛博公司前輩，當年盛博公司的黑箱就是由他負責監督。路比我更早遭受到老方法的懲罰，那是 2008 年至 2009 年金融危機後的事。當時銀行股因房市泡沫破滅而下跌，而黑箱顯示這些銀行股很便宜，所以，路憑藉著幾十年靠著均值回歸法而獲得成功操作經驗，大手筆押注金融股，賭金融業的股價將會亮麗回歸。當然，很多金融股最後都讓他大失所望。其中，雷曼兄弟（Lehman Brothers）破產，貝爾斯登（Bear Stearns）以低於一折的價格被廉價售出，而花旗銀行（Citibank）則因為不得不募集鉅額的股本，導致它的股價經過十二年多，依舊只有危機前的十分之一。

到 2009 年年底，市場已從危機中復原，標普指數正一路向上突破，即將創下幾十年來最優異的年度漲幅；然而，盛博公司的旗艦基金卻依舊下跌超過 50％。於是，路・桑德斯在另一個十二月底的黑暗日子，永別了他在盛博公司的辦公室。

在那之後，我便和路失去聯繫，不過，就在我開始和快速崛起的數位時代搏鬥之際，他再次出現在我面前。他自己成立了一家公司——桑德斯資本（Sanders Capital）——我從報章雜誌得知他的主要持股後，感到非常震驚，因為當中包含了幾家科技公司，像是 Alphabe 與微軟。我感到震驚的原因是，如果從傳統價值型投資法的角度來評估，這些股票一點吸引力也沒有。

這激起了我強烈的好奇心。到底是什麼事促使這位堪稱「均值回歸教主」的人，背棄了這個分析方法？

我見到他後，劈頭便問：「路，過去幾年，我開始懷疑我們以前的很多投資方法已經不再管用。諸如阿里巴巴、臉書和數十家其

他較小型的公司確實是蓬勃發展，但如果用傳統的衡量標準來看，其中沒有一家企業看起來吸引人——但或許傳統的衡量標準是錯誤的。或許「this time it's different」（這次有所不同）不再是世界上最危險的四個英文字；世界上最危險的幾個英文字會不會是「life is going back to normal」（譯注：即生活即將回歸常態）？

路還是一言不發，他目光低垂，所以，我看不到他那冰冷的藍眼睛裡藏著什麼樣的情緒。於是，我繼續說下去。

我說：「我已經開始投資那類企業，」「而我留意到你也一樣。」

他還是沒答腔。

最後，我終於鼓起勇氣說：「路，我必須請教你一個問題，」「究竟這是怎麼回事？」

路終於露出微笑，並抬起他那冰冷的雙眼看著我，緩緩道出一句在我腦海中迴盪許久的話。

他對我說：「世界已經改變。」

第二章

第一代價值型投資法：
班‧葛拉漢與資產價值的時代

如果葛拉漢到盛博公司那寂靜且眾人專注求知的走廊一遊，應該會感覺賓至如歸。他很有可能和肯尼‧阿布拉莫維茲結為好朋友，肯尼就是習慣健步如飛地從洗手間趕回辦公桌，放著襯衫衣角不斷在他身後趴噠趴噠晃動的那位分析師。

雖然葛拉漢後來以現代證券分析之父的名號著稱，但他骨子裡其實是個知識份子。他通曉七種語言，並經常以法語引用高乃依（Corneille）、以德語引用卡夫卡（Kafka），並以古希臘語引用荷馬（Homer）等人的見解。葛拉漢可能是歷史上唯一曾為經濟大蕭條（Great Depression）作詩的財務分析師（大蕭條期間，他在投資績效極度惡劣之際寫了那首詩，這首詩的結尾是：「不懂安息的靈魂要在何處入眠，」「原始叢林裡遭獵殺的可憐牡鹿又有何辜？」）。一如許多思想家，葛拉漢以才華洋溢但心不在焉而聞名。他雖擁有發明新版滑尺（slide rule）的才智，卻經常穿著兩隻不同顏色的鞋子去上班。

　　葛拉漢念大學時，多數時間都在一家貨運公司上夜班，幫忙製作該公司的貨運統計表，儘管如此，他卻只花兩年半，在 1914 年，以第二名的優異成績從哥倫比亞大學（Columbia University）的班級畢業。學校教職員對他的評價非常高，所以，他畢業時，有三個不同學系想延攬他擔任教師，包括數學系、英文系與哲學系。

　　不過，這幾個教職的薪資都只堪稱平平，對必須撫養寡母和兩名弟弟的葛拉漢而言，那樣的收入難免捉襟見肘。葛拉漢九歲時便不幸喪父，母親靠著收留寄宿生，才勉強得以維持生計。所以，到了要挑選專門職業的時刻，葛拉漢理所當然地選擇進入有潛力賺最多錢的金融業。

　　葛拉漢是在 1914 年加入華爾街，當時的華爾街幾乎沒有理性可言。事實上，情況正好相反，那是一個結合了嘉年華、賭場和遊樂園設施等特質的奇異場所。場外交易所（Curb Exchange）實際上就在布洛德街（Broad Street）邊進行它的交易業務——每天警察都會為那裡的交易員圍出一個二十碼的區域，讓他們待在這個區域內買進與賣出證券；當時場外交易所一天的證券交易值已達數百萬美元。很多交易員會戴上色彩鮮豔的各色帽子，好讓坐在上方的建築物裡上班的下單職員能輕易辨識出他們的身分，而這些下單職員會以手勢或直接大喊的方式，對樓下的這些交易員發出指示。

　　葛拉漢當時是受雇於一家名為紐伯格亨德森洛伯（Newburger, Henderson & Loeb）的公司，該公司的經營者是亞弗瑞德・紐伯格（Alfred Newburger），他頂著一頭灰髮，整個人顯得氣勢逼人。紐伯格在葛拉漢上班第一天就告誡他：「如果你加入投機炒作的行列，最

終一定會虧本。」「隨時切記這一點。」

　　當時，債券被視為安全且高尚──即紳士專屬──的投資標的；相較之下，股票則被視為街頭投機賭棍專屬。然而，為紐伯格貢獻最多利潤的顧客，卻是仿效那些賭棍的交易員和投機客，因此，即使是像紐伯格亨德森洛伯那樣的紐約股票交易所會員企業，都不得不基於利潤考量，而採用賭場般的營運模式。葛拉漢最初的工作之一是向下注賭 1916 年總統選舉結果的客戶收取賭金──在二十世紀初，華爾街的券商依法可經營博彩經紀業務。

　　在投入職場的早期，葛拉漢還同時擔任「記板員」（board boy）的工作，負責檢閱自動報價紙帶（ticker tape），並在一面大黑板上，記錄不斷變動的價格。這家券商的客戶每天都會齊聚在所謂的貴賓室，注視著黑板上記錄的動靜。這間貴賓室是紐伯格亨德森洛伯的重要營收中心，那裡有點像可讓賭徒聚集並觀看賽馬實況的場外投注室。紐伯格的公司或許不鼓勵自家員工盲目賭博，卻鼓勵客戶積極下注。畢竟那就是金流與財富匯聚之處。

　　從某些方面來說，當時這個行業會那麼缺乏紀律是可以理解的。葛拉漢剛入行時，公開掛牌交易企業的公開可取得資訊少之又少，畢竟當年證券交易委員會（Securities and Exchange Commission，以下簡稱 SEC）還不存在──如今，SEC 要求所有掛牌企業每一季申報它們的財務狀況。當今正規的企業財務報告動輒涵蓋一百頁甚至更多的內容，但在葛拉漢剛入行時，連最重要的美國企業，都只發佈一頁的資產負債表，外界可從這張報表快速粗略瞭解一家企業所擁有的資產與它積欠的債務的速寫。而當時的損益表則經常只包

含一個數字：公司一整年的利潤或虧損數字（以目前的標準來說，企業必須透過損益表，向投資人詳細說明它的各項收入與費用狀況）。

　　儘管公司老闆諄諄告誡，葛拉漢還是逃避不了投機魔咒的魅惑。他追隨某位貴賓室常客，購買了一家鐵道公司的股票，但這家鐵道公司不久後便破產。葛拉漢還因薩瓦德輪胎公司（Savold Tire）的 IPO，虧掉他自己和朋友合資的幾千美元，事後大家才發現，原來那家公司是騙局一場。後來，葛拉漢去拜訪薩瓦德騙局幕後的黑手，對方承認他誆騙了投資人，但他為了說服葛拉漢與他和解而提出一個條件：他願意賠償價金的 33％；另一方面，葛拉漢本人也不怎麼考慮提起刑事訴訟，因為當時盛行的法律很不靠譜，監理與強制執行框架也問題重重，所以，他深知訴諸主管機關也不會有什麼好處。就這樣，雙方達成共識。

＊＊＊＊＊＊＊＊＊＊＊＊＊＊＊＊＊＊＊＊＊＊

　　到了 1920 年，初為人父的葛拉漢需要找到真正靠譜的賺錢方法——一種不牽涉到投機的賺錢方法。事實上，對葛拉漢這種有頭腦又想尋找非投機性穩定賺錢方法的人來說，第一次世界大戰後那幾年堪稱完美的時機。戰爭的需求為美國的工業型經濟體打下了更穩定的財務基礎，讓美國鋼鐵（U. S. Steel）與聯合銅業（Amalgamated Copper）等企業，成了本質上更可靠的投資標的。而隨著老羅斯福總統（President Theodore Roosevelt）授權諸如州際商業委員會（Interstate Commerce Commission）等監理實體規定美國企業界揭露更多資訊，企業界也開始編製並提供更多和營業有關的訊息。

從財務報表看出端倪

　　曾在哥倫比亞大學求學期間以製作貨運統計表維生的年輕葛拉漢，現在終於能全心全力聚焦在具體的財務數據上，不再需要把他的長才浪費在下一場總統選舉的候選人當選機率分析上。隨著葛拉漢開始研究財務報表，他開始注意到一些「型態」。1915 年那一年，他閱讀了古根漢探勘公司（Guggenheim Exploration）的財務報表，該公司當時正計畫解散公司，將資產分配給股東。以下請見葛拉漢這份資產負債表分析的主要內容：

		市場價值（美元） 1915 年 9 月 1 日
古根漢探勘公司的一股股份		$68.88
該公司持有的約當證券		
0.7277 股的肯尼寇特銅業（Kennecott Copper），每股 52.5 元	=	$38.20
0.1172 股的奇諾銅業（Chino Copper），每股 46.00 元	=	5.39
0.0833 股的美國精鍊公司（Amer. Smelting），每股 81.75 元	=	6.81
0.185 股的雷伊聯合銅業（Ray Cons. Copper），每股 22.88 元	=	4.23
其他資產	=	21.60
合計	=	$76.23

　　第一個數字和最後一個數字明顯脫節，這讓葛拉漢非常震驚。當時，古根漢探勘公司的每股交易價還不到 69 美元，但它所有業務單位的總價值，卻超過每股 76 美元。這意味古根漢探勘公司的交易價，大約只相當於它的資產價值的 90％。投資人可以用每股 69 美元購買一股古根漢探勘公司的股份，接著再以 76 美元的價值，賣掉古

根漢探勘公司持有的那些不同企業的股份。以華爾街的術語來說，這將製造每股大約7美元的價差（spread），也就是略高於10％的價差。

　　這當然不是投機的方法，而是紮實的分析。一旦古根漢探勘公司進行清算，並將它持有的所有股份分配給股東，股東幾乎保證能獲得10％的報酬。於是，葛拉漢和他公司的會員隨即根據這個結論和邏輯執行交易，並在古根漢探勘公司真正著手清算時，賺到了他們推算出的價差。

　　然而，紐伯格和該公司的合夥人並沒有把葛拉漢提出的其他多數類似想法當一回事。葛拉漢曾建議紐伯格的客戶拋售聯合紡織公司（Consolidated Textile，當時投機客的最愛之一）的股份，轉而購買該公司的可轉換公司債。葛拉漢主張，公司債不僅比較安全，會發放當期股利，而且價格增值潛力也還不錯。不過，紐伯格公司的合夥人卻反對這麼做；其中一個人解釋，聯合紡織公司的普通股交易比它的公司債活絡很多，而且貴賓室裡的顧客就是喜歡看它的股價在黑板上不斷跳動。後來，聯合紡織的公司債價格上漲，股價卻重挫70％，這讓每一個人都非常訝異，唯獨葛拉漢例外。

　　1923年時，葛拉漢離開紐伯格亨德森洛伯公司，開創他自己的投資事業。當時他年僅二十九歲，不過，他擁有一項優越條件，而且他對此心知肚明。

　　葛拉漢在他的回憶錄裡寫道：「對華爾街老手來說，決定價格變化的因素並不是枯燥乏味的統計數據，而是另一組全然不同的因素──這些因素都非常人性化──因此，鑽研那些統計數據似乎很蠢，」但「身為一名新手，我還沒有被舊體制的扭曲傳統影響，因

此，當各種全新的動力開始對金融領域產生影響時，我總能輕易
明快採取回應。**憑藉著比眾多前輩更透徹的眼光和更敏銳的判斷
力──因為那些前輩的才智已被他們的經驗腐化了──我學會區分
什麼是重要的、什麼不重要；什麼是可靠的、什麼不可靠；甚至學
會了什麼是誠實的，什麼又不誠實。**」（本書作者自行強調）

••••••••••••••••••••••••

北方油管公司股價和資產價值的價差

　　雖然當時企業公告財務報表的頻率增加了，那些財務報表卻通
常沒有廣泛流通，所以，葛拉漢常為了閱讀企業的財務報表而長途
跋涉。1926 年的某一天，他在位於華盛頓特區的州際商業委員會記
錄室，發現了讓他個人職業生涯與聲望終於獲得認可的那一家公司。

　　北方油管公司（Northern Pipe Line）是洛克斐勒的標準石油公司
（Standard Oil）解散後所成立的三十四家公司之一，它是當中最小的
公司。北方油管公司絕無僅有的實體資產，是一條從俄亥俄州州界
五十英里遠之處穿越賓州，運送石油到紐約州東北角的小油管。不
過，葛拉漢並不是對這條油管的營運有興趣。一如古根漢探勘公司
的案例，他感興趣的是北方油管公司的資產價值和股價之間的價差。

　　北方油管公司持有許多優質的鐵道公司債券，那些債券的價值
相當於該公司每股 95 元；然而，該公司的股票交易價卻只有每股 65
美元。儘管標準石油公司勢力強大，北方油管公司終究只是這個大

企業旗下的一個小分支機構，但它卻投資了數百萬美元在鐵道公司債券，這麼做的目的究竟是什麼？葛拉漢努力思考這個問題。更重要的是，為什麼該公司股票的交易價格，竟比它持有的債券價值低大約 30％？油管是一種獲利豐厚的業務，且不需要太多資本就能經營。事實上，北方油管公司每年還發放每股 6 美元的股利。究竟為什麼這檔股票的定價那麼沒有效率？

葛拉漢回到紐約後，隨即去拜訪負責經營北方油管公司的布希奈爾（Bushnell）兄弟，他們的辦公室就位於標準石油公司在百老匯二十六號的那一棟傳奇大樓裡。葛拉漢告訴這對兄弟，他並不認為北方油管公司有必要持有那些鐵道公司的債券。他問他們，把價值每股 95 美元的鐵道債券分配給股東，難道不是更好嗎？畢竟股東持有的股份只價值每股 65 美元。這麼做不僅能把每股 30 美元的價值釋放給股東，油管公司也能繼續專心賺錢並發放股利。

布希奈爾兄弟告訴他，那是不可能的。他們的理由是，北方油管公司未來可能會需要賣掉這些債券，再利用出售債券所換回的現金，汰換油管或擴展油管佈局。葛拉漢問，何時會這麼做？布希奈爾兄弟回答，時間點還不確定。葛拉漢鍥而不捨地繼續追問，但他的問題卻激怒了布希奈爾兄弟。

葛拉漢在他的回憶錄中回想當時的情況，那對兄弟對他說：「聽好了，葛拉漢先生，我們對你已經夠有耐心了，我們已經把平常根本不夠用的很多寶貴時間撥給了你，」「油管經營是一門錯綜複雜且高度專業的業務，你對這項業務所知極為有限，但我們可是在這一行幹了一輩子⋯⋯請容我們建議，如果你不贊同我們的政策，不如

仿效穩健投資人應對這種情境的作法，直接把股份賣掉。請問你意下如何？」

葛拉漢當場就回絕了他們的建議。他不打算賣掉他的股份，而是計畫參加該公司下一次的年度股東大會，並向該公司的其他股東說明他的想法。

1927 年 1 月，葛拉漢搭上夜車前往匹茲堡，隔天早晨，他在暴風雪之中，搭上火車中繼線到石油城（Oil City），也就是北方油管公司召開年度股東大會的地點。抵達會場後，他赫然發現只有八個人出席：布希奈爾兄弟倆，北方油管公司的五名員工，還有他自己。

儘管如此，會議還是依照既定的程序召開，一名員工提出動議，希望能表決通過該公司去年的年報。

這時葛拉漢突然插話：「請問主席先生，」「年報在哪裡？」

布希奈爾兄弟之一回答：「很抱歉，葛拉漢先生，」「年報要再幾個星期才能編製好。」

葛拉漢問：「但布希奈爾先生，」「尚未編製完成且還無法公開取得的報告要怎麼表決通過？」

這對兄弟竊竊私語地討論了一會兒後，其中一人說：「我們向來都是用這個方式處理這件事。贊成通過的請說『是』。」

由於不存在的年報在大會中獲得通過，這對兄弟便繼續進行會議的後續程序，接著又完成幾個正式手續後，主席提出休會動議。

葛拉漢站起身來，說：「但是布希奈爾先生，」「一如我們在紐約商定的，我希望能閱讀和公司財務狀況記錄有關的備忘錄。」

布希奈爾回答：「葛拉漢先生，」「能否請你以提案討論的形式

提出你的要求？」

　　葛拉漢照做了。但不出幾秒，表決結果出爐：這項提案未能通過，於是，股東大會就這麼結束了。

　　隔年，葛拉漢捲土重來，他帶著四名律師和很多其他股東的支持，再次出席北方油管公司的股東大會。儘管當時葛拉漢未能順利取得洛克斐勒基金會（Rockefeller Foundation）──該基金會持有北方油管公司近四分之一的股權──的委託書，卻已爭取到足以選上二席董事（總數六席）的投票權。回到紐約幾個星期後，布希奈爾兄弟主動找上葛拉漢，請他到他們位於百老匯二十六號的辦公室。

　　布希奈爾兄弟之一告訴葛拉漢：「葛拉漢先生，我們並不是真心反對你將資本返還給股東的想法，這一點請你務必理解，」「我們當時只是覺得時機不恰當。但現在時機已經成熟，我們即將提出一個我們認為能讓你百分之百贊同的計畫。」

　　就這樣，北方油管公司被迫吐出相當於每股 70 美元的現金和證券給股東，而且還調整了該公司的組織結構，總之，到最後，葛拉漢每股 65 美元的投資，共增值了接近一倍。[5]

●●●●●●●●●●●●●●●●●●●●●●●●

　　後來，原隸屬前標準石油公司的其他幾家油管公司，也紛紛追

5　葛拉漢事後才察覺到布希奈爾兄弟投降的真正原因：洛克斐勒基金會的高階執行
　主管實際上比較偏好葛拉漢的計畫，但他們又不想因為把該基金會的委託書交
　給葛拉漢而讓那對兄弟難堪。於是，他們採用洛克斐勒一貫的慎重手法，先以
　非正式管道，設法將他們的意願傳達給布希奈爾兄弟，最終也促成了葛拉漢的
　計畫。

隨北方油管公司的腳步，將過剩的資本分配給股東，這個發展使葛拉漢的聲望、他的銀行存款餘額與他的自信心隨之水漲船高。葛拉漢使用這個以資產為本的投資方法獲得非常好的成效，成績好到他大膽以手上持有的證券作擔保品去借更多錢，並繼續用這個方法買更多的股票。換言之，他使用槓桿——以華爾街的說法，就是「使用融資」——而且他是在 1929 年崩盤前夕，非常大膽地使用槓桿。

那場崩盤導致所有股票應聲重挫，葛拉漢的槓桿自然也導致他的虧損倍數增加。到 1932 年，他的投資合夥公司的績效已比高峰降低了 70％。一直到大崩盤過後五年，葛拉漢的基金才終於回升到 1929 年以前的水準。

為應對這個窘境，葛拉漢舉家搬到一間小公寓，而他太太也找到一份舞蹈教員的工作。他裁撤了先前為了母親安排的汽車和司機，不過，他並沒有放棄他的投資紀律。就在其他人絕望退場之際，葛拉漢繼續用這個以資產為本的系統，堅定地佈局他的投資。其中，他特別留意流動資產——也就是企業能輕易出售並換成現金的資產。當企業在市場上求售諸如工廠等較長期的資產，可能不見得能賣到資產負債表上列示的價值；但諸如存貨等流動資產，則較可能以相當於資產負債表上的價值售出。

有過古根漢探勘公司與北方油管公司等投資經驗，葛拉漢當然還是希望能以低於清算價值的價格來收購適合的企業，不過，大蕭條的大環境促使他以更嚴格的標準來應用這個研究法。為了堅持極度保守的立場，葛拉漢甚至以折價來計算這類流動資產的價值。因此而產生的研究法，就是後來所謂的「淨流動資產價值」法，或是「淨

營運資金」（net working capital）法，直到今日，葛拉漢的信徒還是汲
汲於搜尋他們所謂「net nets」（市值低於淨流動資產價值）的企業。

　　1930 年代的股票市場極度蕭條，所以，達到葛拉漢那個衡量標
準的證券不下數百檔。舉個例子，當葛拉漢仔細分析懷特馬達公司
（White Motor Company）1931 年年底的資產負債表時，他是以帳面
價值（book value, carrying value）的 100％來評估懷特公司的現金和證
券的價值，以帳面價值的 80％來評估它的應收帳款（其他企業對懷
特公司的欠款）的價值，以帳面價值的 50％評估存貨的價值，並以
帳面價值的 20％來評估該公司工廠的價值。葛拉漢將這些數字加總
後，再扣除該公司所有負債，他估計，懷特馬達公司的清算價值是
每股 31 美元——但該公司當時的股票交易價僅僅每股 8 美元。1932
年，葛拉漢為《富比士》（Forbes）雜誌寫了三篇名為「美國企業界的
停業價值是否高於繼續營運的價值？」的連載文章，他在那幾篇文
章裡主張，在美國，超過三分之一的公開掛牌工業公司的交易價，
低於它們隨時可出售的資產的淨清算價值。

　　葛拉漢是後人所謂價值型投資法的發明者——或者說，至少他
發明了第一個疊代（iteration）的價值型投資法。葛拉漢的方法聚焦
在實體資產和一家公司的清算價值，這可稱為第一代價值型投資法。[6]
一如所有後續各個疊代的價值型投資法，葛拉漢的投資系統非常嚴

6　我要感謝我的朋友兼同事克里斯・貝格（Chris Begg，東岸資產管理公司〔East
　　Coast Asset Management 〕的聯合創辦人暨投資長）幫我想出「第一代價值型投
　　資法」（Value 1.0）、「第二代價值型投資法」（Value 2.0）和「第三代價值型投資法」
　　（Value 3.0）的名稱，本書從頭到尾不斷使用到這些名稱。

謹、遵守紀律，且這個系統一如科學方法，是可重複且可檢驗的。雖然後人無法得知葛拉漢的完整績效記錄，但事實顯示，從 1930 年代起，到他在 1956 年退休時，葛拉漢利用這個方法創造的績效，明顯超過大盤。葛拉漢估計他的報酬率是每年 20%，大約是同時期大盤指數表現的兩倍。

安全邊際和「市場先生」概念

葛拉漢不僅是一名優秀的投資人，也是一位開明且寬大為懷的教師。他在哥倫比亞大學商學院傳授證券分析課程的時間長達二十五年以上，還寫過很多幫助投資人理解市場的書籍。在大蕭條最嚴重的階段，葛拉漢將他的投資哲學編纂到《證券分析》（Security Analysis）一書，藉由這本永垂不朽的書籍，向讀者介紹他的投資方法和概念。在那些概念當中，最重要的就是明確區分「投資」與「投機」的差異的概念。投機客是抱著購買樂透彩票的心態而買股票，但投資人則不同，投資人是為了成為企業實際業務的局部所有權人而購買股票。葛拉漢也鼓勵投資人，除非一檔股票擁有他所謂的「安全邊際」（margin of safety），否則不宜購買。所謂在有安全邊際的情況下投資，是指你的買進價必須低到即使標的公司的業務出差錯，你的股票也不會受到顯著影響。

在發行《證券分析》十五年後，葛拉漢又在《智慧型股票投資人》（The Intelligent Investor）一書，向讀者介紹「市場先生」（Mr. Market）的概念，這是另一個影響深遠的概念。葛拉漢建議我們將市

場擬人化，不要把它當成一個抽象的存在。他主張應該為市場取一
個名字，並以對待事業合夥人的方式來應對市場。我們和「市場先
生」一同持有特定公司的股份，不過，「市場先生」雖是我們的事業
合夥人，性情卻和我們大不相同：正當我們試圖保持頭腦冷靜之際，
有一天，「市場先生」卻突然以一種陶醉的狀態出現，提議想以高得
荒謬的價格，購買我們持有的股份。稍後，「市場先生」又會從狂躁
狀態變得極度消沈，並提議想以低得荒謬的價格，將同一批股份賣
給我們。

雖然如今這個說法聽起像是人人皆懂的常識，但在葛拉漢的時
代，這個概念卻極具革命性。我們不該被「市場先生」的心情主宰，
而是應該善加利用它的心情來為自己獲取利益。股票市場是由人類
所組成的混合體（amalgamation），而人類通常不理性，所以，股票
市場常流於瘋狂——但我們不必跟著它一起精神錯亂。在場邊聚集
並大吼大叫的事留給其他人去做就好；我們要做的是仔細閱讀年報
並保持理性。

•••••••••••••••••••••••••

直到如今，「安全邊際」和「市場先生」等概念，仍是永不過時
的重要概念性工具，不過，葛拉漢的具體評價框架，卻隱藏著重要
的漏洞和缺口。

第一代價值型投資法也有著和所有成功的投資策略相同的固有
問題：隨著愈來愈多人採納這個系統，超額報酬將隨著眾人之間的
競爭而縮減。一如下表所示，如今，因購買「價格相對低於其資產

價值」的股票而獲得的所謂價值溢酬（value premium），已經比過往大幅降低。

不僅如此，葛拉漢的系統還有另外幾個更深層的問題。第一代價值型投資法主要是一種短期性策略，當原本價格低廉的股票上漲到公平價值時，投資人就必須賣掉那些股票，換言之，投資人需不斷地重新調整投資組合。葛拉漢的方法被後人稱為「菸屁股投資法」，因為葛拉漢投資組合裡的股票，便宜到像從人行道撿到的廉價長雪茄菸屁股，那種菸屁股能勉強抽個一、兩口，但抽完後就必須快速丟棄，再尋找新的雪茄菸屁股。但尋找、追蹤與決定每一檔股票的個別介入與出場點，是一個極度曠日廢時的過程。由於一旦採用這種菸屁股投資法，重新調整投資組合的頻率會變得非常高，所以，這種投資法的利得經常適用一般所得稅稅率，而一般所得稅稅率高於長期資本利得稅稅率（譯注：在美國，根據規定，資本利得若來自持有一年以內的證券，適用一般所得稅的稅率，而若資本利得來自持有一年以上的證券，則適用較低的長期資本利得稅稅率）。以較高所得稅級距的人來說，即使他們能利用這個高替換頻率的方法獲得 20％的短期投資利得，但在就這筆利得支付 50％的所得稅後，實際入袋的利得僅剩 10％。

第一代價值型投資法最後且最重要的一個問題是，這種方法嚴格、死板且偏執地聚焦在資產價格上，也因此經常錯失最「肥美」的投資機會。第一代價值型投資法絕對適合它那個時代，因為這個方法嚴格遵守的數字公式原則，使投資人得以遠離投機行為。這是一個只有簡單二元（binary）解答——一檔股票「符合」或是「不符合」

以價格／資產的基礎而言，最便宜相對最昂貴股票的價值溢酬（Value premium）

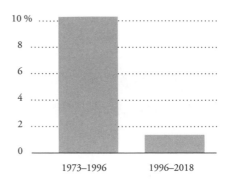

資料來源：安德雷‧甘卡爾夫斯（Andrei Goncalves）與葛瑞戈瑞‧李昂納德（Gregory Leonard），「基本面－市價比率與價值溢酬降低」（The fundamental-to-market ratio and the value premium decline），肯南民間企業協會研究報告（Kenan Institute of Private Enterprise Research Paper），2020 年。

葛拉漢的清算價值條件——的簡單系統。葛拉漢在《智慧型股票投資人》中寫道，要找到一家具有安全邊際且可投資的企業，「端賴對統計數據的簡單且明確的算術推理。」

　　然而，隨著時間向前推進，整個世界逐漸從大蕭條的廢墟中重新站起來後，第一代價值型投資法也似乎變得和美國經濟體系愈來愈格格不入。二次世界大戰過後，美國變得更穩定且更繁榮，企業更加蓬勃發展，但葛拉漢那個以資產為本的系統，只能辨識企業淨資產的價值，無法辨識企業創造愈來愈高所得源流的那種成長能力，當然也就無法辨識隱含在企業成長能力裡的價值。葛拉漢執迷於公式，因而忽略了所有形式的質化分析（qualitative analysis）；他的一名助理回憶，每當有人開始談論一家公司實際從事的業務，他就會無聊地望向窗外。相同的，葛拉漢也會阻止他的分析師與企業的經營管理者見面，因為他覺得那些高階執行主管可能會蒙蔽他的分

析師，導致他們不再聚焦於數字——在他心目中，唯有數字才真正攸關重大。

曾為葛拉漢工作且事後也成了一名傳奇價值型投資人的華特‧施洛斯（Walter Schloss），就曾向葛拉漢推薦一家擁有某種大有可為的技術的企業——這家公司是哈洛伊德公司（Haloid），也就是後來將全錄機器（Xerox）商業化的那一家公司——不過，他向葛拉漢推薦該公司時，它的股票並沒有跌到跳樓拍賣價。

因此，那時葛拉漢斷然回絕施洛斯，他說：「華特，我沒興趣，」「它不夠便宜。」

....

葛拉漢和華特‧施洛斯之間討論哈洛伊德公司的那一段對話，聽起來似曾相識——那個場景和年輕時的葛拉漢與公司某位合夥人之間的對話，有著異曲同工之妙；在一個世代之前，那名合夥人也對年輕葛拉漢的想法嗤之以鼻——當時葛拉漢建議公司賣掉聯合紡織公司普通股，轉而投資該公司的債券（較安全）。葛拉漢那時曾感嘆地說，那些前輩的才智已被他們的經驗給腐化了；但兩相對照後，令人不由得納悶，葛拉漢的才智不也被他自己的經驗給腐化了嗎？不過，如果葛拉漢之前一個世代的人錯在過於魯莽，葛拉漢的系統則主要錯在過於教條，不僅如此，它也錯在過度謹慎。

葛拉漢年僅六十二歲就以投資組合經理人的身份早早退休。當時的他已經很有錢，因此得以回頭涉獵他更早期且較知識份子取向的興趣。他翻譯了一本西班牙書，發行了一本詩集，並開始往返於

美國、葡萄牙和普羅旺斯艾克斯（Aix-en-Provence）之間。然而，就在葛拉漢過世不久前，他以一份古怪但間接的自白，承認他一手打造的紀律有其極限。

這份自白被納入最後一版的《智慧型股票投資人》（1973年出版）附錄裡，內容只有兩頁。葛拉漢顯然對這件事感到難以啟齒，所以，他以第三人稱來評述他自己，整篇文章看似是在評論第三者的遭遇，但事實上那是發生在他本人和他的長期事業合夥人傑洛米・紐曼（Jerome Newman）身上的事。

那份附錄的開場白是這麼寫的：「我們熟識兩位花了大半輩子在華爾街管理自身資金與他人資金的合夥人。」「某些慘痛的經驗讓他們瞭解到，寧可安全且謹慎，也不要妄想把世上所有錢全部賺進自己的口袋……也因如此，多年來，儘管歷經大盤的起起落落，他們的表現依舊可圈可點……」

葛拉漢繼續說明，1948年時，他把他的合夥公司高達的20％資產投入某一檔股票。這檔股票的價格比它的資產和盈餘相對便宜不少，且葛拉漢寫道，他和他合夥人「對這家公司的可能性感到印象深刻」。

就在葛拉漢買進這檔股票後，它幾乎隨即上漲，接著也持續增值——長期下來，那一檔股票的亮麗漲幅，讓葛拉漢及其合夥人的原始投資增值了兩百倍。若根據葛拉漢那個以資產為本的標準來衡量，這麼大的漲幅肯定已經導致那一檔股票顯得昂貴，不過，他卻決定繼續持有這檔股票，而他也在他的回憶錄中說明了個中緣由——因為他把這家公司視為「某種家族企業」。

　　葛拉漢在《智慧型股票投資人》的附錄中做出以下結論：「真是夠諷刺的，」「透過這個單一投資決策所獲得的總利潤，遠遠超過那一家合夥公司整整二十年內，透過它在專長領域裡的廣泛作業——這些作業涉及非常大量的研究調查、無盡的思考，以及數不清的個別**決策**（作者本人強調）——實現的其他所有利潤。」

　　換言之，葛拉漢因投資某一家傑出企業而獲得的利潤，超過了他花一整個世代的時間透過菸屁股投資法而獲得的總利潤。

　　這家公司就是汽車保險商——政府員工保險公司。然而，葛拉漢只在整份回憶錄提到政府員工保險公司兩次，其中一次甚至只是描述他向那家公司申請保險理賠的故事。相較之下，他用了一整個章節來描述北方油管公司的故事。

　　葛拉漢在這篇附錄的結論中問：「對這位智慧型投資人來說，這個故事究竟有什麼寓意？」「顯而易見的寓意之一是，在華爾街，賺錢並持盈保泰的方法其實有很多種。另一個較不那麼顯而易見的寓意則是：經由一個極其幸運的機會或一個極其精明的決定所獲得的成果，有可能勝過一位匠人一輩子的努力，但我們真的有能力區分那個優異的成果究竟是來自極其幸運的機會還是極其精明的決策嗎？」

　　葛拉漢的這一番評述其實是在掩飾他自己的心虛。到葛拉漢寫這份附錄時，他早已心知肚明，要想找出諸如政府員工保險公司那樣的優異投資標的，靠的絕對不只是幸運自動來敲門。那時的他已經知道，我們絕對可以用系統化的方法來識別優異的企業，就像他當年也曾系統化地運用他那個以資產為本的投資方法，找出有投資

價值的企業。事實上，他的哥倫比亞大學學生之一（事實上，那名
學生是他的明星學生，是唯一獲得葛拉漢的 A+ 評分的學生）當時正
透過他自己的投資績效記錄來證明這一點。

第三章

第二代價值型投資法：
華倫・巴菲特與
「品牌－電視」生態系統

　　1950 年時，來自內布拉斯加州奧馬哈的華倫・巴菲特一腳跨進了葛拉漢在哥倫比亞大學商學院的證券分析課教室。當時的巴菲特年僅二十歲，是個靦腆又纖瘦的小伙子。巴菲特從葛拉漢傳授給他的基礎出發，光是憑藉著投資，就在三十六年後成了億萬富翁，更在那之後二十年登上世界首富寶座。

　　巴菲特和葛拉漢一樣，都很早就完成大學學業，他也和葛拉漢一樣聰明絕頂、善於分析且熱愛閱讀。巴菲特總愛笑說，當同學搶著傳閱《花花公子》（*Playboy*）雜誌時，他卻總忙著鑽研標準普爾公司的股票手冊。然而，從多數方面來說，巴菲特和葛拉漢其實截然不同。葛拉漢是個溫文儒雅的都市人，他熱愛欣賞紐約的歌劇，經常旅行，且晚年多半待在歐洲。反觀巴菲特，則是在美國中部的大草原被撫養成人。他只會說英語，而他最愛的餐點是漢堡。除了

偶爾到美國東岸短暫停留，巴菲特一生都住在奧馬哈，享受那裡簡單又愜意的生活——屬於美國二十世紀中葉的那種安定又純樸的生活。他迄今仍住在 1958 年以 31,500 美元購入的那一棟二樓洋房，換言之，他已經住在那裡六十三年。

　　一如葛拉漢，少年時期的巴菲特也醉心於技術分析——這種分析法試圖藉由鑽研股票過往波動的技術線圖，來預測股票短期內的波動。不過，有一次他發現，把那些線圖上下顛倒後，看起來和原來正面朝上的樣子根本就一模一樣，於是，他隨即不再熱中於技術分析。進大學後，他讀到了葛拉漢所著的《智慧型股票投資人》一書，並從書中感受到一股強大的震撼力量，他事後甚至以超乎世俗的神聖用語來形容那一股力量。

　　他告訴一位訪問者：「我感覺自己像是啟程前往大馬士革途中的保羅（Paul，譯注：使徒行傳 9：1-22，講述保羅從耶路撒冷前往大馬士革途中，與耶穌基督相遇的故事）。」「我不希望我的說法聽起來像一名宗教狂熱份子之類的，但我真的被那本書徹底收服。」

　　葛拉漢的系統吸引巴菲特的理由，和世世代代投資人受它吸引的理由是一樣的。因為那是一個**系統**，它有一系列嚴格的是非準則。這個系統就像是一本食譜，既公式化且容易落實。只要找出一家公司資產負債表上的資產，再以清算的基礎，以七折八扣的方式來推算那些資產的價值，接著再以這個價值減去該公司的負債，最後比較一下已扣除負債的淨值和它的股價孰高孰低，並只在股價低於用這個方式計算出來的清算價值時才買進。

　　巴菲特也很欣賞葛拉漢對一些較非量化的投資原則的詳細闡

述。「安全邊際」意味謹慎──審慎投資，而非莽撞投資。「市場先生」的概念，則讓巴菲特本身對人性的直覺理解變得更加具體化：多數人面對金錢相關的議題時，都無法保持理性。由於投資人傾向於出現狂喜乃至絕望的情緒交替期，所以，投資成功的關鍵就是訓練自己站在「市場先生」的對立面。誠如巴菲特稍後所說的，關鍵是在其他人貪婪時感到恐懼，並在其他人恐懼時變得貪婪。

為了能在葛拉漢門下學習，巴菲特懷抱著一股皈依者熱誠，離開奧馬哈，到紐約市去。他最後取得了商學院的學位，但他壓根兒不在乎那個學位。巴菲特純粹是為了葛拉漢老師才到紐約的，而且，他認為他和葛拉漢之間，有著類似柏拉圖與蘇格拉底之間那種亦師亦友的情誼。

巴菲特回到奧馬哈後，便到他父親的股票經紀公司上班，並隨即開始模仿這位良師益友的菸屁股投資風格。巴菲特仿效葛拉漢先前購買北方油管公司的作法，買進桑波恩地圖公司（Sanborn Map Company）的股份，因為該公司持有的證券的價值也超過它的股價。買進該公司股票後，他也開始鼓動該公司的經營管理者，要他們把那些證券「吐」出來給股東。稍後，巴菲特還收購了風車製造商丹普斯特農具機械製造公司（Dempster Mill Manufacturing Company）的控制股權，那是一家位於內布拉斯加州農村地帶的公司；雖然丹普斯特農具機械製造公司的財務狀況很差，但股價相對它的資產價值卻相當便宜。巴菲特為該公司聘請了一位新經理人，負責縮減公司的成本並清算它的資產；兩年後，巴菲特賣掉這家公司，此時他已獲得接近原始投資金額三倍的利潤。

　　然而，不久後，巴菲特便明顯偏離他老師那種保守又機械式的投資風格。1950 年代，從美國地理中心位置進行調查研究的巴菲特，明顯察覺到美國境內到處欣欣向榮。美國打贏了戰爭，另一方面，對經濟與心理造成巨大衝擊的大蕭條也漸漸成為過去。此時，巴菲特眼中的美國，是一個年輕、有創意又活力十足的國家，而且已成了世界主要經濟強權。這個國家的中產階級一年比一年龐大，且一年比一年更富裕。經濟依舊偶爾會陷入衰退，詐騙情事也從未銷聲匿跡 —— 那是當然的，只要有人，就會有經濟衰退與詐騙情事 ——但股票市場與經濟體系，卻還是以相對穩定的成長軌跡持續向上提升。在葛拉漢時代可謂家常便飯的投機與恐慌，此時漸漸成為過去，變成好像來自另一個時代的趣聞與軼事。

　　換言之，當時巴菲特就已領悟到，這個世界已經改變。他也體會到，作為一個投資人，他需要跟著世界一起改變。

企業的未來盈餘成長能力更重於資產價值

　　具體來說，巴菲特瞭解到，在那樣一個富饒的時代，他大可以（也應該）跳脫葛拉漢的跳樓大拍賣式資產價值觀，聚焦在其他不同的事物。他漸漸發現，一家企業的股票報酬率能否打敗市場，主要決定因素在於它的利潤，而非它的資產價值。他也領悟到，他必須比葛拉漢更關注企業的業務品質和負責經營企業的管理團隊的素質。

　　當時巴菲特的思想深受《投資價值理論》（*The Theory of Investment Value*）一書作者暨經濟學家約翰・伯爾・威廉斯（John Burr Williams）

影響。一如葛拉漢的《證券分析》，威廉斯也是在大蕭條最嚴重之際完成他的《投資價值理論》，但相較於葛拉漢的謹慎，威廉斯在《投資價值理論》一書展現的調性，卻是樂觀且放眼未來的。葛拉漢是以靜態的角度來審視一家企業的價值——他將企業視為由眾多資產組成的集合體，並著眼於這些資產今天可出售的價值；相較之下，威廉斯則聚焦在一家企業隨著時間一步步創造盈餘和股利的能力。就會計的術語來說，葛拉漢是聚焦在資產負債表，而那只是企業在某個固定時點的縮影；威廉斯則聚焦在損益表上的動態營運景象。

　　威廉斯的主要假設是：任何一家企業的價值（就那個層面來說，也指任何一項金融工具），等於它的未來所有利潤之總和的折現值。就這個意義來說，「折現」是指貶低除當期盈餘以外的所有盈餘的價值，也就是對非當期盈餘進行評價折扣（haircut）。由於未來不可預測，故除了已經到手的盈餘，其他都不可信。所以，第一年的 1 美元盈餘確實價值 1 美元，但第二年的 1 美元盈餘，可能只價值 90 美分，第三年剩 81 美分等，依此類推。

　　這個公式就是後來所謂的「折現現金流量」（discounted cash flow）或「淨現值」（net present value）公式，整個公式的計算有可能變得非常複雜，而且需要使用專門技術。幸好你不需要瞭解它的來龍去脈，因為就實務上的投資框架來說，折現現金流量毫無用處可言。畢竟沒有人能準確地預測到企業幾年後的利潤——就算能精準預測到未來逐年的利潤金額，折現率只要微幅變動，就可能導致淨現值出現很大的差異。

　　正因為這個方法非常複雜，所以，這也意味巴菲特和其他老練

的投資人鮮少預測一家企業的現金流量。但他們取而代之地以企業當期盈餘相對當期股價的比率，作為衡量企業是否值得投資的粗略標準。根據這個思維，當企業的股價相對當期盈餘顯得愈便宜，就代表著愈吸引人的機會。如果一家企業的每股盈餘是 1 美元，而它目前的股價是每股 15 美元，那麼，它的當期本益比就是十五倍，但如果它的股票交易價是 10 美元，它的本益比就更低，股票也因此較便宜。這項衡量標準的完整名稱是價格／盈餘倍數，不過華爾街通常將它簡稱為「本益比」、「P/E」等。

雖然威廉斯的淨現值概念無法應用在實務上的模型，但它終究是個卓越的理論構思。一如葛拉漢的「安全邊際」與「市場先生」等概念，「淨現值」概念讓任何稍有常識的人得以將他們的直覺加以具體化：當一家企業的未來盈餘成長能力愈高，它今天就愈有價值。葛拉漢聚焦在企業的清算價值，但我們無法從企業的清算價值看出一家公司未來將隨著時間而成長或降低的獲利能力；換言之，和計算一家企業的資產價值多寡有關的簡單數學，並無法幫助投資人判斷哪些公司將擁有亮麗的未來，哪些又將會前景黯淡。在尋找那種擁有亮麗前景的企業時，我們要考慮的並不是確定性，而是要釐清或然率；換言之，我們要考慮的是：「哪些企業比其他企業更可能成長與蓬勃發展？」生硬呆板的框架無法歸納出那樣的結論，要做出那樣的結論，需要的是判斷，而**判斷**是質化而非量化的。[7]

7　更多資訊請見約翰‧伯爾‧威廉斯的《投資價值理論》。另外，也可閱讀波克夏‧海瑟威公司 1992 年的年報，巴菲特在那一年的年報裡，以非常濃縮的版本說明了威廉斯的概念。

巴菲特在展開職業生涯後不久，就開始練習做這種判斷：1951年時，他深入研究了政府員工保險公司，也就是即使看起來昂貴，但葛拉漢卻繼續持有的那一家汽車保險公司。巴菲特完成這份分析時，便接著在他為《商業與金融年鑑》(*Commercial and Financial Chronicle*)撰寫的一篇文章（文章名稱是「我最鍾愛的證券」）裡討論這家公司。這一份分析報告非常引人注目，因為當時年僅二十一歲的巴菲特雖身為葛拉漢的明星門生，卻一次也沒在報告中提到政府員工保險公司的資產或它的清算價值。取而代之的，巴菲特的文章是聚焦在政府員工保險公司的成長潛力，而且，他還以複合成長法計算了這家公司的長期盈餘狀況。

政府員工保險公司的競爭優勢

1951年的政府員工保險公司並非我們當今所知道的保險業巨擘（該公司的識別標誌是一隻壁虎）。和同業不同的是，當年的它只是一家超小型汽車保險公司，只鎖定一個特定顧客族群：政府員工（GEICO是Government Employees Insurance Company的縮寫）。在早期，政府員工保險公司的經理人推斷，政府員工通常行事較為謹慎，因此，這些人遠比其他人更不容易發生交通事故，而這也使得政府員工保險公司的被保險人群，天生就比一般人更沒有風險。另外，政府員工保險公司也決定以非傳統的方式來鎖定那一群客戶：它並沒有建立龐大的保險業務員網路（每個業務員理應擁有一位助理和一間辦公室），只使用郵件與電話來銷售它的保單。

　　雖然這種直接推銷的方法使政府員工保險公司的觸角縮小，它的獲利能力卻因此提高。由於政府員工保險公司不需要支付保險業務員薪資，且其事故理賠比多數保險公司少，所以它的營業利潤率（operating profit margins）高達近 30％。誠如巴菲特在他那篇分析中提到的，在 1951 年，保險業的平均營業利潤率還不到 7％。

　　事實上，政府員工保險公司的營運模型非常精實，因此即使它銷售的保單比競爭者折價達 25％至 30％，依舊能賺取優異的邊際利潤率。精實的營運模型確實讓政府員工保險公司佔據了非常有利的競爭地位。到了一個世代後的 1985 年，哈佛商學院（Harvard Business School）教授麥可‧波特（Michael Porter）才正式將這個概念取名為「競爭優勢」（competitive advantage）。向來有話直說的中西部佬巴菲特，則用較不那麼抽象的方式來看待政府員工保險公司的競爭優勢，他認為：由於該公司沒有雇用保險業務員，而且鎖定較低風險的駕駛人，所以它擁有一種可能讓它在未來相對比競爭者更能蓬勃發展的**優越條件**。

　　以正式的語言來說，政府員工保險公司的競爭優勢在於它是一家「低成本產品提供者。」在美國，每一位駕駛人依法都必須購買汽車保險，但其實沒有人想花太多錢在這項保險上。這個動態使汽車保險成了一種類似糖或棉花的大宗商品，而決定大宗商品業競爭優勢的關鍵因子正是成本。能以最低價格銷售這項大宗商品的企業，就能搶佔到市場佔有率。誠如巴菲特在他那篇文章裡強調的，政府員工保險公司的營運模型，讓它成了汽車保險領域顯而易見的低成本選項，而由於該公司規模還非常小，所以，它的業務幾乎肯

定會成長──當時政府員工保險公司的營運只遍及十五個州，而在
汽車保險率最高的紐約，它的市場佔有率還不到 1％。

　　1951 年的巴菲特應該沒有預測到政府員工保險公司有一天會
繼續以它的直接銷售模型，進一步擴大目標客群，最後更順利贏得
了大約 15％的美國汽車保險保單。然而，對他來說，基於政府員工
保險公司所擁有的競爭優勢，要推斷它總有一天會比原來成長好幾
倍，並不是什麼難事。

　　這種分析和葛拉漢那種「以統計數據進行簡單且確定的算術推
理」的分析法相去甚遠。政府員工保險公司的投資魅力，並不在於
該公司在過去某個特定時點的資產清算價值，而在於它未來許多年
裡獲取愈來愈高利潤的能力。

　　從此以後，巴菲特內心展開了幾十年的天人交戰，那是一場保
守觀點（屬於他老師的大蕭條時代框架）和較樂觀的前瞻性觀點（約
翰‧伯爾‧威廉斯的觀點）之間的拉鋸戰。1959 年時，樂觀前瞻性
的一方獲得了一股強大的助力，因為巴菲特在那時認識了查理‧蒙
格，而蒙格後來成了巴菲特的第二自我（alter ego，譯注：與原有性
格有著鮮明區別但又互補的另一個自我）與事業合夥人。蒙格厭惡
葛拉漢那種菸屁股型投資法，多年來，他多次用「瘋狂」、「圈套與
錯覺」以及「漠視重要事實」等說詞，來批判葛拉漢的投資系統。
蒙格較偏好諸如政府員工保險公司這種擁有明顯競爭優勢的企業，
因為擁有競爭優勢的企業才有長期順利發展的合理可能性。

　　有了諸如政府員工保險公司等早期的成功經驗，加上蒙格時時
刻刻不斷的提點與忠告，巴菲特遂繼續探索並投資主要因優質業務

而具投資吸引力 —— 而非以資產價值取勝 —— 的企業。1963 年，他投資了旅行支票與信用卡市場霸主 —— 美國運通公司（American Express）。美國運通堪稱投資戰後美國經濟榮景的標準答案。隨著美國愈來愈富裕，中產階級的支出日益增加，差旅活動也更加頻繁，最重要的是，美國的中產階級信賴美國運通公司為他們提供消費與旅遊上的助力。

迪士尼樂園和時思糖果的
訂價力量與世代忠誠度

　　當年民眾最常到訪的旅遊景點之一是迪士尼樂園（Disneyland），巴菲特和蒙格也不可免俗地在 1966 年到那裡一遊。不過，就在他們的太太與孩子們開心享受迪士尼樂園的一切時，他們兩人卻只是一邊散步，一邊分析迪士尼樂園的經濟學。迪士尼樂園擁有很多有形資產 —— 小飛象飛天旋轉車就是用鋼和鐵等材料建造而成的有形資產。不過，真正讓巴菲特與蒙格震驚的是，那些飛天旋轉車的實際價值，和迪士尼清算這些旋轉車的能力根本毫無關係可言。相反的，那些飛天旋轉車的價值，源自遊客搭乘過飛天旋轉車後，對迪士尼電影與電視節目所產生的親切感。美國人本就熱愛小飛象、大衛・克羅（Davy Crockett，譯注：迪士尼公司以十九世紀傳奇人物大衛・克羅為藍本所製作的邊域世界系列影集）和夢遊仙境的愛麗絲，而民眾對這些角色的情感，會隨著他們到迪士尼樂園遊玩的經驗而進一步加深。迪士尼就是憑藉著對其顧客群的這種深厚吸引力，才

得以順利賣出它的電影票、迪士尼電視節目的廣告時段、迪士尼樂園的入園票以及迪士尼相關角色的周邊商品等。這種讓顧客自願掏腰包買單的能力，就是迪士尼的重要資產之一，但這項資產和鋼與鐵等資產截然不同。巴菲特和蒙格沒辦法在資產負債表上量化這項資產，但他們深知這項資產非常有價值。

到了 1972 年，巴菲特和蒙格以他們的控股公司──波克夏・海瑟威──的名義，買下他們的第一家百分之百控股子公司：時思糖果公司（See's Candies），這家公司是糖果點心生產商，也在西岸經營一系列連鎖甜點店。一如迪士尼公司，時思糖果公司的價值，來自顧客對其產品的喜愛。巴菲特和蒙格深知西岸人對時思糖果的感情有多深厚，所以，他們收購該公司後，便開始提高售價，一如迪士尼每年提高主題樂園的門票價格。不管是迪士尼或時思糖果，顧客都在漲價後繼續心甘情願買單。

當年才三十七歲的巴菲特在寫給投資人的一封信中提到：「真的非常有意思，」「儘管我認為我自己主要是計量學派，但多年來真正讓我獲得優異成就的那些概念，卻側重於『質』的那一面，而我本身對『質』擁有一種『高或然率』的洞察力。這才是真正讓收銀機不斷進帳的原因。」

當然，他所謂的「高或然率」洞察力和洞悉企業的競爭優勢──即企業的優越條件──有關。但不同企業的優越條件不見得總是一模一樣。政府員工保險公司擁有低成本競爭優勢，而美國運通、迪士尼和時思糖果則全都擁有品牌優勢。但無論如何，這些企業都有一個共通點：它們的業務的某些特質，讓企業得以隨著時間賺愈來

愈多的錢。

　　巴菲特將這個現象形容為企業周圍的「護城河」。根據巴菲特的世界觀，每一家企業都象徵著某種經濟城堡，而在開放的市場經濟體系中，那些經濟城堡隨時可能遭到掠奪者傷害或入侵。企業會彼此攻擊，試圖摧毀競爭者，以搶奪藏在對方城堡內的利潤。企業常用的攻擊武器是「較低的價格」，以及「持續不斷改善的產品」；而在諸如此類的競爭狀態下，通常唯一的真正贏家是消費者——當然，除非企業擁有一座能阻擋競爭者進入的堅實護城河。總之，唯有擁有某種強大護城河的企業，才能擺脫勉強苟延殘喘的宿命，長時間蓬勃發展。

　　巴菲特在 1999 年的一場演說（這篇講稿後來被發表在《財星》雜誌上）裡提到，「投資的關鍵」「不是評估一個產業將對社會產生多大的影響，也不是評估它會成長多少，而是判斷任何一家特定企業的競爭優勢，以及那一項優勢的耐久性——這才是最重要的。」

·····················

　　一如巴菲特投資迪士尼樂園和時思糖果公司的經驗所示，品牌對美國人有著某種特殊的吸引力，而巴菲特也觀察到，那種吸引力多半源自於二十世紀下半葉的媒體生態。在當時，有數千萬或甚至上億名美國人習慣在每天晚上打開電視，轉到晚間新聞頻道，看完新聞後，便接著繼續收看他們最愛的戲劇或情境喜劇等節目。而美國民眾在享受這些資訊與娛樂的同時，也形同整個晚上都坐在電視機前，接受大量電視廣告的轟炸，這可說是民眾對那些節目的回

報。巴菲特注意到，美國最大的幾個品牌善加利用民眾的這項「例行公事」，強化並延展它們對大眾購買習性的控制力。當時，可口可樂與百威啤酒（Bud，譯注：Budweiser 的簡稱）在消費者忠誠度與市場地位方面雙雙名列前茅，那意味這兩家公司可以花比競爭者更多的廣告支出；而更多的廣告支出，又讓它們得以進一步提升心靈佔有率（mind share，譯注：又譯為品牌影響力佔比）和市場佔有率。巴菲特以「把鯊魚和鱷魚丟進自家的護城河」來形容企業諸如此類的行為。

收費橋（toll bridge）帶來的金礦

巴菲特也觀察到，儘管美國有非常多品牌，卻只有三家大型全國廣播網，包括：美國廣播公司（ABC）、國家廣播公司（NBC）和哥倫比亞廣播公司（CBS）。這樣的生態衍生了巴菲特所謂的「收費橋」（toll bridge）——那是每一個品牌都必須通過的隱形橋，當然，那是要收「過路費」的橋樑。那些廣播公司因擁有這些收費橋，而得以享有和迪士尼與時思糖果等量齊觀的訂價力量與世代忠誠度。諸如此類的動態對地區性電視台和報紙產生了相同的作用，尤其是報紙。當時，通常每一個都會區都只有一家報紙發行公司，所以，巴菲特購買了華盛頓郵報公司（Washington Post Company）的股份，且吃下了《水牛城晚報》（*Buffalo Evening News*）的 100％股權。另外，他還購買了奧美廣告（Ogilvy & Mather）和埃培智公司（Interpublic）的股份，因為這兩家主要廣告代理商是「品牌－電視」生態得以蓬

勃發展的主要關鍵。

1985 年時，五十四歲的巴菲特做了他平生最大的一筆投資：首都城市（Capital Cities），該公司擁有在紐約奧爾巴尼（Albany）和羅德島（Rhode Island）普羅維登斯（Providence）等偏僻市場區隔中，最具支配力量的本地電視聯播台。媒體大亨對這類不起眼的財產向來不太有興趣，但巴菲特以他理性的眼光，看出了這些財產的真實價值：那些電視聯播台簡直就像是幾乎沒有競爭者會來搶奪的金礦。

這些電視聯播台都是非常優質的財產，而且在一位名為湯姆‧墨菲（Tom Murphy，我們將在第六章討論他）的高階執行主管領導下，這些聯播台也受到非常妥善的管理，所以巴菲特才會不惜以較高價格購買首都城市的股份。儘管 1985 年時，該公司的平均股票價格只有當期盈餘的十倍，巴菲特卻以當期盈餘的十六倍（也就是比平均水準股價高 60％）的價格購買該公司。

他知道約末在此前十年過世的恩師葛拉漢應該不會贊同他的這個決定。所以，當時巴菲特告訴《商業週刊》（*Business Week*）：「班不會因為這個決策為我喝采。」

在收購首都城市之前的二十五年間，巴菲特經常為了介入他相信具有優越條件的企業，而以愈來愈高的估價倍數（譯注：例如本益比）買進那些企業的股票，不過，自從完成首都城市的交易後，巴菲特就停止了這個趨勢。從全然的量化分析觀點而言，他理應反其道而行。原因是，1960 年代至 1980 年代是利率上升期，而在那樣的環境下，股票投資人通常只願意以較低的價格購買股票。當美國政府公債（世界上最安全的投資標的）能提供較高收益率，實在

不太有道理以過高的價格來取得股票。不過，誠如九十四頁的圖所示，在這個時期，巴菲特為取得股票而支付的價格（以當期盈餘的倍數來表示）非但沒有降低，反而是更高。[8]

　　為何巴菲特會不惜支付那麼高的價格？因為他一天比一天更堅定地相信他自己的投資系統（我們可稱之為第二代價值型投資法）成效良好。第二代價值投資法主張，要判定一家企業是否可歸類為優異的投資標的，首先必須觀察它的業務品質，而非股價的高低。股價依舊很重要，但最終來說，競爭優勢（即優越條件，也就是護城河）才是最重要的。當企業的業務品質低劣，無論它的股價有多便宜，都不可能成為優異的長期投資標的。

　　雖然巴菲特骨子裡還是根深蒂固地堅守葛拉漢的「吝嗇鬼原則」，但這個世界卻讓他反覆見證他這個新世界觀所表彰的真理。巴菲特和蒙格在 1972 年與時思糖果公司進行收購談判時，差點因 500 萬美元的買價差額而未能完成這筆交易。事後來看，他當時實在沒必要為了那 500 萬美元而那麼傷腦筋：因為在他買進時思糖果公司後那五十年間，這家公司共創造了超過 **20 億美元**的累計稅前盈餘。

　　這就是第二代價值型投資法的精髓。長期下來，優質企業的盈餘源流將遠遠超過你認定的「過高」初始購買價。長期下來，業務品質的重要性遠遠超越購買價格。

8　這張圖是以「盈餘收益率」（earnings yield）來表示巴菲特支付的價格，盈餘收益率是盈餘除以價格，而非價格除以盈餘。因為企業通常不會以股利的形式，將所有盈餘全部發放給股東，所以，這是一項理論性的衡量標準，不過，它還是很有幫助，因為我們能利用這項比率來比較一檔股票的「收益率」和債券殖利率之間的差異。

巴菲特以愈來愈貴的價格介入股票
精選的買進案例相對政府債券的收益率

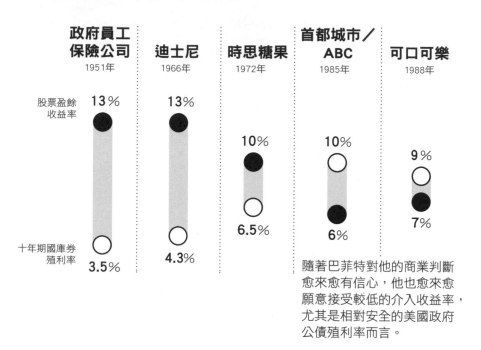

	政府員工 保險公司 1951年	迪士尼 1966年	時思糖果 1972年	首都城市／ ABC 1985年	可口可樂 1988年
股票盈餘 收益率	13％	13％	10％	10％	9％
十年期國庫券 殖利率	3.5％	4.3％	6.5％	6％	7％

隨著巴菲特對他的商業判斷愈來愈有信心，他也愈來愈願意接受較低的介入收益率，尤其是相對安全的美國政府公債殖利率而言。

　　到了 1990 年代初期，巴菲特已藉由他這個修正過的價值型投資法而成了億萬富翁，而在投資哲學上，他也終於徹底和葛拉漢與第一代價值型投資法分道揚鑣。儘管就性情而言，巴菲特稱不上一名革命份子，但他在 1993 年寫給股東的信函，簡直堪稱價值型投資法的馬丁路德（Martin Luther）「第九十五條論綱」（Ninety-Five Theses，譯注：這條論綱的發表日被視為宗教改革運動的開始）：

　　巴菲特在那封信裡寫道：「『價值型投資法』一詞受到廣泛使用，而那些用法是否恰當，則是另一回事。」「典型來說，它意味購買擁

有低淨值比、低本益比或高股息收益率等特性的股票。**遺憾的是，就投資而言，我們很難判定具備諸如此類特質（即使以組合的姿態出現）的企業，是否就真的代表物有所值的企業……對應來說，相反的特質（高淨值比、高本益比和低股息收益率）也不見得和『價值型』投資原則互相矛盾。**」（作者本人強調）

．．．．．．．．．．．．．．．．．．．．．．．．

　　巴菲特聚焦在擁有明確競爭優勢的企業，並締造了無與倫比的歷史績效記錄。如果你在巴菲特開始經營波克夏‧海瑟威公司的 1965 年時，投資 1 萬美元到標普 500 指數，到今天，這筆錢將價值大約 250 萬美元，但如果你把同一筆資金投資到波克夏‧海瑟威公司的股票，最後的結果將是前者的**一百三十五倍左右**──也就是 3.35 億美元。

　　巴菲特的記錄著實令人敬畏，巴菲特的績效和市場平均績效之間的落差，大到簡直難以用筆墨來形容。從下圖可看出一個中西部大草原人士如何憑空創造了一座山──他的精彩表現讓大盤指數看起來乏善可陳。[9]

9　受巴菲特另一個關鍵特有見解的催化，波克夏‧海瑟威公司的績效進一步加速前進：巴菲特的那個特有見解是，如果他直接持有保險公司，就能將保費收入先行投入股市，到公司需要支付理賠金時，再將資金抽出即可。由於他旗下的多家保險公司不斷有新保費收入進帳，因此而產生的存浮金（float），遂形同一筆可讓巴菲特用來投資其他企業的永久性貸款。而由於他旗下的保險公司長年獲利，所以，實質上來說，他不僅沒有因為使用那種槓桿而支付任何成本，而且還因此獲得報酬。有興趣深入瞭解這個主題的讀者，可以閱讀波克夏‧海瑟威公司的任何一份年報。羅傑‧洛文斯坦（Roger Lowenstein）所著的巴菲特傳記裡，也有一段極具說服力的討論。

造山運動：波克夏．海瑟威公司 vs 標普 500 指數

從巴菲特在 1965 年收購該公司後，投資 1 萬美元成長為：

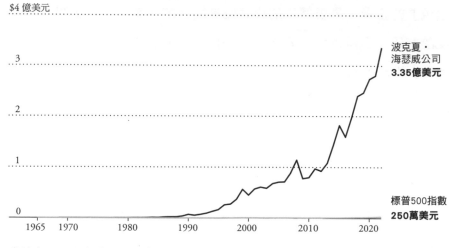

資料來源：波克夏．海瑟威；公開市場資訊

．．．．．．．．．．．．．．．．．．．．．．．

　　但時代在變，而當時代發生變化，投資人也必須跟著改變。巴菲特年輕時就領悟到一個道理：對老師而言好用的東西，對學生將不再有用。如今，已有大量跡象顯示，我們也應該要做出和年輕巴菲特類似的結論。

第二代價值型投資法開始失靈

　　無論是從概括的世界觀或是從具體的工具來看，第二代價值型投資法正開始令人失望。隨著經濟體系改變，一直以來屏障著巴

菲特眼中許多經典的戰後消費者特許經營型企業的護城河也開始動
搖。在此同時，巴菲特的評價框架——聚焦在能產生大量當期盈餘
的成熟企業——迄今也未能掌握到在數位時代被創造出來的巨大價
值。儘管第二代價值型投資法確實曾經精準掌握到金流與財富匯聚
之處，但如今它已失去這樣的能力。

　　且讓我們先從第一個問題談起：巴菲特曾經非常精準掌握到的
「品牌／媒體」產業生態系統，目前正緩慢凋零。這個每下愈況的
凋零趨勢是從 1980 年代末期起（也就是有線電視開始達到臨界質量
〔 critical mass 〕之際）展開。從那時開始，消費者有了多達一百個
以上的頻道可選擇，不再被侷限於前述三家老廣播網，並因此得以
繞過那三家廣播網的收費橋。當時廣播業務漸漸被蒙格所謂的「窄
播」（narrowcasting，譯注：亦稱為分眾傳播）取代，諸如家居與園藝
電視台（Home & Garden TV）等利基型頻道，因此得以鎖定不排斥
收看盆栽土壤或樹籬剪刀等廣告的消費者。從那時開始，窄播甚至
漸漸被一般所謂「單體傳播」（monocasting）的傳播方式取代，在單
體傳播的模式下，諸如 Google 和臉書等網路媒體平台能鎖定單一使
用者的品味，精準發送符合該使用者的廣告。

　　單體傳播精準鎖定顧客的能力，已重創了傳統媒體的元氣，尤
其數位廣告不僅比傳統廣告更精準，還更便宜。早在一個世代前，
電視黃金時段的收視率便已達到頂點，且已對地方電視台造成明顯
的連鎖效應。在此同時，網際網路也摧毀了曾經被報紙獨霸的那種
壟斷性收費橋。

　　在此同時，無法繼續仰賴消費者與電視廣播網之間的晚間交流

來促進自家業務成長的大眾品牌，也開始失去對大眾的吸引力。從
2013 年至 2018 年的五年期間，嬌生公司（Johnson & Johnson）最具
代表性的嬰兒用品，共流失了十個百分點的市場佔有率。對一個只
要獲得或流失一百分點市佔率就可能衍生重大後果的產業來說，嬌
生公司市佔率的變化，確實是個令人震驚的反轉。但在此同時，諸
如納拉甘西特（Narragansett，位於新英格蘭〔 New England 〕的地區
型啤酒商，在全國性電視網崛起之際被擊垮）等利基型品牌，則是
漸漸重振旗鼓。較年輕的民眾表示，這家啤酒商恢復往日榮光的主
要原因是，年輕客群較喜歡在本地購物──他們或許所言不假，不
過，年輕民眾不再收看三大電視網，的確也是個不爭的事實：以低
於三十五歲的年齡層來說，YouTube 的觀眾比其他所有傳統電視頻道
的總觀眾數還要多。

傳統金融業面臨客戶流失的危機

　　值得讚揚的是，巴菲特和蒙格更早之前就已體察到傳統媒體將
面臨這種兵敗如山倒的命運。巴菲特和蒙格先前就留意到，分眾傳
播正一步步侵蝕他們投資的廣播業者的護城河，所以，他們在 1999
年賣掉了首都城市／ ABC 持股。不過，這兩位投資人卻較晚才體察
到媒體的殞落，對大眾品牌──可口可樂與卡夫亨氏公司──所帶
來的次級效應（secondary effect），因此，這兩家企業迄今依舊是波克
夏的重要投資部位。不僅如此，巴菲特與蒙格甚至更不情願放棄金
融服務產業──早在巴菲特最初發現政府員工保險公司的潛力時，

他就愛上金融服務業。巴菲特持有的十五大公開掛牌交易股票中，有三分之一是金融服務業公司，包括美國運通、美國銀行（Bank of America）以及最近還持有的富國銀行。

這個問題不容輕忽，因為數位企業正像猛獅打量著年邁的斑馬一般，虎視眈眈地盯著眾多傳統銀行的動靜。一如政府員工保險公司，銀行業的競爭優勢源自它的低成本定位。但和政府員工保險公司（向來善待顧客）不同的是，銀行業者為顧客提供的待遇向來較差，不過，他們還是心存僥倖，賭（到目前為止，用「賭」這個字眼來形容銀行業者的心態是正確的）顧客會繼續忍受它們。然而，那樣的日子可能很快就會結束。

一直以來，大型銀行和顧客之間的交易型態，和電視網與其顧客之間的交易幾乎完全相同。觀眾為了回饋電視網為他們提供消息與娛樂，而在廣告時段繼續關注著螢幕。而以銀行來說，它們為顧客提供許多實體分行以及形形色色的一站式金融商品：包括支票存款帳戶、儲蓄存款帳戶、住宅貸款等等；而為回饋銀行業者提供的那些服務，顧客甘願接受低於市場水準的銀行存款利率。在過去，雙方都覺得這種交易模式很受用：銀行能取得便宜來源的資金，並利用這些資金承作貸款，而顧客則得到方便的銀行服務。不過，站在消費者的視角來看，這種交易向來對消費者不利。

為了取得便宜來源的資金，銀行業者實質上必須剝削自家顧客，對顧客提供低於平均標準的存款利率。如果民眾不是那麼無知，或不是那麼懶得將資金轉移到自願支付較高利率的機構，銀行業者根本不可能長久保守它們的競爭優勢。

　　如果你在同一家銀行開立很多帳戶，確實很難隨意更換銀行，而銀行就利用這一點，長期濫用顧客的信任，從事各種可能促使顧客憤而「跳槽」的行為。銀行不僅提供低於市場行情的存款利率，還不時巧立名目，向顧客收取各式各樣的手續費。舉凡開戶手續費、帳戶維護手續費、自動櫃員機（ATM）跨行提款手續費、未能維持最低存款餘額的手續費、透支手續費等，每一個曾仔細閱讀銀行月報表的人都知道，諸如此類巧立名目的費用，多到簡直不勝枚舉。一般美國的民眾每個月支付的銀行手續費，平均大約高達 20 美元，這比訂閱網飛的費用還要高，但訂閱網飛的民眾至少還有一些收穫可言。

　　經濟學家稱這類行為——某一方從另一方身上壓榨價值，但未提供任何回報——為「尋租行為」（rent seeking），儘管這樣的行為並不違法，卻通常無法長期維繫。這場大流行傳染病已讓民眾瞭解到，就算無法到銀行的實體分行，他們也能處理各項金融業務；在此同時，數位金融領域的挑戰者正提供許多更便宜、更快速且更好的金融商品。舉個例子，所謂的金融科技（fintech，在網路上成立，且只從事網路服務）企業只需要傳統實體銀行的一半時間，就能完成房貸的核貸作業。目前有一些網路企業更提供比傳統銀行**高二十五倍**的存款利率。

• •

　　舊的電視網生態系統正漸漸凋零，大眾品牌因此變得奄奄一息，傳統的金融企業也因其惡行而難逃數位競爭的摧殘——金融企

業的處境是自作自受。然而，若以當期本益比來評估，很多這類企業看起來真的很便宜。但這些企業並不是因為具吸引力而便宜，而是因為它們的前景黯淡而便宜。在此同時，若以當期本益比的基礎來評估，科技公司看起來很貴，但它們確確實實已為股東創造了鉅額的財富，而且未來將繼續創造更多財富。

為什麼會出現那樣的狀況？當今價值型投資法的結構究竟出了什麼問題，才會導致多數科技業公司成了這個方法的漏網之魚？

這個問題的答案錯綜複雜，不過，我認為一切始於巴菲特的世界觀。巴菲特是在美國經濟體系異常穩定且同質性相當高的那個時期展開他的職業生涯。西元 1900 年時，華盛頓特區有超過一百家報社；到了 1974 年，當地只剩一家報社——《華盛頓郵報》——而巴菲特是它的主要股東之一。在 1950 年代末期，肥皂、軟膠糖、啤酒和可樂產業裡，都各有一家顯而易見的領導性企業，分別是象牙肥皂（Ivory）、傑洛（Jell-O）、百威啤酒和可口可樂。當年這些領導性企業只要勇於用贏過對手的大手筆開銷，就能蠶食鯨吞地提高它們的市場佔有率。在那樣的環境下，新介入者——「顛覆者」——幾乎毫無機會可言。

正因為二十世紀下半葉的商業環境那麼一成不變，所以，巴菲特領悟到，若要獲取優異的投資成果，關鍵便在於找出具支配力量的消費者特許經營型成熟企業，因為這種企業的銷貨收入與盈餘成長速度雖緩慢，卻肯定會一路成長。新的成長型產業如電子與個人電腦產業確實是在這個時期誕生，但當時這些產業裡鮮少企業能長期坐擁優越條件。在那些新的成長型企業當中，或許偶有幾家企業

的銷售狀況曾短暫火紅一段時間，但亮麗的銷售表現不久便會引來競爭者，最後導致每一家企業的經濟城堡被摧毀。於是，巴菲特被迫在「高成長但沒有護城河」，以及「較成熟但有護城河」的企業之間做出他的抉擇。

蘋果公司是巴菲特唯一持有的大型科技公司，而儘管嚴格來說，蘋果公司是一家「科技公司」，但其實從很多方面來看，它不過是舊時代消費性產品公司的一個新變種罷了——巴菲特在 2017 年波克夏股東會（我有幸參加那場股東會）用這個方式形容蘋果公司。的確，iPhone 在高級智慧手機市場佔有支配地位，且是備受喜愛的日常產品，不過，智慧手機市場和可樂、啤酒與肥皂市場一樣，大致上已趨於成熟。世界上每一個想購買 iPhone 的人幾乎都已經入手，所以，除了未來替換的需求，蘋果公司不可能銷售遠比目前更大量的 iPhone。然而，該公司還是會繼續在高級智慧手機市場佔有支配地位，並利用它的平台地位（platform status）創造更多的利潤與盈餘。

和很多其他科技公司不同的是，蘋果公司相對並不那麼積極試圖開拓新市場；蘋果公司的研發支出約當其銷貨收入的比率，大約只有 Alphabet、微軟和臉書的三分之一。過去十年間，該公司把很多現金流量用於透過公開市場買回自家股份的用途，這樣的行為看起就像一家落伍的資本配置者（capital allocator）。

然而，多數科技公司不是像蘋果那樣的成熟企業。如今，有數十家甚至數百家在公開市場上交易的企業，既擁有護城河，也有指數成長的展望。這是一種令人欣喜的雙重優勢，但那卻非巴菲特與蒙格所習以為常的。經驗告訴他們，要尋找能安全躲在護城河與城

牆後，踏實且堅持努力耕耘的經濟農夫，因為只有這樣的企業才可能實現優異的投資成果。對他們兩人來說，諸如 Alphabet、臉書和網飛之類企業，就像從外太空飛來的異類，它們那閃電式的成就，是巴菲特與蒙格所無法理解的，而他們會有這樣的想法倒也情有可原，畢竟他們活了七十幾年也從未見過類似的狀況。

　　連巴菲特和蒙格習慣用來描述競爭優勢的那些隱喻，都透露出他們那一成不變的世界觀。巴菲特喜歡使用「護城河」一詞，而護城河的用途是要防禦前來圍攻的外敵。蒙格則表示要尋找「有堅固壕溝」的企業，這暗示他偏好的競爭動態是其中一方已擁有高度防禦力且不急著採取行動的那種競爭動態。

　　然而，當今的經濟體系瞬息萬變，完全不同於二戰後的一成不變。對多數科技公司來說，此時此刻並非忙著挖掘壕溝並偏安在護城河之後的時刻，而是再投資（reinvest）與追求成長的時刻。

第四章

第三代價值型投資法與
業務／管理／價格（BMP）核對清單

　　有趣的是，促使我斷定科技公司已成了金流與財富匯聚之處，並認定價值型投資法必須改變才能正確看待科技公司之價值的因素，和科技或科技公司本身並沒有任何關係。取而代之的，讓我頓悟這個道理的，是某個極其乏味的產業裡的一家舊經濟型企業。

　　那是一家通用型飛機備用零配件生產商。一如 1951 年的政府員工保險公司，這家生產商在一個龐大的整體潛在市場上，只擁有小小的市場佔有率。另外，和政府員工保險公司也相同的是，它的競爭優勢源自它的低成本，換言之，它是某項必要產品的低成本提供者。這家公司連英文名稱都和政府員工保險公司很相似──它是海科公司（HEICO），那是我在 2010 年代中期偶然發現的公司，那時我正處於績效落後的悲慘狀態。

　　我當時和克林特·雷曼（Clint Leman）共事，他是一位精明幹練的分析師。我要求克林特以不同的衡量指標（不同於我向來慣用

的「尋找便宜股票」條件），寫一份簡單的電腦程式。因為那時的我已不認為價格重於業務品質（在分析之前的雅芳、論壇媒體等投資案時，我的確認為價格重於業務品質）。取而代之的，我優先尋找擁有優異經濟特性的企業，找到那樣的企業後，才接著嘗試釐清那些企業的價格是否恰當。我也要求克林特使用一個簡單的衡量標準來篩選經營管理者素質，那就是：高階執行主管是否大量持有他們目前經營的企業的股份。

　　克林特完成這項篩選作業後，挑出了十幾家企業，其中最有意思的正是海科公司。該公司創立於 1957 年，當時名為海尼克儀器公司（Heinicke Instruments Company），不過，到 1980 年代末期，好戲才真正上場，當時賴瑞・曼德森（Larry Mendelson）的孩子們偶然發現了這家公司。

　　賴瑞・曼德森是紐約人，他比巴菲特晚十年進入哥倫比亞大學的商學院求學，不過，他也選修了巴菲特上過的證券分析課。畢業後，曼德森搬到佛羅里達州，靠著房地產買賣致富，不過，他也在股票市場應用價值型投資法的技巧，並透過股市獲得和房地產市場同樣優異的成果。1980 年代，他兒子艾瑞克和維克多也到哥倫比亞大學部唸書；兄弟倆在那裡求學時，賴瑞要求他們趁著空閒時間，尋找一些價值低估的證券。當時利率持續走低，股票價格還算適中，所以，賴瑞試圖尋找一家他和他兒子可收購並接手經營的企業。由於曼德森父子謹守葛拉漢的慣例，所以，他們並不特別在乎潛在目標企業是經營什麼業務，只要是夠便宜、管理不善且位於佛羅里達州——也就是這一家人打算長居之處——的企業就好。

　　有一天，在哥倫比亞大學法學院圖書館進行調查研究的維克多發現了海科公司，它看起來符合曼德森父子的條件。這家公司是醫療實驗室設備的專業製造商，但它也完成了一系列購併，包括一家航太事業。到維克多發現海科公司時，它已公開掛牌交易近三十年，但幾乎沒賺過一毛錢。

　　一如分別發掘北方油管公司與桑波恩地圖公司的葛拉漢與巴菲特，曼德森父子們也認為，在公開市場上購買海科公司股份並進而策動該公司的變革是可行的。然而，和北方油管公司與桑波恩地圖公司不同的是，海科公司吸引人之處，並不在於它的資產清算價值，而是它的航太產業子公司的潛在獲利能力。

　　在曼德森父子們無意間找到海科公司前幾年，一架波音 737 客機從英國曼徹斯特（Manchester）機場起飛後，某一部引擎突然起火。這個事件造成五十五位民眾喪生。事後主管機關判定，起火原因是某一部引擎的燃燒器（combustion chambers）故障。於是，監理機關命令世界各地的航空公司即刻起必須開始定期汰換這些燃燒器。問題是，這項零組件的製造商普惠公司（Pratt & Whitney）根本無力應付突然暴增的需求，這導致世界上高達一半的 737 型客機停飛。

　　由於在此之前，海科公司已先獲美國聯邦航空總署（Federal Aviation Administration，以下簡稱 FAA）授權生產這款燃燒器的通用版，所以，當維克多無意中發現該公司時，它的生意正開始蒸蒸日上。然而，真正讓曼德森父子感興趣的，並非這種一時的燃燒器需求（畢竟那種需求很快就會消退），而是以海科公司作為平台，生產數百或甚至數千種通用型飛機備用零件的想法。

看見市場隱藏的龐大商機

當時海科公司的經營管理團隊並沒有採取任何可行的作為來趁這次機會獲益，但曼德森父子卻看見了一個巨大的市場。汽車產業的通用零組件無須取得任何監理許可就能販售，航空零組件就不同了，每一款飛機零件都必須得到聯邦航空總署或類似國際實體的許可才能販售。曼德森父子們自忖，如果 FAA 已核准海科公司製造某項關鍵通用型噴射機引擎零件，它有什麼理由不繼續核准該公司生產其他較不關鍵的通用型零件呢？而如果海科公司能取得那類核准函，各家航空公司難道不會有興趣建立另一個備用零件供應來源嗎？諸如普惠公司與奇異公司等航空領域原始設備製造商，一向在幾乎所有汰換零件的市場上享受著壟斷或近乎壟斷的地位：一如很多企業，這些公司也因此濫用它們的勢力，從事尋租行為。換言之，奇異公司和其他公司並不是透過創新來提高獲利能力，而是憑藉著它們在市場上的支配地位，將售價漲幅調整到遠高於通貨膨脹率，藉此提高獲利能力。而由於缺乏替代選擇，航空公司別無其他選擇，只能啞巴吃黃連地繼續向那些企業採購。

隨著曼德森父子們學習更多和航空備用零件有關的知識，他們也發現，即使海科公司以折價 30％至 40％的價格，出售它生產的通用型備用零組件，它依舊能賺到還算不錯的利潤與資本報酬。曼德森父子們還發現，航空汰換用零件幾乎沒有專利或智慧財產權可言。此外，備用零組件的市場非常龐大——以今天的市場規模來說，大約是每年 500 億美元——而且航太產業還在成長。一如美國

運通的狀況，隨著世界各地的經濟景氣欣欣向榮，旅遊需求將持續成長，因此，航空旅遊概念股稱得上符合潮流的經典投資選擇。

於是，1989 年時，曼德森父子們和他們的盟友們在公開市場上收購了海科公司的 15％股權。經過一場幾乎和「葛拉漢槓上北方油管公司」一樣荒唐的委託書爭奪戰後，曼德森陣營終於取得四席董事會席次，並指派賴瑞·曼德森擔任新執行長。他隨即賣掉海科公司的實驗室業務，從此聚焦在飛機備用零件的市場。

然而一開始事情並不順利。情勢清楚顯示，海科公司相對純正品牌製造商而言，確實擁有某種低成本優勢，而且，理論上來說，FAA 和航空公司應該會喜愛較便宜的替代選項。然而在實務上，巴菲特所謂的「機構潛規則」（the institutional imperative，譯注：又譯為機構盲從症、制度性強制力）卻成了海科業務發展的一大絆腳石。從 FAA 某文官的視角來看，他的盤算可能是這樣的：如果我批准這項零件的銷售，好處是航空公司能節省一點錢，但如果有一架飛機因我批准的這項零件而墜機，那麼，我也會陷入萬劫不復的境地。航空公司採購經理人的盤算也和這位文官大同小異。因此，在幾近十年間，每年都只有少數幾項非關鍵零件獲得製造核准。不過，一如我朋友亞歷克斯對蘋果公司的投資，曼德森父子們堅持他們的信念，未因此對他們最初看上海科公司的理由產生懷疑。曼德森父子們領悟到，最主要的障礙是備用零件引發的安全疑慮，所以，他們集中火力，設法生產出最優質的零件，到 1997 年，漢莎航空（Lufthansa）收購了海科公司備用零件子公司的 20％股權，這項行動證明了曼德森父子的信念是正確的。漢莎公司除了購買那家子公司

的股權，也開始大批訂購通用型備用零件。

　　從此以後，海科公司的業務變得比以前容易推展得多。畢竟如果德國的工程師都已經為海科公司的產品背書，其他航空公司還有什麼好擔心的呢？

　　2015 年時，克林特的篩選作業促使我留意到海科公司，到那時為止，它的零件出貨量已達到六千八百萬件，期間未曾發生過任何一場不幸的意外，而且世界前二十大航空公司當中，已有十九家向該公司採購零件。一整個世代以來，它的銷貨收入每年成長 16％，利潤更是每年成長 18％，雙雙高於美國企業界的平均值。一如其他優秀企業常見的情況，海科公司的低成本護城河得到了第二道護城河的強化：海科公司擁有三十年安全生產通用型備用零件的優良記錄，並已贏得航空公司產業和 FAA 的信任。其他任何想在通用型零件市場擴大營運規模的企業，都必須累積十年至二十年的優良表現，才可能贏得和海科公司等量齊觀的信任度。以競爭優勢的正式語言來說，這樣的生態對任何有意與海科公司競爭的其他企業構成了一個進入障礙（barrier to entry）。

　　海科公司的護城河既大且深，誠如下圖所示，在三十年內，該公司平均每年的股票複合漲幅高達 23％。如果在 1990 年年初——也就是曼德森父子們購併海科公司之際——投資 1 萬美元到標普 500 指數，這筆錢將成長到 20 萬美元，但如果把那 1 萬美元投資到海科公司，那筆錢的價值將成長到 500 萬美元——是投資標普 500 指數的報酬率的二十五倍以上。彼得‧林區的觀點是對的：優秀的企業最終一定會成功，而投資這種企業的人也會隨著時間一步步獲得回報。

　　儘管海科公司創造了如此引人注目的成長，如今它在售後市場備用型零件方面的市場佔有率卻還不到 5％。海科公司經營這項業務達一個世代之久後，目前它生產的通用型零件已有一萬項，但那大約只佔一架飛機共兩百萬種零件當中的 0.5％。以該公司目前每年推出七百項新零件的速度來推算，海科公司要花三千年，才能生產出一架飛機所需要的全部通用版零件。即使你抱持保守的觀點，認定其中 75％的零件過於複雜，無法通用化，海科公司還是得花七個世紀才有辦法製造出剩餘的 25％零件。

　　我在 2015 年進行上述計算後，產生了想必巴菲特在 1951 年發現政府員工保險公司時應該也有過的相同感受。海科公司和政府員工保險公司都擁有永續的低成本競爭力。一如政府員工保險公司，

曼德森父子收購海科公司後的總報酬

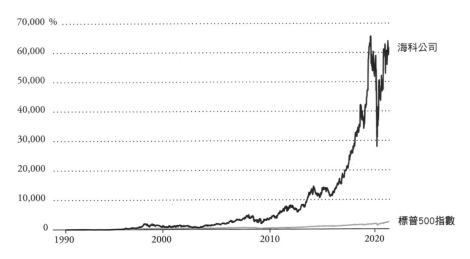

資料來源：輝盛研究系統公司

海科公司在一個龐大且持續成長的市場上，只擁有渺小的市場佔有率；或許最棒的是，一如政府員工保險公司的狀況，海科公司的優越條件並不是來自冷漠自私的尋租行為，相反的，海科公司和政府員工保險公司雙雙積極利用它們的低成本地位，為顧客提供划算的產品。這兩家公司不僅為顧客省錢，也為股東賺錢，而且它們的股東真的都致富了。

　　完成對海科公司的分析後，我便打定主意不再跟諸如雅芳和論壇媒體等之類股票繼續周旋了，因為這些股票的主要優點只是便宜，其餘實在乏善可陳。不僅如此，我還放棄了回歸均值和菸屁股資產價值投資法。除了在市場極端緊張的時期，我不再以清算價值來評估企業的價值。

　　原本我誓言要當巴菲特／第二代價值型投資紀律的忠誠追隨者。但隨著我研究 Alphabet、亞馬遜等以軟體業務為基礎的業務模型後，我開始納悶：我真的非得固守巴菲特偏好的那種消費者特許經營型成熟企業（堅固得跟戰船一樣）嗎？在軟體革命以前，諸如海科公司與政府員工保險公司等既有護城河又具備指數成長能力的企業非常罕見。然而，如今拜數位經濟體系崛起之賜，那種具備雙重優勢的企業已變得相對常見。在思考過後，我頓悟了一個道理：我生在這個時代，所以我和巴菲特以及他那個世代的價值型投資人不同，如今只要我好好搜尋，一定也能找到擁有政府員工保險公司與海科公司那三項共同特質的企業。

- 低市場佔有率……
- ……處於龐大且持續成長的市場……
- 具明顯可辨識的競爭優勢，該優勢將使這家公司得以在未來多年內繼續創造銷貨收入與利潤的成長。

　　當我把這三項特質寫下來後，一切似乎變得明確又清晰。從巴菲特展開職業生涯後，他多數時間都不得不在「成熟／擁有護城河的企業」以及「不成熟且脆弱的企業」之間作抉擇。相較之下，我卻能魚與熊掌兼得。

　　我正在研究的某企業是否在一個龐大且持續成長的市場上擁有低市佔率？它是否擁有耐久的優越條件？前者讓這家公司擁有指數成長潛力；後者則讓它擁有護城河。我現在提出的這些問題，就是我所謂第三代價值型投資法的基礎，就算沒有電腦程式，我也能答出這些問題。只要進行正常的研究流程，透過網路、報紙、雜誌和書籍等，閱讀和這些企業有關的資訊，仔細研究那些企業的財務申報資料、聽取它們的投資人簡報，並和我在華爾街與商業界的人脈圈交換意見，就能釐清這些問題。如果我閱讀到或聽說的企業沒有同時具備競爭優勢和指數成長機會，我就不會對它產生興趣；如果那一家企業擁有這兩項特性，我就會像剛聞到獵物氣味的指標犬（pointer dog）一樣，迅速採取必要的作為。

　　業務品質——護城河加上指數成長——已成為我的投資系統的主要決定因素，但它不是唯一必須重視的要素。一如巴菲特，我也注意到，企業的績效有極大程度取決於經營企業的高階執行主管。我是在研究海科公司時頓悟這個道理。根據我個人的經驗，很多企業高階執行主管對個人財富最大化——透過他們的薪資、津貼和股票選擇權——興致勃勃，對長期股東價值最大化的相關工作則較興趣缺缺。但曼德森父子則非如此。他們看見海科公司的願景，而且有時間落實那個願景。賴瑞‧曼德森擔任海科公司執行長超過三十年，而且他還不急著退休；等到有朝一日他退休了，他兒子也可能會繼承他的衣缽。這個家族也持有海科公司近 10％的股份，套句華爾街特有的說法，那意味他們和這家公司「榮辱與共」。

　　賴瑞‧曼德森有一次告訴我：「我一年的薪資所得是 100 萬美元，」「相較之下，若海科公司的股票每股上漲 1 美元，我們整個家族的獲利就是那筆薪水的十倍以上。在這個情況下，你認為我會比較在乎我的薪水還是股價？」

　　聽到賴瑞‧曼德森這麼說後，我想到了第一個和管理團隊素質有關的關鍵疑問：經理人是否秉持和業主一樣的思維，是否採取業主會採取的行動？或者他們只把自己當成被雇來的人手，一心一意只想趁機撈老闆的油水？

　　然而，作為經理人，光是想要採取業主會採取的行動是不夠的。經理人必須先瞭解驅動長期股東價值的特定關鍵原則，才有辦法真正採取業主會採取的行動。這些驅動因素包括諸如威廉斯的淨現值等財務概念，以及諸如資本報酬率等衡量標準。這些概念並不

難懂，但你應該會赫然發現，鮮少企業高階執行主管真的領會那些道理。企業的財務長通常是唯一真正能內化那些概念的高階執行主管，問題是，深諳分析技巧的財務長，通常是公司內部相對無聲的人，就像我在盛博公司任職時，經常在大廳裡穿梭的那些前輩。相較之下，多數執行長都是憑藉著相當程度的自負、個人魅力以及約翰·梅納德·凱因斯（John Maynard Keynes）所謂的「動物本能」（animal spirits），才爭取到執行長的地位。而一旦他們進了執行長辦公室，並著手管理一個大組織，就不可能秉持嚴謹的財務人思維。

但曼德森父子幾乎和多數企業執行長全然不同。他們早在成為海科公司的經理人以前，就已是該公司的投資人；換言之，他們在開始經營這家公司以前，早已先對它作過深入的分析。正因如此，曼德森父子能以超然冷靜的立場來對待他們的公司。他們熱愛海科公司，並將這家公司當成畢生志業，但他們並不迷戀它。他們深知，海科公司只是幫忙實現以下兩個主要目標的工具：為它的顧客省錢，以及為它的業主創造財富。

賴瑞經常告訴投資人，「海科公司並不是從事航太業務，」「我們是從事能產生現金流量的業務，只不過那些現金流量正好來自航太業務罷了。」

我們很難找到由那種人經營的企業，不過，這也凸顯出尋找那樣企業是多麼重要。

想透這些議題後，我認為除了先前那三個和業務品質有關的疑問，還必須增加兩個和經營管理者素質有關的疑問。

- 經理人是否秉持和業主一樣的思維，是否採取業主會採取的行動？
- 經理人是否瞭解驅動企業價值的因素是什麼？

　　我以這些過濾器——三個和業務品質有關，兩個和經營管理者素質有關——為基礎，開始打造我的投資模型，那是一份核對清單，這份清單能幫助我梳理出令人難以抗拒的第三代價值型投資機會。我將這些問題寫在紙上後，隨即發現這份問題清單確實能幫助我聚焦在驅動股價表現的三個關鍵要素：**業務**的品質、**經營管理者**的素質，以及市場要求我們支付的**價格**。

　　我將這個模型稱為我的 BMP 核對清單，BMP 是業務、管理和價格等三個英文字的縮寫。我稍後將具體列出這個清單。根據我個人的經驗，如果我們對這三個變數的評估是正確的，一定能買到能打敗市場的健全投資標的。但如果我們對那些變數的評估有誤，一定會犯下投資上的差錯。

••••••••••••••••••••••••

　　謹慎的讀者一定有注意到這份 BMP 模型的幾項特色。首先，每一個疑問都必須以是非題的方式來回答；一如軟體，這個系統是二元的。第二，業務品質——也就是 BMP 裡面的 *B*——的權重高得不成正比。業務品質向來是攸關股票長期表現的最重要元素，不過，這個要素目前特別重要。在摩爾定律驅動下，軟體革命已創造了一

條清晰的分野，未來哪些企業將在數位時代蓬勃發展，哪些又將走上衰敗，已經一目了然。若想成為成功的投資者，就必須聚焦在將蓬勃發展的企業，並規避將走上衰敗一途的企業。業務品質當然比經營管理者素質重要。誠如巴菲特所言：「就算請一位向來以才華洋溢著稱的經營管理者出手處理一家以劣質基本經濟狀況著稱的企業，這家企業的名聲也不會有任何改變。」

　　你可能已經注意到，我還沒有談到價格。我是故意的，我把價格留到最後，因為就這份 BMP 核對清單來說，價格既是最重要卻也是最不重要的環節。

　　價格是第三代價值型投資法最不重要的因素，因為如果放任價格來左右我們的研究過程，形同放任錯誤的獵犬來帶領打獵團隊。價格是第一代價值型投資法的領頭犬；不過，巴菲特明智地拒絕讓它擔任第二代價值型投資法的領頭犬，而我的第三代價值型投資法也拒絕它擔任這個要職。價格優先的心態會促使我們因一家企業夠「便宜」而選擇它，而不是因為它夠「優秀」。換言之，將股票交易價視為累積長期財富的首要因素，似乎明顯非常奇怪。優質的企業會隨著時間持續成長，擁有這樣的企業不是比較好嗎？

　　然而，價格卻也是第三代價值型投資法最重要的變數，原因是，雖然在這份核對清單上，和價格有關的問題只有一個，那個問題卻是攸關否決權之行使的問題。葛拉漢錯在任由價格左右他的投資決策，但這個誤謬和葛拉漢向來的堅持——他堅持必須在價格與價值之間進行交叉檢核——比較起來，顯得不足掛齒。所有以價值為本的投資框架都有一個共同的中心支柱：「我從我付出的代價獲得

業務／管理／價格核對清單

一　業務品質　　　　　　　　　　　第五章
___

這家公司的市場佔有率是否很低……？
___

……處於一個龐大且持續成長的市場？
___

是否擁有永續競爭優勢？

二　經營管理者素質　　　　　　　　第六章
___

經營管理者是否秉持和業主一樣的思維，是否採取業主會採取的行動

___

高階執行主管是否瞭解驅動企業價值的因素是什麼？
___

三　價格「否決權行使（veto）的問題」 第七章與第八章
___

你是否能達成合理的盈餘收益率──例如超過5％？

是的。一如華爾街的行話：「大量買進部位」。如果你對B、M和P等要素的觀點都正確，你就搭上了長期上漲的列車了。	**否**。等待「市場先生」給你這家企業更好的價格。

	是	否
低市場佔有率＝有很多成長空間。		
低市場佔有率＋龐大終極市場＝未來幾十年的機會。		
如果一家企業擁有一項優越條件，它幾乎不可避免將從一家小廠商變成大廠商。而當它成了大廠商，在這道「規模護城河」屏障下，就不會有被競爭者擾亂的風險，並因此能賺到巨大的利潤。		
觀察經營管理者怎麼花公司的錢，就明顯可看出他們究竟是熱中於為股東效勞，還是一心只想自肥。相似的，觀察經營管理者如何處理和購併案、庫藏股買回以及選擇權等有關的股票，也能看出他們是否把股東的利益放在心上。		
企業的領導人首先必須瞭解核心業務，但諸如巴菲特與貝佐斯（Bezos，譯注：亞馬遜公司的創辦人）之類的高階執行主管，也瞭解驅動公司的經濟價值是什麼。那種高階執行主管傾向於為股東謀求最大利益。		

合計

BMP計分板	
4分或5分（滿分5分）	可能是非常棒的長期持有標的。進一步分析價格。
3分（滿分5分）	等待並觀望。表中的「否」有可能變成「是」。
0分至2分（滿分5分）	可能不是長期投資的標的候選企業。否決。

什麼樣的報酬？」畢竟即使是最棒的企業也會有價格超漲的時候。

　　因此，每次分析過業務和經營管理團隊，我就會進而分析市場要求我支付的價格。如果市場要求的價格無法獲得 5％的盈餘收益率，我就不會出手投資。在當今這麼低利率的環境下，5％收益率——也可用二十倍本益比來表達——堪稱健康，而且以那樣的代價介入一家偉大的企業，一點也不算誇張。如果我無法用二十倍以下的本益比買這家企業，我就會等待與觀望，因為「市場先生」遲早會給我機會在二十倍本益比以下買進。

　　根據這個方法，相對業務品質與經營管理者素質來說，與價格有關的那個唯一疑問，能發揮一項關鍵功能——這個功能和傳說中亞伯拉罕‧林肯（Abraham Lincoln）相對他的內閣的功能是一樣的：就算每一位內閣閣員都投贊同票，一旦林肯投反對票，整個案件就會被否決（譯注：換言之，就算業務品質與經營管理者素質通過檢核，如果價格過高，就不會投資）。

·····················

價值型投資法兩項重要的關鍵差異

　　到目前為止，我已經討論了第二代與第三代價值型投資法之間的第一個差異——也就是這兩種方法對未來前景的重視程度之差。拜數位時代之賜，我們得以懷抱比巴菲特更樂觀且更廣闊的世界觀（他的世界觀就蘊藏在第二代價值型投資法中）。如今，我們能投資

許多既擁有競爭優勢又擁有指數成長潛力的企業。第二代與第三代價值型投資系統的第二個關鍵差異，和具體的價格變數以及我們應該用來衡量「支付的價格」相對「得到的價值」的那個具體研究法有關。

　　當業務前景相對穩定且靜態──例如二十世紀下半葉的狀況──以當期盈餘來評估「此時的付出相對未來的收穫是否值得」是適當的。諸如百威啤酒、可口可樂和富國銀行等成熟的企業，根本就不需要花費鉅額資金來擴展它們的業務，那是因為這些企業的根基已非常雄厚，所以能安逸地躲在經濟護城河後面，坐享它們的競爭優勢所帶來的甜美果實。因此，我們可以合理推斷，那類企業今日的盈餘足以代表它們未來的獲利能力。

　　當然，諸如可口可樂和富國等企業還是有產品開發、業務與行銷和配銷相關的支出。然而，這些企業的那類支出遠遠比不上數位企業的同類支出。可口可樂的業務、行銷與研發費用佔年度營收的比率還不到 30％，但財捷軟體公司的這項比率達到 45％。這兩個數字的差異（大約十五個百分點）比美國企業界的平均淨利潤率還要高。若拿康寶濃湯（美國歷史悠久的濃湯生產商）等比可口可樂更沒有進取性且全球觸角更小的企業來進行比較，反差就更明顯了。康寶濃湯公司的業務、行銷與研發支出約當營收的比率僅 12％，只有財捷軟體公司的四分之一左右。

　　誠如以上統計數據所示，諸如財捷軟體公司等數位企業為了開拓未來的機會而積極花費支出，但那類支出已明顯扭曲了這類數位企業的長期與短期獲利能力，所以，嚴肅的投資人必須謹慎審酌這

類扭曲所蘊藏的寓意。

　　由於軟體公司的原料是無實體的「○」和「一」，所以，這類公司的獲利能力，先天就比美國企業界平均獲利能力高二至三倍。擁有 90％毛利率（gross margins）的軟體公司一點也不罕見——這項獲利能力衡量標準只考慮到企業的直接生產成本。另外，以諸如甲骨文（Oracle，經營規模龐大，但對未來的再投資並不多）等成熟的軟體公司來說，即使將它的所有高薪工程師與其他相關項目的成本全部列入考量，它還是擁有接近 50％的營業利潤率。即使是可口可樂（第二代價值型投資法最強大的業務模型之一）的營業利潤率，也只有前述數字的一半左右。

科技公司低利潤率背後的真相

　　然而，多數軟體公司實際申報的邊際利潤率卻遠遠低於 50％，光從這些申報數字來看，這些軟體企業的業務模型似乎並沒有明顯的固有優勢可言。

　　為何會出現這樣的狀況？這個問題有兩個截然不同的解釋。

　　第一個解釋和會計原則有關：會計原則扭曲了多數科技公司的當期申報盈餘數字。一如財捷軟體公司，研發、業務及行銷費用通常是數位企業的最大費用項目。數位時代的研發、業務及行銷費用就好像工業時代（Industrial Age）的工廠及存貨相關費用：換言之，那類費用是讓數位企業得以成長的引擎。不過，目前的會計傳統卻要求美國企業必須將幾乎所有研發與業務及行銷成本予以費用

化——即列為當期的費用。然而，諸如不動產、廠房和設備等實體資產的費用，卻可以分很多年慢慢攤提。於是，當今的規則以不自然的方式壓抑了科技業公司的申報盈餘數字，尤其是和舊經濟企業比較時。

由於某種程度上來說，這是一個專門技術層次的問題，所以我打算等到第七章再探討這個會計扭曲的問題，那一章內容將明確說明企業盈餘的議題。更廣泛且更概念化的重點是，如果科技公司真的有意願，它們大可以為了申報更高、更吸睛的當期盈餘數字，而減少研發、業務與行銷等支出，只不過，這麼做並不符合它們的最大利益。由於這些數位企業還處於企業生命週期的早期階段，未來還有非常高百分比的市場有待它們去征服，所以，它們選擇了成長模式，而非收成模式。這些企業明智地選擇在今天花錢，期待這些開銷能在明天帶來更高價值。那種支出讓本益比裡的「益」看起來很小，且使得以當期盈餘計算的本益比倍數看起來很高——不過，那樣的倉促結論容易造成誤導與欺詐效果，與事實不符。

在比較科技公司（大量再投資未來）和歷史悠久的傳統企業（多數並不積極再投資）時，那個狀況尤其容易令人產生誤解。拿亞馬遜或 Alphabet 的當期利潤和富國銀行的當期利潤進行比較，就像是拿春天的蘋果園和秋天的蘋果園做比較：秋天的蘋果園隨時可收成，但春天蘋果園裡的蘋果才剛開始成長。如果要做到理智上的誠實與分析上的精確，我們就必須承認，儘管當期盈餘能貼切代表成熟企業的財富創造能力，卻不太能代表剛成立不久的數位企業的財富創造能力。

　　那麼，可代表科技公司真正盈利能力（earnings power）的指標又是什麼？這樣的指標並不好找，而且，這個問題並沒有精確的標準答案可言。然而，若要精準掌握亞馬遜和 Alphabet 以及其他所有科技公司以前曾創造與未來將繼續創造的真正價值，我們就必須努力嘗試各種方法。

　　為了開始嘗試評估科技公司的真正獲利能力，且讓我們回到比較康寶濃湯與財捷軟體公司的那個例子。這兩家公司稱得上哥倆好：它們都是所屬產業類別裡的市場領導者，而因為它們的年度銷售量大致相同，所以我們無法以經濟規模來解釋它們之間的支出為何會有那麼大差異（較大企業的支出相對銷貨收入的百分比可以低一些，原因很簡單，因為它的銷貨收入金額較高）。

　　我在 2020 年年初觀察財捷軟體公司時，它的交易價大約是當期申報盈餘的五十倍。康寶濃湯則只有二十倍。這意味在我投資的第一年，康寶濃湯的盈餘收益率是 5％，但投資財捷軟體公司的盈餘比率只有 2％。表面上看，財捷軟體公司遠比康寶濃湯公司貴，但事實真是如此嗎？

　　康寶公司是成熟企業的典範，它的湯堪稱後二戰時代的特色之一，不過，早在距今大約一個世代前，它的雞肉麵（Chicken Noodle）與同系列產品，就已不再是市場上的主流。為了抵銷核心部門銷售量降低的衝擊，康寶濃湯公司開始多角化經營，增加零食系列產品。該公司持有培珀莉農場（Pepperidge Farm）品牌的餅乾和黃金魚（Goldfish）餅乾，幾年前，它還購買了漢諾威（Snyder's of Hanover）椒鹽脆餅和蘭絲（Lance）脆餅。儘管完成了這一系列

企業購併，康寶濃湯的年度銷貨收入，還是只比此前十年成長不到 1％。該公司面臨許多逆境，其中，合計約佔康寶濃湯公司 30％銷貨收入來源的沃爾瑪和克羅格（Kroger），每年不斷在價格和促銷折扣的問題上擠壓康寶公司。不僅如此，現代人普遍認為康寶濃湯太過油膩且鈉含量過高，換言之，它的產品已經落伍，更糟的是，該公司也不再能利用電視網路生態系統來說服消費者相信它的湯「濃得好……」。

　　這個賽局現狀說明了為何康寶公司的業務與行銷費用僅佔營收的 11％，研發費用更僅佔營收的 1％。那是因為康寶公司的市場已經非常成熟（說它的市場成熟算客氣了，事實上，市場已經老化，甚至可能縮小），故試圖藉由花錢來促進這個市場的成長，是一種愚蠢的決策，而該公司選擇約束它的支出，確實是明智之舉。

　　財捷軟體公司的狀況正好相反。過去十年，它的銷貨收入每年成長 9％，而該公司成長最快速的產品「線上快捷帳簿」（QuickBooks Online）雲端會計系統，每年更成長 30％至 35％。有鑑於那樣的營運動態，財捷軟體公司每年的研發費用接近銷貨收入的 20％，行銷費用則接近銷貨收入的 30％。這樣的擴張性支出政策和康寶的自我約束政策其實同樣明智。財捷軟體公司估計，在適合使用「線上快捷帳簿」雲端會計系統的潛在顧客當中，只有 1％已在使用該系統：有鑑於此，財捷軟體公司當然應該花錢改良這項產品，並花錢將這項產品推廣給更多顧客。

　　總而言之，康寶公司擁有護城河，但沒有成長，而財捷軟體公司既有護城河也有成長。這讓康寶公司成了第二代價值型投資標

的，而財捷軟體公司則成了第三代價值型投資標的。財捷軟體公司究竟應該花多少錢在業務及行銷與研發費用？這的確是相當困難的決策，不過，正面應對這些問題才是正確的選擇。

目標在實現未來利潤最大化

　　一如多數科技業公司，財捷軟體公司深知它的決策目標並非當期利潤最大化，而是要實現未來利潤最大化。財捷軟體公司的經營管理者深知，該公司的研發與行銷支出並非會計規則所謂的當期費用──那種支出其實是某種投資。即使那些支出導致當期申報盈餘數字降低，卻符合財捷軟體公司的長期最大利益。根據財捷軟體公司內部的要求，經理人在花費任何行銷支出以前，必須預期未來將因此回收至少 50％的報酬。任何一個理性的商人都會為了獲取未來的 50 美分利潤，而在今天花 1 美元；問題是，根據當今的會計原則，公司的財務報表卻只會顯示他們今天花了 1 美元的費用，未來的 50 美分利潤並不會被列在財務報表上，因為那只是想像中將實現的利潤。

　　這衍生了一個重要的疑問：我們應該懲罰諸如財捷軟體公司這種為了獲得明天的 50 美分利潤，而在今天花費 1 美元的企業嗎？或者我們應該承認這種支出是明智的，並因此調整財捷軟體公司的盈餘，讓它的盈餘變得可和諸如康寶等沒有那種優質投資機會的公司進行合理客觀的比較？

　　我認為答案顯然是後者。如果我們想以真正合理客觀的方式

來比較這兩家企業，就必須調整其中一家公司的損益表：將財捷軟體公司的高支出水準套用到康寶公司的財務報表，以設算康寶公司在高支出水準下的損益金額，或是以相當於康寶公司的較低支出水準，來設算財捷軟體公司的損益。

如果我們以康寶公司的較低支出水準來設算財捷軟體公司的損益，也就是讓財捷公司進入「收成模式」，它的盈餘將會大爆發。如果用康寶公司的支出方式來經營財捷軟體公司，財捷公司的商業模型的所有優點（即原物料近乎零成本）並不會改變，但它原本花費的大量行銷與研發支出則會消失。當然，財捷軟體公司的營收與盈餘成長性應該也會因此消失。若財捷軟體公司沒有花費那麼高額的行銷與產品開發支出，它將落入和康寶濃湯公司相同的處境，變成一家成熟且將當期獲利能力最大化的企業。不過基於分析的目的，我們打算用這康寶公司的處境來設想財捷軟體公司的投資價值。

這項試算練習的結果如一三〇頁的表格所示。如果我們將財捷軟體公司的支出調整到和康寶公司一致的較低水準，財捷軟體公司的本益比就會從原來的四十三倍，降到二十倍。它的盈餘收益率將因此達到 5％，和康寶一模一樣。

事實上，它的盈餘收益率應該會遠高於這個數字，而它的本益比也會遠低於二十倍，因為財捷軟體公司的盈餘很有可能在幾年內比目前成長 50％。我將在第八章詳細討論這個重點。

•••••••••••••••••••••••

若以當期盈餘來計算本益比，諸如財捷軟體公司之類企業，乍

看之下就會因本益比過高而顯得沒什麼吸引力，不過，這是錯誤的表象。財捷軟體公司經調整後的盈餘（而非其申報盈餘）能較貼切地描繪出我所謂的盈利能力。所以，儘管當一家新經濟企業的本益比超過二十倍，我就會對這家公司「行使否決權」，但我並不是用當期申報盈餘來計算新經濟企業的本益比，而是用它的盈利能力來計算。

盈利能力是量化企業的潛在獲利能力

盈利能力既不是利潤的預測值，也不是盈餘估計值。取而代之的，**盈利能力是要嘗試量化一家數位企業獲取利潤的根本潛在能力**。我之所以使用盈利能力（而非申報盈餘）來計算本益比等價值衡量指標，是為了達到幾個彼此相關的目標：

- 短期而言，那是為了使科技公司變得可以和較成熟的企業進行直接的比較。
- 那是為了排除會計原則所造成的扭曲並「取消懲罰」，換言之，不再基於科技公司「投資未來」的決策，而在評價上懲罰這類企業。
- 長期來說，我希望以盈利能力來作為衡量數位企業終極財富創造能力的精確代用指標——儘管這項指標較為粗略，方向卻非常精確。

. . . .

　　我將在第二部詳細討論盈利能力，那部分內容堪稱本書的精髓。第二部包含一個討論業務品質的專章，那些內容將能幫助你辨識二十一世紀初的競爭優勢是什麼。第二部還有一篇專章是討論另外兩個驅動企業價值的主要因素：經營管理團隊素質，以及市場要求你支付的價格。而由於盈利能力在第三代價值投資框架中佔有攸關重大的地位，所以，我們也用了一整個專章來討論這個主題。

　　第二部將以幾份個案研究做總結。我將透過這些個案研究，循序漸進地帶領你瞭解我如何使用 BMP 模型來即時評估兩家科技公司的狀況。以理論來分析什麼投資標的才是數位時代的優異投資標的，確實是很有趣，而且，思考不同評價典範（paradigms）孰優孰劣的過程，也有助於激發我們的智力。不過，無論是在當前這個時代或其他任何時代，光是進行理論性的分析，絕對無法為你累積財富。唯有將理論應用到實務，才是累積財富之道。

財捷軟體公司 VS. 康寶濃湯公司

由於財捷軟體公司和康寶公司的營業收入大致相同，所以，我們可以用「共同比」（common size）的基礎來比較這兩家公司，所謂共同比是將營業收入設定為 100%，再以銷貨收入的某個百分比來表達

財捷軟體公司天生擁有比康寶 更優質的業務			……在可合理比較的 基礎上，交易價相同
2020會計年度	**康寶**	**財捷軟體公司**	
銷貨收入	100%	100%	
銷貨成本	65%	18%	
毛利	**35%**	**82%**	**82%**
康寶公司的銷貨成本包括雞和番茄。財捷軟體公司的銷貨成本則是由「〇」和「一」等程式碼組成。因此，財捷軟體公司擁有比康寶高五十個百分點的毛利可更積極用於行銷和研發費用。			
			調整財捷軟體公司
行銷費用	11%	27%	11%
研發費用	1%	18%	1%
行銷／研發費用合計	**12%**	**45%**	**12%**
財捷軟體公司有較高的毛利金額作後盾，它花在行銷與研發的支出幾乎達到康寶公司的四倍。			我調整財捷軟體公司的數字，假設它改採康寶公司那種成熟企業的經營模式，不投資未來……
行政／其他費用	10%	9%	9%
營業利益	**13%**	**28%**	**61%**
……然而，由於財捷軟體公司沒有銷貨成本，故它的整體邊際利潤率達到康寶的兩倍以上。			……這讓它的邊際利潤率變成康寶的四倍以上……
每股盈餘	2.5美元	6.92美元	14.92美元
股價	50美元	300美元	300美元
本益比	**20倍**	**43倍**	**20倍**
			……所以它的本益比和康寶一模一樣

資料來源：SEC 申報資料

第二部
挑選贏家型
投資目標的工具

第五章

過去與目前的競爭優勢： 第一代到第三代護城河

　　由於業務品質是長期投資績效的主要驅動因子，所以，如果你想成為成功的股票市場投資人，就必須專精於辨識促使一家企業表現優異的因素。而辨識優異企業的能力，則幾乎完全取決於你能否分辨一項事業的競爭優勢——這就是這一章的主題。

　　資本主義是一種激烈競爭的體系：它促使市場參與者互相敵對，每一個競爭者都希望盡力賺最多的錢——這就是「利潤最大化」動機。為了實現利潤最大化目標，企業會努力取悅購買自家商品的顧客。它們會藉由降低售價、推出新產品、創造新品牌，以及進行各式各樣創新等方法來吸引顧客，以期超越競爭對手。對於從未近距離觀察這類鬥爭的人來說，資本主義看起來可能像一個遭到有心人上下其手的腐敗體系——最理應獲得財富的人沒有享受到，但其他每個人卻荷包滿滿。然而，真實情況其實比較類似《飢餓遊戲》（*Hunger Games*），而非《安樂街》（*Easy Street*，譯注：卓別林執導的短

片喜劇電影，這部電影是描述一名流浪漢改邪歸正並成為戰勝安樂街惡霸的警察的故事）。多數企業就像一支超級激進的籃球隊，動不動就讓人吃拐子、時不時地絆倒另一隊的球員，而且如果不是裁判在場，他們說不定還會挖掉另一隊的眼睛。政府在我們的社會上擁有很多重要的職能，不過，就商業來說，政府的主要職能就是扮演裁判的角色。如果沒有裁判的監理，商人有可能在追求利潤的過程中互相毀滅，甚至可能摧毀整個地球。

正由於企業之間競爭如此激烈，擁有耐久競爭優勢的企業真的少之又少，堪稱鳳毛麟角。多數企業都只能稱得上是泛泛之輩，它們和對手之間沒有特別的差異，而且永遠無法真正成長與繁榮。平庸的企業只能維持和潛在市場一致的成長，而比平庸更差的企業則會江河日下，最終衰亡。唯有擁有某項優越條件的企業，才能隨著時間的推進，為它們的股東創造愈來愈多的利潤。

從來沒有人計算過世界上共有多少家具備競爭優勢的企業，而且，所謂「具競爭優勢的企業」清單，也會隨著各家企業的優越條件的進一步改善或劣化而不斷改變。不過，我猜真正具備競爭優勢的企業還不到企業總數的 10％。所謂物以稀為貴，正因如此，這類企業也非常值得我們去追尋。

且讓我們回想一下第四章介紹的 BMP 核對清單，我為了搜尋優異的企業，訓練自己仔細尋找具備以下「三連勝」要素的企業：

- 低市場佔有率……

- ……處於一個龐大且持續成長的市場……
- ……擁有能讓公司未來多年銷貨收入與利潤持續成長的明顯優越競爭條件。

　　不管是業餘或專業投資人士，應該都能輕易判斷企業是否具備前兩項特質。企業經常會在它們的投資人關係網站上，提出它們對整體潛在市場規模的評估，並說明它們認為自家公司在那個市場的佔有率是多少。舉個例子，如果你上財捷軟體公司的網站，就會看到目前財捷軟體公司的「快捷帳簿」程式（QuickBooks，該公司的小型企業會計產品），擁有五百萬名線上訂戶。財捷軟體公司表示，「快捷帳簿」程式的全球整體潛在市場是八億名顧客。五百萬除以八億，等於還不到 1％ 的市場佔有率——讓我對這家公司產生興趣的，正是這個數字。

　　即使企業沒有發佈諸如此類的數字，我們也很容易能找到這些數字。以亞馬遜來說，我們能找到計算該公司在北美整體零售市場的市場佔有率的分子，但沒有分母。根據亞馬遜在 2020 年年報中報導的數字，該公司那一年來自北美的銷貨收入為 2,360 億美元；不過，先別急。分母的問題不難解決。如果你用 Google 搜尋「2020 年美國零售銷售額」，就能找到全美零售聯合會（National Retail Federation）發佈的數字——美國的總零售收入是 4.1 兆美元。另外，在加拿大類似的機構網站上，則報導了該國零售銷售額為 6,000 億美元，因此，北美的零售銷售額合計為 4.7 兆美元。將亞馬遜來自北美

的 2,360 億美元營收，除以 4.7 兆的北美零售銷售總額，就可算出該公司在這個市場的佔有率為 5%。

　　就是這麼簡單。然而，業務品質的問題就遠比這個問題困難了。這項事業是否擁有永續的競爭優勢？它的護城河是什麼？而當競爭對手試圖搞破壞，這座護城河是否經得起考驗？誠如巴菲特在投資方法上與葛拉漢分道揚鑣後悟出的道理，這個問題的答案有賴判斷，不過，你無法在網路上找到判斷力。

　　幸好投資世界的判斷通常只牽涉到常識，而那些常識帶有某種能幫助你維持清晰思緒的框架。作為分析師，我們必須先能輕易辨識出不同種類的競爭優勢，接著，才能進而判斷我們研究的企業是否具備其中任何一項競爭優勢。總之，我們可以像鳥類學家為鳥兒分類那樣，依據競爭優勢的種類來為企業分類。

　　幸好現有的競爭優勢種類不像鳥類那麼多元。其中某些競爭優勢是自有商業以來就已存在。另外，有些競爭優勢雖稱不上新穎，卻是在技術變遷時期——例如目前——才出現。

別把成長快速的企業和偉大的企業混為一談

　　我們將先確認哪些條件不構成競爭優勢。誠如巴菲特在《財星》雜誌中所言，快速成長並不等於優越條件，但動能型投資人與成長型投資人常誤把快速成長與優越條件混為一談，這樣的誤解也是這兩種投資策略傾向於績效落後的主要原因之一。

　　事實上，過度聚焦在企業的近期成長率，有可能造成災難般的

後果。以前我有一位客戶拚命要求我購買凡尼奇公司（Vonage，該公司開創了網路路由電話業務後，在 2006 年公開掛牌交易）的股票。我研究過市場後，很快就做出結論：沒有任何因素能阻擋其他企業模仿凡尼奇公司，換言之，該公司根本沒有護城河可保護它的經濟城堡。它的技術並沒有比競爭者快，成本也沒有比較低，而且，凡尼奇的顧客根本不在乎該公司的品牌（網路電話不管是透過哪個品牌的路由器發送，都沒有太大差別）。

　　我規勸那位客戶放下投資這家公司的念頭——還好他接受我的勸說。凡尼奇公司在歷經一段誇張的成長期後，很快就面臨困境：競爭者紛紛介入市場，並驅使產品價格降低，最後導致該公司的營收和利潤迅速崩跌。在凡尼奇公司以每股 17 美元公開掛牌後三年，它的股價重挫了超過 95％。到了十五年後的 2021 年年底，凡尼奇雖以高於當年掛牌價約 25％的價格，把公司賣斷給另一家電信公司，但以年化增值率來算，那大約只相當於每年增值 1.5％，這麼低的報酬率根本不足以打敗市場。

　　以較近年的情況來說，把「熱門產品」和「永續業務」混為一談的另一個顯著例子是 GoPro，這個例子甚至更加極端。生產手持式運動相機的 GoPro，在 2014 年以 30 億美元的評價公開掛牌。由於投資人愛上了隨時隨地自拍影片的概念，所以 GoPro 的評價很快就上升一倍；但讓 GoPro 與該公司投資人遺憾的是，競爭者也紛紛愛上這個概念。於是，這個市場變得極度競爭，誠如下圖所示，後來，GoPro 的評價從最高點下跌了 85％，而且再也不能回到那個高點。問題出在 GoPro 和競爭者之間的差異化非常有限，而且它幾乎完全

沒有拉大那個差異的希望。

諸如此類的例子印證了巴菲特的至理名言:「永遠別把成長的產業和賺錢的產業混為一談。」如果你正在考慮投資科技硬體公司,更應該特別謹記這個警告:硬體遠比軟體更容易模仿。然而,事實上,你應該時時刻刻把巴菲特的箴言放在心上,因為不管是投資科技或非科技公司,都適用這個道理。以航空產業為例。客運航空業明明就處於和海科公司、迪士尼與美國運通一樣有利的世界航空旅遊成長環境,但綜觀這個產業的百年歷史,它虧掉的錢比賺到的錢還要多。為什麼會這樣?因為不管是達美航空(Delta)、聯合航空(United)與其他航空公司,都未曾真正具備足以完勝另一家航空公司的實質優越條件。沒有一家航空公司擁有一個令人不得不搭乘的品牌,也沒有一家航空公司始終維持低於競爭者的營運成本。而由於所有航空公司全都擠在「平庸」的層次,所以,它們做了所有平庸企業都會做的事:為了爭取顧客青睞而競相為顧客提供最好的服務,把幾乎所有好處全部「讓利」給顧客。當然,航空產業偶爾也曾出現轉虧為盈的狀況,而當這樣的狀況出現,華爾街便普遍會相信「這次所有不同」。不過,每一次這個產業開始轉虧為盈,航空公司之間又會開始展開價格競爭,彼此的利潤當然也再次隨之降到谷底。一如常見的狀況,最終的贏家依舊是消費者。

第一代護城河:低成本生產者

即使達美航空、美國航空和聯合航空都是家喻戶曉的企業,它們

GoPro 自 IPO 後的股價表現

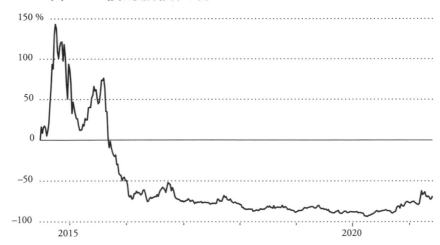

資料來源：輝盛研究系統公司

成立後卻都至少曾聲請破產一次。在此同時，不起眼的航空業利基型
企業——海科公司——的股價，卻在上一個世代上漲了五百倍。

海科公司是怎麼做到的？答案是透過最古老的護城河之一：低
成本優勢。

諸如玉米、糖和鋼鐵等大宗商品市場上的企業最心心念念的，
就是成為低成本的生產者，因為「低成本」是那類市場的唯一優勢。
民眾不太在乎他們買的玉米或鋼鐵是什麼品牌；只要產品能達到特
定基本水準的品質，民眾只會在乎成本的高低。因此，能用比競爭
者更低廉的成本生產大宗商品的企業，一定能贏得不成比例的高市
場佔有率。這是不變的定律，它就像地心引力或熱力學定律一樣堅
不可摧。

　　此處的「大宗商品」一詞不只包含有形的商品，還包括其他所有主要根據價格來區分差異的消費性商品。購物者不是因為愛上了在沃爾瑪的購物經驗而到那裡購物，而是因為沃爾瑪能用比競爭者更低廉的成本，取得啤酒乃至花椰菜等所有物品，並進而將它省下的成本轉讓給顧客享受。很多工業型企業僅僅因比競爭者更快速擴張且建立更大的工廠足跡，而獲得低成本的地位。由於那類廠商銷售的機械數量比對手更多，故其單位成本得以降低——而低單位成本讓它們擁有低成本優越條件。諸如美國鋼鐵、福特汽車和通用汽車等偉大的企業，都是經由這個方式打造而來。

　　眼前的數位時代已改變了很多競爭動態，但在二十一世紀初的當下，生產商維持低成本的能力，卻變得比以前的所有時刻都來得重要。沃爾瑪是從 1980 年代開始擴張，當年顧客必須親自開車到賣場，才會知道沃爾瑪的訂價是否比競爭者低；不過，隨著電子商務蔚為風潮，就算不出家門，也能比較購物成本的高低。印斯塔貨運（Instacart）生鮮雜貨代買代送服務公司讓人得以在家選購各種雜貨，它的存在使克羅格公司被迫面臨和衛格曼（Wegmans）與帕利克斯（Publix）等其他所有零售商直接競爭的局面。Google 和歐必茲（Orbitz）則提供完整與即時的航班與旅館訂房情報，讓消費者得以找到最划算的機票與訂房交易條件。另外，如果說網際網路為這個世界帶來了最極端的價格透明度，手機就是讓價格透明度變得盡善盡美。如今，你可以在百思買（Best Buy）的店面，透過手機查詢是否有其他競爭者的訂價比它還要划算。

　　不過，多數科技公司（至少靠軟體獲得實力的企業）並不是經

由低成本生產模式來取得它們的競爭優勢。Google 和歐必茲並不是靠提供最便宜的紐約－坎昆（Cancun）機票來贏得競爭優勢；它們把提供廉價機票的事留給航空公司去做。科技公司的護城河源自先發優勢（first-mover advantage）和網路效應等現象，我們將在這一章稍後討論這些現象。

第二代護城河：品牌

工業時代的自動化與大量生產模式，使生產力與生活水準快速提高，休閒時間也飛快增加。然而，那卻也帶走了民眾日常生活中習以為常的親密與熟悉關係。農業時代的歐洲人和美國人住在農場裡，習慣親手縫製自己要穿的服裝、親手製作自己要食用的起司，甚至會自己釀酒。肉品不是來自超級市場，而是來自親手飼養並屠宰的動物。

然而，隨著數百萬甚至數千萬民眾離開農場到工廠謀生，一般人也停止上述種種自給自足的活動，開始向商店購買肉品、起司和酒。隨著民眾漸漸缺乏對飲食與穿著的第一手知識，一般人遂開始依賴在品質方面素有聲望的製造商，換言之，民眾開始仰賴品牌來滿足他們對食與衣的需要。

世界上第一種以品牌模式大規模銷售的產品之一是肥皂，包括洗衣用肥皂和個人衛生用肥皂。十九世紀初的寶僑公司和高露潔公司（Colgate），起初就是生產肥皂的企業。不過，這兩家公司還有一個老前輩，那是目前早已被淡忘的梨牌香皂（Pears），該公司的故事

說明了品牌企業如何建構一座允許它們世世代代創造愈來愈多利潤的護城河。

　　安德魯・皮爾斯（Andrew Pears）是康瓦爾（Cornwall）某農民之子，1780 年代末期，年紀輕輕的他搬到倫敦當理髮師學徒。不久後，他就在傑拉德街（Gerrard Street）開了自己的理髮店，順便也在店裡賣一些化妝品給蘇活區（Soho）的有錢居民，當作理髮以外的副業。皮爾斯後來發現，他的顧客經常用他賣的化妝品來遮掩含砷或鉛的肥皂所造成的皮膚損傷，於是，嗅覺敏感的他察覺到一個市場機會：他著手生產一種會散發迷迭香與百里香氣味的半透明香皂，它的味道聞起來讓人好像置身在一座英式花園。

　　梨牌香皂很快就變成有錢人必備的肥皂，不過，直到 1800 年代中葉過後，這家香皂公司才算真正有了突破性進展：湯瑪斯・巴瑞特（Thomas Barratt）成了該公司的老闆後，想出了一系列向一般大眾推銷梨牌香皂的方法。到巴瑞特在 1914 年過世時，梨牌香皂已成了英國和美國中產階級（當時這兩國的中產階級人口持續成長）間家喻戶曉的名稱，而巴瑞特本人也成了廣受肯定的現代廣告之父。巴瑞特是歷史上最早領悟到民眾對品牌的信任度能發揮多大力量的人之一，更重要的是，他有條不紊地利用他的這個理解來獲取利益。梨牌香皂的早期廣告語之一是「早安，你今天用過梨牌香皂了嗎？」，即使進入二十世紀後，這句廣告語仍是相當大眾化的英文標語之一。另外，巴瑞特為了幫梨牌香皂尋找新的宣傳面孔而舉辦兒童選美比賽，這種比賽本身就具有相當好的話題性和廣宣效果，不僅如此，1880 年代時，他還禮聘女演員莉莉・蘭特里（Lillie Langtry）擔

任梨牌香皂的代言人。後來，《潘趣》雜誌（*Punch*）一名漫畫家以一篇漫畫來諷刺她自己對梨牌香皂的死忠支持——漫畫裡的有一名乞丐說：「我兩年前用過你的肥皂，從那時到現在，我再也沒有用過其他任何肥皂了。」巴瑞特對此非但不以為意，更順勢在梨牌香皂的下一波行銷活動中，利用《潘趣》那則諷刺漫畫的仿作來打廣告。

隨著民眾愈來愈負擔得起梨牌香皂的開銷，諸如此類精心策劃的創意，為該公司贏得愈來愈多人的忠誠度與喜愛。雖然梨牌香皂只不過是用甘油和有香草味的松脂製成，但巴瑞特深知，把梨牌香皂當成大宗商品來銷售是愚蠢的。他拒絕走低成本生產者路線，因為他知道，只要能強化顧客對梨牌香皂的忠誠度，絕對能賺更多、更多的錢。

梨牌香皂對顧客的這股羈絆力量，讓該公司得以將售價設定在投入成本的數倍之上。會計師圈子為了幫顧客和品牌之間這種看不見的聯繫關係指定價值而傷透腦筋，後來，他們決定將之稱為「商譽」（goodwill）；而隨著已開發國家變得愈來愈富裕，其他別出心裁的商人更將商譽的概念，延伸應用到諸如肥皂等必需品以外的非必需品，如碳酸飲料。在南北戰爭期間受傷並在軍醫院嗎啡成癮的約翰・史提斯・彭伯頓（John Stith Pemberton）為了推銷可口可樂，而將它吹捧為一種能治療消化不良、陽痿和毒癮等各種小毛病的藥物。可口可樂的主要成分不過是糖和水，但該公司卻讓消費者慣於相信可口可樂「真材實料」，且能「提神醒腦」。幾十年來，諸如沃爾瑪的山姆可樂（Sam's Cola）等品牌，不斷試圖利用價格策略來搶攻可口可樂的市場，但民眾卻還是拒絕改喝山姆可樂，因為一般人

早就愛上了可口可樂那紅色的鋁罐以及曲線優美的玻璃瓶。

巴菲特領悟到這一點後，在 1988 年買進可口可樂的股票，直到三十多年後的今天，他還是繼續持有該公司的股份。他在 1998 年告訴佛羅里達大學（University of Florida）的學生：「在世界各地，民眾看到可口可樂，就會聯想到快樂，」「如果你跟我說，你要讓世界各地的民眾一看到皇冠可樂（RC Cola）也會聯想到快樂，並設法在五十億民眾的內心留下對皇冠可樂的好印象，我會跟你說，那是不可能的事。你可以四處走透透，竭盡所能地做所有可能實現這個目標的事。例如你可以在週末辦打折活動之類的，不過，你最終還是不可能撼動可口可樂。不管你打算投資什麼企業，它都必須具備那樣的特質才行。而那就是護城河。」

如今，世界上有足夠的人賺足夠的錢，因此，連銷售非必需品的企業都能透過品牌的力量受惠。愛馬仕（Hermes）的一個錢包或一條圍巾真的有 25,000 美元的價值嗎？如果愛馬仕行銷部門那些聰明的員工懂得善加發揮他們的魔力，它的錢包和圍巾就值那些錢。愛馬仕的執行長阿克塞爾・杜馬斯（Axel Dumas）曾告訴《富比士》雜誌：「我們的事業」「和創造慾望有關。」

慾望是一種強大的情緒，很多歷史悠久且價值不斐的企業就是建立在慾望之上。愛馬仕是在 1837 年成立，它目前的市場價值高達 1,400 億美元；可口可樂是在 1886 年創立，它當今的市值達到 2,600 億美元。和愛馬仕在同一年創立的蒂芙尼珠寶公司（Tiffany），只不過是稍微發揮一下巧思，把大宗商品化的珠寶放進知更鳥蛋顏色的精緻盒子裡，就能以更高的價格銷售那些珠寶。愛馬仕的強勁對手

之一酩悅軒尼詩－路易威登公司（LVMH）最近剛以近 160 億美元的代價收購蒂芙尼，成交金額幾乎超過凡尼奇公司與 GoPro 公司市值總和的三倍。

　　然而，你也必須瞭解，多數品牌無法像蒂芙尼、愛馬仕或可口可樂那麼歷久彌新。品牌和愛上品牌的民眾一樣善變，所以，就護城河來說，品牌護城河是最脆弱的護城河之一。梨牌香皂的故事讓我們見識到一個品牌如何興起，但也告訴我們一個品牌如何衰敗。巴瑞特過世後，利華兄弟公司（Lever Brothers）買下梨牌公司；但梨牌香皂落入綜合企業集團的手中後，漸漸失去英國和美國民眾對它的喜愛，一般人也漸漸不再願意掏腰包買它的香皂。梨牌香皂在英國和美國已被徹底遺忘，如今，它的主要市場是在印度，是印度銷量排名第五的香皂。

　　從梨牌香皂、瑞夫柯（Revco）、伯登（Borden）、奶油城釀酒公司（Cream City Brewing）、維珍可樂（Virgin Cola）、橘滋（Juicy Couture）等例子便可知道，已死或垂死的品牌，遠比目前還健在的品牌多太多。因此，在投資一家以品牌為主要競爭優勢的公司以前，應該要先釐清它的品牌是否確實擁有持久受歡迎的力量。低成本大宗商品型企業有可能繼續藉由降低價格來擴展它的護城河，但品牌企業就沒有那種優勢可利用。一如白蘭琪·杜波伊絲（Blanche DuBois，譯注：《慾望街車》一片的主要角色之一，她說：「……似乎只有和陌生人相處才能填補我內心的空虛……」），那些品牌企業也端賴陌生人的善意才能活下去。

　　當今的品牌尤其如此，因為在二十世紀下半葉多數時間，大

眾市場品牌是靠著電視生態系統的支持才得以蓬勃發展，而如今那
個生態系統已經漸漸衰亡。嬌生公司的市場佔有率正一點一滴地被
女演員潔西卡・艾芭（Jessica Alba）在十年前創辦的誠實公司（The
Honest Company）吞噬。許許多多的新型企業正大肆利用諸如抖音
（TikTok）和 YouTube 等頻道坐大，這些頻道讓它們幾乎不費吹灰之
力，就以驚人的速度對傳統品牌構成嚴峻的挑戰。舉例來說，一群
二十幾歲的小伙子尼爾克男孩（Nelk Boys）在暢遊北美的路途中，
將他們的惡作劇錄成視訊，上傳到 YouTube，結果贏得了接近七百
萬的 YouTube 訂戶。於是，這幾位年輕人打鐵趁熱，明快把握個中
商機──他們每年銷售幾近 1 億美元的「尼爾克男孩」品牌服飾，
而且正考慮擴大該品牌的商品陣容，納入男性美容用品、連鎖健身
房，以及一系列保險套產品等。

　　但不管怎麼說，當今最大的品牌全都隸屬大型科技公司。根據
《廣告週刊》（AdWeek）的報導，世界上最受信任的五大品牌分別為
Google、Pay-Pal（譯注：跨國第三方支付平台）、微軟、YouTube 和亞
馬遜。然而，科技公司的品牌實力，無疑比仰賴一時潮流或消費者
品味的那種企業品牌強大很多。Google 銷售的並不是某種地位象徵
或是碳酸飲料，它推銷的是可靠的搜尋引擎──當今的消費者早已
天天習慣使用它的搜尋引擎。

　　由於科技公司的品牌和創造慾望無關，所以，科技公司的品牌
較可能持久存在。以一家軟體公司來說，只要它能繼續對它的顧客
實現價值，它就能以顧客實際上的良好使用體驗（而非抽象的感受）
來守住它對顧客的吸引力。亞馬遜執行長傑夫・貝佐斯在 1998 年的

年度致股東信函中寫道：「我們認為顧客是敏銳且聰明的，這一點不言可喻」「所以，能在現實面提供良好體驗的企業，才能造就品牌形象，而非相反。」

平台與轉換成本

當一家企業成為搜尋、電子商務、社群媒體或其他任何在上一個世代誕生的新產業裡最受信賴的首選應用程式，消費者就傾向於全體受它吸引。這種標準化本身已變成競爭優勢的來源之一。以矽谷的行話來說，那樣的產品與服務變成了「平台」，擁有平台的公司不僅得以透過它的核心業務來賺錢，還能導入更多有利可圖的業務路線。

蘋果公司就是典型的平台型企業。iPhone 最初是一種相對低邊際利潤的硬體裝置；生產 iPhone 的成本很高。然而，蘋果公司在手機上銷售的應用程式，卻不用花它一毛錢。花錢打造那些應用程式的是外部開發商，而這些開發商為了向超過十億名 iPhone 使用者銷售它們的應用程式，還得把它們的 30％營收付給蘋果公司。

所以，你應該仔細尋找已經自我轉型為平台型企業，或有潛力自我轉型為平台型企業的公司。且讓我用一個軍事相關的比喻來說明這個概念：平台就像是航空母艦──它擁有巨大且強有力的整備區域，企業能從這個整備區發動新攻擊。有些平台型企業非常顯而易見（例如蘋果公司），有些則不盡然。六科匯流公司（Roku）最初只是一家不起眼的小型電子裝置銷售商，消費者使用該公司銷售的裝

置,在家欣賞網飛與其他頻道的串流影片;不過,六科匯流公司善加利用它的優勢市場佔有率,逼迫各串流頻道與它分享部分利潤。我錯過了六科匯流,當初如果我用我的平台過濾器來觀察市場,照理說現在應該已經掌握到這家公司了。

很多數位企業希望成為平台型企業,個中的理由和銀行業者想成為一站式多元金融產品銷售中心(以便成為顧客購買各式金融商品的優先管道)的理由並無不同:你受一家公司吸引的程度愈深,就愈難以離它而去。以商學院慣用的說法而言,那是因為轉換成本太高,而這些轉換成本就是成為平台型企業後必然會擁有的競爭優勢。

非常多民眾早就習慣使用微軟的 Word 和 Excel 作業程式,也在這兩種作業程式儲存了非常多文件,所以,如果要改用其他作業程式,可能需要好幾個月的痛苦調整。只要你發現企業和消費者之間存在這種「黏 TT」的關係,就必須特別留意。轉換成本和品牌一樣,能發揮羈絆消費者的效果,不過,一如低成本地位,轉換成本的實質影響力大於品牌。因為一旦顧客安於使用某一項產品,就會非常討厭換用其他產品。

一旦顧客習慣了某一項產品,護城河上的吊橋就會升起,而且,持平而言,當今所有數位產業部門的吊橋都已升起,包括行動電話領域的蘋果;搜尋領域的 Google;乃至小型企業會計軟體的財捷軟體公司等,總之,科技業已安然度過了早期的網路陣痛,達到創新學者卡洛塔‧培瑞茲(Carlota Perez)所謂的「安全著床」(bedding-in)期。目前消費者已極度習慣使用他們喜愛與信任的科技應用程式,所以,事實將證明,這種舒適愜意的連結關係將非常、

非常難以被破壞。即使實際上的轉換成本不高，這個關係也不容易崩壞。舉個例子，對民眾來說，從 Google 轉換到必應（Bing）並不難——但他們心理層面的轉換成本卻非常巨大。因為民眾早就習慣使用 Google，而且 Google 確實很好用，既然如此，有什麼理由轉換？

先發者與飛毛腿

「先發者優勢」一詞源自西洋棋。執白子的參賽者永遠都負責開局，所以，他掌握主動權。黑子則是被動回應，而且，通常白子會在整場棋局佔有先行地位。商業也是一樣的道理：在一個新市場上，最先對領土提出主張權的人，通常能獲得最優質的土地，競爭者只能搶到次優的。

能在技術進展與變遷非常緩慢的時期成為先發者的企業，通常就能夠建立耐久的競爭優越地位。舉例來說，在大蕭條期間，3M 公司一位名為理查・德魯（Richard Drew）的工程師發明了 Scotch Tape 透明膠帶。儘管這項產品擁有巨大的大眾市場潛力，但由於經濟崩潰後的創新腳步非常虛弱，根本沒有企業試圖模仿並改良 3M 的產品。由於沒有競爭，故儘管 3M 超過三十年沒有顯著改良 Scotch Tape 透明膠帶，它依舊是市場上的領導者。

你能想像一家現代企業在打造出一項新產品後，超過一整個世代都沒有改良這項產品，卻迄今仍佔有市場領導者地位嗎？在當今的經濟環境下，未能持續創新的企業，可能不到三十個月就會被迫拱手讓出龍頭地位，遑論三十年。特別是自數位時代來臨後，情況

尤其如此，因為所有事物的變化速度都太快了。不同於靜態時期，在科技轉型時期，速度和創新的重要性顯著提高。正因如此，馬克‧佐克伯（Mark Zuckerberg）才會以「迅速行動與突破」為座右銘，伊隆‧馬斯克（Elon Musk）旗下的電動車公司特斯拉和火箭公司 SpaceX，則採納「先推出後升級」的業務模型。相較於「戰壕」與「護城河」等比喻，馬斯克和他的創業家同儕們比較認同「搶地盤」的比喻。馬斯克就曾在 2018 年說過：「我認為護城河很遜……」「如果你對付入侵敵軍的唯一防禦措施是護城河，根本就不可能撐太久。真正重要的是創新的速度。」

　　目前已破產的西爾斯百貨曾有過一段百年繁華史，因為它曾在一個世紀內，兩度登上先發者寶座。西元 1800 年代末期，理查‧西爾斯（Richard Sears）與阿爾瓦‧羅巴克（Alvah Roebuck）注意到，美國鄉村地區的綜合商店經常濫用它們的壟斷地位，對顧客漫天喊價，且銷售劣質的商品——這是「尋租」的另一個例子。隨著郵政服務漸漸改善，西爾斯和羅巴克開始寄送商品型錄給鄉村地區的居民，他們的型錄上印有各式各樣商品，而且標著農村民眾負擔得起的價格。他們在芝加哥一間巨大的倉庫處理中央配銷作業，這間倉庫不只龐大，還充滿各種最新技術，包括一系列能讓員工將訂單發送到這座設施的正確位置的真空管。而到了第一次世界大戰結束後，隨著農業經濟體系漸漸轉變為都會型經濟體系，西爾斯再次順應時勢，由中央化經營改為分散式經營，打造了一個繁華五十餘年的百貨公司網路。

　　郵購型錄或百貨公司都不是西爾斯公司發明的，所以，嚴格來

說，它並不是這兩項事業的先發者。然而，它是這兩個領域裡行動最快速且最積極的企業。基於這個理由，將「先發者優勢」改成「飛毛腿優勢」，或許會更貼切一點。海科公司並不是世上第一家生產通用型飛機備用零件的廠商，不過，曼德森父子卻是最迫切針對這個機會採取行動的人。

不過，儘管尋找展現出那種急切心態的企業／經營管理者很有幫助，但還是必須謹慎，不能完全依賴先發者或飛毛腿優勢來支持你的投資論點。先發者確實有可能建立某種競爭優勢，但那種優勢絕對不會是永久的。海科公司、政府員工保險公司、亞馬遜和其他企業，還都建立了第二優勢——低成本地位、受信賴的品牌、廣大的配銷網路等——來補強它們的先發者或飛毛腿優勢。雖然馬斯克吐槽護城河概念，卻也使用特斯拉在電動車的早期領先優勢，來建立顧客忠誠度與低成本地位——因為特斯拉生產的電動車數量高於其他所有車廠，所以它的單位成本比產業平均值低 25％。

網路效應

競爭優勢還有最後一個來源，從很多方面來說，這個來源是最強大的競爭優勢來源——它稱為網路效應，這個名稱體現了二十一世紀初經濟體系充滿活力與能量的動態。

PayPal 旗下的 Venmo 行動支付服務公司，是企業坐享網路效應的好例子之一。大約十年前，Venmo 以非常快的速度，打造了一種能讓民眾從個人的智慧手機存取銀行帳戶，並快速進行收／付款的

技術。Venmo 以某種莫名的方式，培養出一批忠誠的最初追隨者，這群核心追隨者又慢慢對其他人產生某種地心引力。愈多人加入，就會鼓勵其他更多人加入。當初我安裝這個應用程式的原因是，每次遇到要分攤餐費或結算洋基隊的門票費用時，很多朋友都會跟我說「Venmo 我」，於是我只好從善如流，開始使用這個應用程式。

以前的人用「良性循環」來形容網路效應，不過，科技人偏好稱之為「飛輪效應」（flywheel effect）。飛輪是一種可回溯到石器時代的圓形裝置。被用來作為最早期的水力磨坊驅動器，後來，經過改良，它又被用在工業時代的蒸氣機引擎。飛輪很重，所以一開始很難讓它開始運轉，不過，一旦飛輪開始旋轉，就一樣很難讓它停止。商業作家吉姆·柯林斯（Jim Collins）寫道：「飛輪的每一圈旋轉，都是以先前所累積的力量為基礎，它將你注入的心力全部複合在一起，力量一次比一次更強大，」「先是快一千倍、接著快一萬倍，再來是快十萬倍。於是，巨大且沈重的圓盤以幾乎勢不可擋的動能持續向前飛奔。」

2014 年被臉書收購的 WhatsApp（那件收購案讓我的那個跨年夜過得非常狼狽）就擁有這種飛輪效應，也就是網路效應。經營短租民宿業務的愛彼迎公司（Airbnb）也一樣。當年在紐約市租屋的愛彼迎創辦人因為被房東逼急了，所以開始向觀光客提供公寓短期出租服務。一如海科公司的曼德森家族，愛彼迎一開始也是草創維艱，不過，該公司漸漸找到了其他也想出租住處的公寓居民。就這樣，愈來愈多的待租公寓吸引愈來愈多租屋客，而愈來愈多的租屋客又鼓勵其他屋主紛紛將他們的住宅張貼到網路上招租，而這自然又引

來更多租屋客，很快的，愛彼迎的飛輪便加速運轉。誠如愛彼迎形容的：「租屋客引來屋主，屋主又引來租屋客。」

不管你想稱之為飛輪、網路效應或良性循環都無所謂，重點是，這個動態是很多科技市場呈現「贏家通吃」或「贏家賺最多」等現象的主要原因之一。諸如搜尋和社群媒體等數位產業部門，往往獨厚一家具支配力量的企業，這和可樂或啤酒產業的狀況不同。那種獨大的支配力量正是拜網路效應所賜。民眾之所以上臉書，是因為其他人也上臉書；既然大家都用臉書，誰還需要第二個社群網路呢？另外，民眾早已習慣 Google，而且 Google 也很好用，那有什麼理由換用其他搜尋引擎？

．．．．．．．．．．．．．．．．．．．．．．．．

當一家公司擁有某種網路，它的價值一定會隨著使用者的成長而呈現指數成長，這是所有網路的公理之一。身為搜尋偉大企業的獵人，我們不需要瞭解這個現象背後的數學原理，不過，這個數理還是極具啟發性，值得稍作討論。

網路效應是依循梅特卡夫定律（Metcalfe's law）運作，這項定律指出，一個網路的價值等於該網路的連結數的平方。舉個例子，根據梅特卡夫定律，一台傳真機價值一的平方——即一單位的價值，但由兩台傳真機組成的網路，則價值二的平方，即四，而由四台傳真機組成的網路，則價值四的平方，即十六。諸如愛彼迎等住宅租賃網站、臉書等社群媒體以及其他所有連結民眾的網路，都適用一樣的道理。一如飛輪的每一次旋轉，每增加一名使用者，都會使網

路的力量變得愈來愈強。

　　英文的「network」（網路）一詞，是大約西元 1530 年代起就已存在，當時的作家用它來形容英國刺繡品上的某些連鎖圖樣。到了 1830 年代，英國人才開始用這個詞語來形容連接當時處於工業化階段的英國河流與運河系統，至此，這個詞彙才開始有了現代的意義。亞歷山大・葛拉漢・貝爾（Alexander Graham Bell）在 1855 年創立了美國電話電報公司（AT & T），並透過這家公司興建並運作後來所謂的電話網路；後來，隨著收音機與電視機的發明，美國境內互相連結的廣播電台與電視台也被稱為網路——這樣的稱呼確實相當貼切。

　　這些網路對它們各自的所屬年代來說都堪稱令人印象深刻的發展——不過，數位網路的出現，讓過去的所有網路顯得小巫見大巫。以前的所有網路最多只涵蓋單一國家；但臉書、WhatsApp 和愛彼迎的觸角，卻遍及全世界的人口。因此，這些新網路的價值當然遠高於以前曾存在的所有網路。AT&T 在 1984 年被分拆前，它的網路涵蓋了 2.35 億名美國人，但如今，臉書的網路卻擁有幾乎 30 億名每個月經常性使用臉書的使用者。因此，臉書的網路比 AT&T 的大十二倍以上，而如果依循梅特卡夫定律，並進一步假設所有網路的使用者都具備相等的價值，那麼，臉書的網路的價值就比 AT&T 有史以來的最高價值還要高一百五十倍。

　　註：以上有關「數位網路價值遠高於傳統網路」的敘述，純屬理論性構思。一如約翰・伯爾・威廉斯的折現現金流量理論，我們實際上無法使用梅特卡夫定律來評估數位企業的價值。然而，這項

定律凸顯了在數位時代誕生的新企業那不可限量的價值。

　　即使是梅特卡夫定律都無法充分體現數位網路的力量是多麼強大，因為相關的計算並沒有將一個重要的事實列入考慮：臉書、Google 和其他類似的企業，幾乎是在不花一毛錢的情況下，就建立了那麼驚人的網路。拜其全球觸角所賜，科技平台型企業在歷史上絕對是獨一無二的一批企業，但在另一個重要的面向，它們也是獨一無二的：這類企業的網路是利用別人建立與別人買單的基礎建設來運作。

　　英國早期挖掘運河以及打造工業水道網路的費用高達數十甚至數百億美元，但當今的科技軟體公司並不需要花那種錢，因為科技硬體公司已為軟體公司買單，不僅如此，這些硬體公司還得絞盡腦汁生產愈來愈強大的路由器和長途網際網路連接器，以期碾壓競爭者。科技網路和電話網路不同，科技網路不需要沿著上下起伏的山丘和蜿蜒的河流鋪設電線和電纜。那些電線早就是現成的，就算沒有現成的電線，諸如 AT&T 與威訊（Verizon）等電話公司，自會打造昂貴的無線網路來補強原本的有形電線電纜網。諸如思科、阿爾卡特（Alcatel）和朗訊（Lucent）等硬體公司，經由製造這類網路所必須使用的各色裝置，對人類的進步做出了巨大的貢獻，但由於這些企業生產的是大宗商品——電線、路由器等等——所以，它們的股東永遠也無法獲得優渥的回報，因為所謂網際網路之類網路的多數價值，多半是進了讓人類能更容易透過網路搜尋、購物、聊天和進行其他重要線上功能的軟體公司的口袋。

　　在過去，從未有任何企業能在花那麼少錢的情況下，獲得那麼

寬廣的全球觸角。難怪巴菲特和蒙格會對數位時代的經濟學驚嘆不
已,也難怪科技公司會那麼快速坐大。

第六章

管理：
具業主思維、行動和驅動商業價值

　　我為客戶管理的投資組合持有 Alphabet，也持有亞馬遜，但 Alphabet 的業務組合比亞馬遜更優異一些。Alphabet 的業務是以軟體為基礎，維持該公司營運所需之資產比亞馬遜更少，所以 Alphabet 堪稱最完美的第三代價值型投資範例。對照之下，亞馬遜的兩項主要業務雙雙具備舊世界的特有性質——亞馬遜為了它的電子商務事業部，花了數十甚至數百億美元建構一個有形的網路，也為了它的雲端運算子公司亞馬遜網路服務公司（Amazon Web Services），投資了鉅額資金來建構有形網路。因此，在其他條件都相等的情況下，Alphabet 理應是更優異的平台，不過，一五九頁的圖卻告訴我們，事實並非如此。

　　亞馬遜的股價表現優於 Google 的原因是什麼？答案是管理。

　　這兩家公司都極度有野心，也都不怕花錢，不過，亞馬遜的支出遠比 Alphabet 更能精準鎖定目標，且它的財務規劃更加精緻且熟

練。就在 Alphabet 大手筆為數十家投機性「登月」專案提供資金，
一年在這些專案上虧掉數十億美元的同時，亞馬遜創辦人貝佐斯則
堅持將他的藍色起源（Blue Origin）太空探險計畫，排除在該公司
的體制之外；換言之，他是用自己的錢來為那個計畫買單。亞馬遜
就像個優質投資人，以嚴謹且凡事以資訊為憑的方法來應對各種問
題。貝佐斯在 2005 年寫道：「就算只使用數據，也能做出我們在亞
馬遜做出的很多重要決策，」「用數據做決策的好處是，數學能清清
楚楚告訴我們哪個答案正確，哪個錯誤，哪個較好，哪個又較差。」
對照 Alphabet 過去的歷史，你會發現，該公司就缺乏亞馬遜那樣的
清晰與精確度，[10] 相較之下，貝佐斯每年都會對股東做出以下承諾：
「我們將繼續以詳細解析的方式，衡量各項計畫的優劣以及投資案的
效用，放棄無法創造合意報酬率的投資案或計畫，並繼續增加投資
到成效最好的專案或計畫。」事實也證明，該公司的績效跟貝佐斯
諸如此類的陳述是直接正相關的。

　　貝佐斯展現了長期的嚴謹與紀律等經營管理特質，而我們又要
如何辨識和他有相同特質的經理人？從哪些特徵可看出一個經營管
理團隊會以股東的最大利益為重？這些都不是能輕易回答的問題，
不過，研究過曼德森家族和海科公司的個案後，我學會用兩個關鍵
問題來界定經營管理者的素質：

10　由於 Alphabet 的創辦人已開始將營運控制權讓渡給某位非創辦人，所以該公司
　　過去在投資活動方面明顯不得要領的狀況已開始轉變。誠如我將在第九章探討
　　的，這種經營管理者變化，是樂觀看待 Alphabet 的投資潛力的主要理由之一。

> 1. 經營管理者是否秉持和業主一樣的思維？是否採取業主會採取的行動？
> 2. 經理人是否瞭解驅動商業價值的因素是什麼？

　　不同於業務品質和價格，我們無須因時代的不同——如今是數位時代——而修改我們應對經營管理者素質的方法。雖然過去一個世代以來，很多事已經改變，但檢視高階經營團隊素質的要點卻沒有變。不管你是評估蘇美人的小麥田管理員，或是清朝的稻米仲介商首腦，我提出的那兩個疑問都一樣中肯。套句彼得‧林區有關業務品質的名言，優異的經營管理團隊未來的表現一定會比平庸的管理團隊好，而投資人也將因此獲得對應的回報——優異相對平庸

自 Google 在 2004 年 8 月掛牌交易後的總報酬

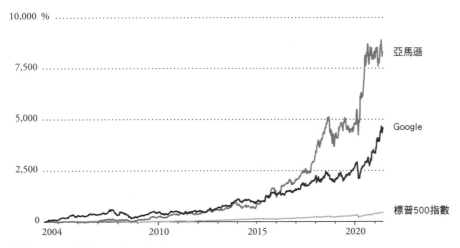

資料來源：輝盛研究系統公司

的回報。既然如此，我們只需要知道要尋找什麼樣的經理人特質即可：

管理問題一：
經營管理者是否秉持和業主一樣的思維？
是否採取業主會採取的行動？

　　優質經理人會將他們經營的企業當成自己的企業，即使事實上那些經理人並非業主。不過，現實世界的多數高階經營管理團隊並未表現出這樣的行為，如果你不熟悉華爾街之道，你可能會對前述現象感到訝異。套用卡爾・伊坎（Carl Icahn）一段生動且精確的比喻，多數經理人的表現，就像是不受主人密切監督的大型英國莊園管家。那些管家在經營他們負責看守的企業時，可以為了自肥而凡事隨其所欲，絲毫不把莊園主人的利益放在心上。

　　我們可以用美國企業界的普遍制度本質來解釋經營管理者的這種行為。一般人若想在一家大企業裡功成名就，必須花幾十年來證明他們自己的能耐，才有機會爬上高階執行主管的位階。企業員工通常要五十歲以上才能當上企業執行長，而財星五百大企業執行長的任期，卻平均大約只有十年。由於只剩下大約十年可隨心所欲地做想做的事，因此，一旦高階執行主管爬到這個層峰位置，多數人就不再對公司的長期定位感興趣。相較之下，他們只求公司保持穩定、不要陷入困境就好──當然，他們也會盡可能為自己掙到最多的財富。

　　這類經營管理者並不是我們要找的經理人。我們要找的是能將長期經營管理責任擺在個人私利之前的經理人。我們將在這一章稍後篇幅探討，若想找出那種高階執行主管，必須留意什麼具體的特質。

管理問題二：
經理人是否瞭解驅動企業價值的因素是什麼？

　　每一位高階執行主管都應該要迷戀他任職的企業，不過，光是那樣的迷戀之情並不足以讓一個經理人成為了不起的經理人。稱職的高階執行主管和優秀的高階主管之間，差異在於他們是否具體瞭解幾個和長期財富創造息息相關的關鍵衡量標準。經理人應該對我們在前一章討論的幾種不同競爭優勢如數家珍，不僅如此，還必須以他們對競爭優勢的理解為基礎，經常性地搭配應用幾個具體的財務指標。那種衡量標準能幫助高階執行主管監控他們是否確實將公司的質化優越條件轉化為能打敗市場的量化成果。

　　若缺乏這一套衡量標準，就算那些企業領導人極度迷戀他們的企業，也無法實現優異的長期成果。不瞭解驅動與決定企業價值的基本方程式的企業領導人，和妄想操作鐵路火車頭的門外漢沒兩樣，就算這些門外漢打算抱持和火車頭操作者一樣的想法，並採取火車頭操作者會採取的行動，卻還是會因為不瞭解火車頭的實際運作原理，而無法順利達到目的。

　　以下例子說明了這種無知的心態普遍存在於公開掛牌企業，我

想你應該會對那種普遍無知的狀況感到非常訝異。我在戴維斯精選顧問公司（一檔大型的共同基金）工作時，經常以一個問題來檢驗到我們辦公室拜訪的企業執行長的財務敏銳度。那個問題牽涉到資本報酬率──也就是每一位高階執行主管都應該要瞭解並內化的重要衡量標準之一。

我會問他們：「你認為聚焦在以下什麼因素比較重要：銷貨收入與利潤成長，還是資本報酬率？」誠如我們將在這一章稍後篇幅探討的，答案當然是資本報酬率。如果有足夠的資本可投資，任何人都能創造更多的銷貨收入與利潤。所以，真正重要的是那些投資所衍生的報酬率。

80％的執行長都答錯。其中一位經理人在我問這個問題後，喃喃自語地咕噥了好一會兒，顯然他並不能理解這個問題的意思；當下的場面連我都替他感到尷尬，所以，我乾脆轉移話題。另一個人稍微果斷一點，但答案較不正確。他毫不猶豫地回答：「銷貨收入和利潤。」然而，隔天他從位於休士頓的公司總部打電話給我，他說他改變心意了。他說：「資本報酬率比較重要。」

聽到他說出正確答案，我很替他開心，但後來我發現，他應該是透過他的財務長（財務長就是根據這些原則訓練而來，但他們缺乏應用這些原則的權力）而得到這個正確答案，這又讓我有點替他難過。

我在戴維斯上班時注意到，最迫切想拜訪我們辦公室的企業執行長，通常都是一些最平庸的企業的管理者。他們通常都非常善於閒聊，想必他們認為讓股票績效超前的最佳途徑，是試著說服投資

人買他們的股票。但這個策略從未奏效。市場績效是受企業的長期績效驅動，不是舌燦蓮花的話術；而要創造優異的企業績效，就必須聚焦在能驅動企業價值的那些衡量標準。顯然「到投資人的辦公室拜訪」並不是那些衡量標準之一。

因此，我們通常請不到專注於實質面的經理人特地來拜訪我們：因為光是經營公司就已經讓他們忙得昏頭轉向，根本沒空來。將帝吉亞歐公司（Diageo）從一家中級綜合企業集團改造為啤酒與烈酒巨頭的保羅・沃爾希（Paul Walsh，他是一名直爽的英國人）只來過我們公司一次。一百多年來，首位經營好時公司（Hershey）的外部人瑞克・列尼（Rick Lenny）確實定期拜訪我們公司，但他都是獨自來訪，沒有帶一群跟班。我後來把「企業執行長的跟班人數」當作檢驗經營管理者素質的非正式衡量標準，而「執行長跟班人數」經常和公司的股價表現呈現負相關。惠普公司執行長卡莉・菲奧莉娜（Carly Fiorina）身邊總是跟著一群龐大的團隊。不僅如此，我們總是在她來訪前好幾個星期前就先得知她的來訪計畫，因為她的保安小組會在她每一次來訪前很久，先派遣一整隊的偵爆犬到我們公司偵察。因此，我對惠普股價在菲奧莉娜任期間嚴重落後大盤指數一事，一點也不覺得意外。

湯姆・墨菲：秉持和業主一樣的思維，採取業主會採取的行動

通常評估經營管理團隊的最佳起步，就是評估你最熟知的經營

管理團隊：也就是你公司的經營管理團隊，或是你所屬產業的經營管理團隊。我所謂留意你熟悉的高階執行主管的動靜，並不是要你非法竊取內部人資訊。這件工作其實是落實彼得‧林區的策略——即「投資你熟知的事業」——的必要環節，不過，你不僅應該投資你熟知的事業，也應該投資你熟知的經營管理團隊。我們透過日常體驗而獲得的投資資訊和獨到見解，是證券法學家所謂「投資的馬賽克理論」（mosaic theory of investing）的構成要素。在這個法律原則之下，投資人東收集一點資訊、西收集一點資訊，再利用那些日積月累的資訊來打造某種投資結論。每一個數據點本身都微不足道，但當你把所有數據集合在一起，那些數據就會變成一個畫面，就好像個別的馬賽克磁磚看似無過人之處，但將它們組合在一起後，卻能組成一幅美麗的圖案。

　　你甚至不需要在某個特定產業工作，也能找到足以拼湊出重要經營管理線索的馬賽克磁磚。1970 年代時，一位經常到大型企業集會工作的酒保，觀察過某企業高階執行主管團隊在一次管理靜修活動裡的行為後，決定購買這家公司的股票，他個人的一個小小推論，理應足以讓他躋身常識型投資名人堂的。當時這位酒保注意到這場活動的會場上瀰漫著一種放鬆且樸實的文化，整個企業團隊裡，絲毫沒有見到尋常企業宴會中明顯可見的逢迎行為。參與那場活動的每個人看起來都被賦予某種權力，一副不亢不卑的樣子，於是，這名酒保推論，這家公司值得留意。他事後解釋：「多年來，我參與過很多企業活動，」「但首都城市是唯一一家你分不清誰才是老

閣的公司。」[11]

　　我們在第三章討論過首都城市，它是巴菲特在 1985 年重磅投資的那家地方電視台營運商。巴菲特大買首都城市股票的原因有兩個。第一個原因和業務品質有關：在二十世紀下半葉，廣播是一種非常棒的業務，因為對廣告主來說，廣播台業者就像是將廣告傳達給消費者的必經收費橋。第二個理由和經營管理者素質有關：三十年來，首都城市都是由湯姆・墨菲所管理，這位經理人深受巴菲特信任，他甚至將波克夏・海瑟威公司持有的首都城市股份的選舉權交給墨菲。

　　巴菲特曾說：「我的多數管理知識」「是從墨菲那裡學來的。」或許我們也能從墨菲身上學點東西。

．．．．．．．．．．．．．．．．．．．．．．

　　為什麼巴菲特那麼信任且讚賞墨菲？首先，墨菲受巴菲特珍視的特質是誠實、幽默、聰穎，這些特質也是多數人珍視的特質。巴菲特還很欣賞那位酒保也觀察到的幾個優點：低調、分權與「權力下放」等文化。不過，巴菲特最讚賞墨菲的一點是，即使墨菲持有首都城市的股權從未超過 1%，但墨菲卻總**表現得**像個業主。墨菲秉持著一種舊時代的管家責任感，凡事都以業主的利益為先。

11　這個故事與其他很多故事就收錄在小威廉・索恩戴克（William N. Thorndike Jr.）所著的《非典型經營者的成功法則：八個企業成功翻轉的案例》（*The Outsiders: Eight Unconventional CEOs and Their Radically Rational Blueprint for Success*）。關於評估企業執行長時必須尋找什麼特質，這本書是我讀過最好的書。

那種盡忠職守的心態，就是最值得尋找的經營管理特質。幸好這項特質很罕見，所以，你一眼就能掌握到它。以墨菲的例子來說，他對股東的忠誠，就體現在他幾近神經質的節儉習慣上。墨菲在經營奧爾巴尼的 WTEN 電視台時，上司命令他粉刷該公司破舊的本地企業總部。墨菲受命後，粉刷了該公司面對街道的那兩面牆壁，但沒有粉刷面對高速公司的另外兩面牆。墨菲升任首都城市乃至更大規模的首都城市──ABC 廣播網的執行長後，還是沒有改變他那過度節儉的習性。ABC 被首都城市購併前，該公司在紐約的高階執行主管偶爾需要加班到深夜，一旦有那種情形，公司會安排配有駕駛的豪華轎車送那些高階執行主管回家。不過，墨菲接手後，那些高階執行主管和墨菲一樣，改搭計程車回家。遇到需要出差到洛杉磯時，他們也像墨菲一樣，搭乘長途巴士。

墨菲的故事發人深省之處在於，他雖然節儉，卻不小氣。一旦涉及重要的預算項目，整個廣播業沒有人花錢比墨菲更大方。這種傾向是頂尖經理人的重要特徵之一：**他們在花錢時，總是鎖定能產生最大效益的支出項目。**

以墨菲的個案來說，這意味不粉刷外牆，但大手筆把錢花在公司牆壁內部的新聞剪輯室。墨菲自問：我要如何提高自家電視台的獲利能力？削減成本或許能達到目的，至少短期內可以，但長期來說，要提高地方性電視業務的獲利能力，就必須吸引廣告主花錢，而削減首都城市的預算，很可能會傷害到它吸引廣告主花錢的能力。墨菲認為較理想的方法是主動出擊。他深知，能在晚間新聞時段取得主導地位的電視台，就能佔有整個晚間時段的支配地位，因

為會在晚上六點鐘打開電視頻道的觀眾，往往會一直停留在同一個頻道，直到上床睡覺前為止。墨菲推斷，能吸引到最多觀眾的電視台，應該也能吸引到本地汽車經銷商與雜貨店的最多廣告預算。

而為了在本地新聞時段取得支配地位，墨菲必須花錢吸引最頂尖的新聞編輯人才，並打造最美觀的布景。儘管如此，他也深知，一旦這些人才和布景到位，這個成本結構就會固定下來，屆時，墨菲從競爭者手中搶來的所有新廣告收入，都可能讓公司獲得 100％的邊際利潤。

墨菲一開始執行這項策略後，情勢就清楚顯示他的推理是正確的。首都城市的新聞編輯室支出雖是業界最高，它的邊際利潤率也領先群倫。地方性電視台的平均營業利潤率為 25％，但墨菲所屬電視台的營業利潤率卻是這個數字的兩倍。

瞭解驅動股東價值的因子

誠如首都城市的邊際利潤所示，墨菲深知如何打造一家績效超前的企業。墨菲不僅帶領首都城市成長為產業巨擘之一，在他任期內，該公司的股價複合成長率也達到大盤的兩倍。

然而，諷刺的是，要學習如何打造一個成功的財務引擎，首先不能執著於「火車頭」（譯注：即價值驅動因子）本身的細節，而是必須以中立的立場來看待那些細節。稱職經理人和卓越經理人之間的差異，在於他們在抽象與數學層面上對「價值創造」的理解。偉大的經理人不在乎自己是在電視產業還是小型電子裝置產業工作；

他們最重視的目標是「使業主變有錢」，在這個更整體的熱情驅使之
下，他們早就把自己對所屬事業的任何情感擺在第二順位。這種不
計較情感的態度，使經理人能用清晰理智的頭腦來制定決策。就這
方面來說，偉大的經理人就像價值型投資者，永遠以自律的方法與
態度來處理他們的投資。一如海科公司的曼德森父子，他們認為該
公司經營的主要業務不是生產飛機備用零件，而是經營能賺取現金
流量的業務。

　　最優秀的經理人聚焦在一個能雙雙透過損益表的支出與長期資
本投資來體現的衡量標準：資本報酬率。你不需要知道如何計算資
本報酬率（衡量這項指標的方法有很多種）。然而，如果你真心想挑
選出長期投資贏家，就應該要瞭解資本報酬率是怎麼算出來的，也
要瞭解為何這項比率很重要。

稅後淨營業利益 ÷ 淨投入資本＝資本報酬率

　　分子很簡單，就是一家公司在不理會利息成本的情況下的當期
盈餘。這是資本報酬率裡的「報酬」。分母──「資本」──則是公
司為了獲取這項報酬而必須投資的資金金額。

　　假定我們在週末期間給孩子們 25 美元設置一個小小的檸檬水攤
位。這 25 美元就代表他們的「資本」，他們會利用這筆錢購買檸檬、
糖、紙杯等等。多數父母都樂意放手讓孩子們自由發揮，不過，重
視財務教育的父母可能會在星期天晚上收攤後，問孩子們一系列問
題。「我們投資 25 美元到你們的檸檬水攤位：那筆資本的報酬是多

少？你們的利潤有多少？1 美元？2.5 美元？還是 5 美元？」

1 美元的利潤代表 4％的資本報酬率（1 除以 25），那挺遜的；2.5 美元的報酬就代表他們的資本報酬率是 10％，這符合平均水準；5 美元的報酬則相當於 20％的資本報酬率，如果達到這樣的水準，那就挺優秀了。海科公司的資本報酬率就落在這個區間。

如果你們鍥而不捨地質詢孩子們上述疑問，那麼你們絕對堪稱古怪的父母。然而，在問那些問題的同時，你們也等於是和他們分享了一個只有最優秀經理人才懂的秘密：在永續的期間內，以最少金額的資產賺取愈多利潤，是衡量長期業務成就的關鍵量化指標。一如湯姆·墨菲曾說的：「目標，」「並不是要擁有最長的列車，而是要以最少的油料，最先抵達車站。」

然而，請務必留意，高報酬必然會引來競爭，所以，如果你的孩子們在星期六賺到 5 美元，你可能會問：「鄰居的孩子們有沒有注意到你們賺這麼多錢，並因此在星期天選在對街設置了另一個檸檬水攤位？他們的訂價是不是低於你們的——如果是，你們打算如何應戰？你們的品牌有沒有強到足以讓顧客不變心？或者你們需不需要募集更多資本來投資廣告用的標牌？」

不管你的業務是牽涉到檸檬水攤位、風電場或約會應用程式，決定如何以「報酬最大化」的方式來花公司資金的那種藝術，就是所謂的「資本配置」（capital allocation）決策。別被這個用語嚇到，它只是一個沒有生命的用語，千萬別因此而打退堂鼓。你必須找到瞭解如何善加配置資本的經理人，這是必要的。有能力經營日常業務的高階執行主管比比皆是，但知道如何善加部署公司資源的經理

人，則猶如鳳毛麟角，少之又少。

　　資本配置的關鍵環節之一，是釐清公司是否要從事合併與收購活動、何時與如何進行那些合併與收購，因為作為收購者的企業可能得花費鉅額的資本支出。墨菲是這方面的行家，他很清楚要如何把這件事做得盡善盡美。墨菲經營首都城市和 ABC 期間，整個廣播產業正積極整併，但墨菲深知何時應該參與整併，何時又該作壁上觀。他就像個優質的投資人，經常等到「市場先生」給他大好機會時──也就是能以極低價格買入標的企業的機會──才出手。那類機會經常只在經濟衰退期間才出現，因為廣告市場向來會在經濟衰退時期跌落谷底，而廣告市場的不景氣，會進而促使廣播業者的利潤暫時陷入低迷。而儘管墨菲曾參與過數十項媒體資產的競標，他卻從未在拍賣會上勝出──因為他從來都不是最高出價者。

　　另外，你可以觀察企業經理人是以糟蹋或呵護的態度處理自家公司的股票，這是另一個衡量經理人素質的關鍵衡量標準。當企業以換股的方式來取代合併所需支付的價金，通常會傷害到公司的資本報酬率，並對公司原股東持有的局部所有權造成稀釋效果。如果一家公司的總股份是一百股，我持有其中五股，那就代表我持有該公司 5％的股份；但如果該公司另外發行一百股的股份，我的所有權就會降到 2.5％。墨菲從未使用公司的股票來購買另一家公司；他向來是以借貸資金來進行收購，而且，待交易完成後，墨菲就會陸續使用首都城市的現金流量來償還他舉借的債務。

　　如果墨菲無法找到具吸引力的收購候選企業，他就會購買他最熟悉的企業：自家公司。買回庫藏股和發行公司股份是相反的作為：

買回股票會使公司的總股數減少，個別股東局部所有權佔總股權的比例會因此上升。這也對公司的資本報酬率非常有利，因為當一家公司利用剩餘現金買回庫藏股，就會使資本額降低，相對使資本報酬率提高。墨菲在三十年期間內，透過公開市場買回了首都城市的近 50％股份，而且經常是以他購買其他媒體資產的方式買回自家股份──也就是等到「市場先生」舉辦大拍賣時買回。

墨菲也沒有配發很多股票選擇權給他自己和其他員工。他深知，公司配發給員工的每一單位股份，都會對現有業主的權益造成稀釋。我們應該檢視企業高階執行主管以多少員工配股來獎勵員工乃至他們本人，這是測試經營管理團隊素質的另一個好指標，從這項指標便可清楚區分哪些人在撈油水，哪些人又是忠實的管家。巴菲特曾說，當企業以股票選擇權或限制股票單位（restricted stock units）等形式，發行相當於當期流通在外股份的 1％以上的新股份給員工，就有明顯有過度慷慨之嫌。一如往常，他的邏輯非常清晰：如果一家公司一年成長 10％，員工每年卻得到 2％的無償配股，那麼，公司實際上等於將它的 20％成長免費贈送給員工。不意外的，墨菲執掌首都城市期間，該公司每年的員工配股平均只落在當期總流通在外股數的 1％上下。

雖然我認為巴菲特所說的 1％原則相當合理，但我還是必須備註一下，科技公司比較難維持這個標準。每年對員工發放 3％至 5％無償配股的科技公司並不罕見。但如果要巴菲特和墨菲配發那樣的配股比率，他們應該會感到無地自容──甚至有可能詛咒那樣的作法。

不過，儘管上述員工無償配股比率顯得科技公司好像總是揮

霍無度，我們卻應該從很多科技公司的草創背景來評估這些配股政策。多數新創企業都面臨現金拮据的問題，那些企業可用來獎勵員工的唯一通貨，就是股票選擇權。另外，科技公司成長速度遠比一般美國企業快，這個因素也有助於減輕這個問題的嚴重性（譯注：以高成長來彌補現有股東權益被員工配股稀釋的程度）。

儘管如此，我們還是必須以警戒的態度來審視科技產業特有的配股政策。伊隆‧馬斯克是個工程天才，但我永遠不可能投資一毛錢到他經營的任何一家公司。一直以來，他和他的董事會明顯不尊重其他股東。舉個例子，2018 年時，特斯拉的董事會通過對馬斯克發放兩千萬單位的股票選擇權，根據該公司董事會的說法，那是「為了鼓勵他長期繼續領導特斯拉的誘因」。那些選擇權（當時價值 23 億美元）導致現有股東的權益被稀釋了 12％，而他們對馬斯克發放那些配股的邏輯，更可謂荒謬絕倫。在此之前，馬斯克已經持有幾近四千萬股的股份，換言之，他持有該公司 20％以上的股份。在這種情況下，他還需要更多誘因才能好好經營特斯拉嗎？

幸好到目前為止，法院還拒絕阻止特斯拉的股東就該公司違反受託人責任（fiduciary duty）以及律師所謂「不當自肥」等兩個案件對該公司提出訴訟。

傑夫‧貝佐斯：
將老派財務觀應用到數位世界

湯姆‧墨菲的故事非常發人深省且激勵人心，但那畢竟已是陳

年往事。電視網永遠不可能再次獲得它們曾在這個世界上擁有的經濟與文化地位，因為它們的業務是眾多被數位時代取代的業務之一。

幸好有幾位經營第三代價值型企業的經理人繼續展現了墨菲的智慧。這些經理人也擁有和墨菲一模一樣的特質：正直、善盡管理人職責，以及精於財富創造之道。我將以亞馬遜創辦人貝佐斯作為示例，說明數位經濟體系中的這些優質經理人屬性，以期幫助你找出由優質經理人管理的企業。

貝佐斯和其他科技創業家之間的差異，在於他剛成年不久時所選擇的職涯途徑與一般科技創業家不同。幾乎所有數位企業的創辦人，都是直接以某個大學電腦科學計畫為起點，進而創辦他們自己的企業，而他們通常不太懂財務。相反的，貝佐斯是從一檔避險基金展開他的專業生涯。在華爾街的那段日子，讓他學會諸如資本報酬率等重要的量化衡量標準，並領略到諸如「市場先生」等很多重要的質化與經驗衡量標準。貝佐斯是巴菲特的粉絲，他是在相當熟稔財務原則後才創辦亞馬遜，不過，一如所有取得電氣工程碩士學位的創業家，他也深諳數位領域的知識。貝佐斯將老派財務真理和他對現代線上商務的知識結合在一起，最終成為全球首富之一。

貝佐斯從開始經營亞馬遜的第一天開始，就清楚表現出他不僅準備好要秉持和業主一樣的思維，並採取業主會採取的行動，更知道怎麼做到這兩點。從他的第一封致股東信函便明顯可見，當時年僅三十三歲的貝佐斯，早已將新經濟與舊經濟原則融合在一起。巴菲特在 1951 年的《商業與金融年鑑》裡分析政府員工保險公司的那篇文章，絕對是一篇出眾的文件，相同的，貝佐斯的第一封致股東

信函，簡直就像是擺脫財務無知與華爾街短線思維的一篇獨立宣言（Declaration of Independence）。貝佐斯非常重視那封信，所以，他在亞馬遜後續的每一份年報中，重新印上那封信，而他這麼做是正確的。貝佐斯只用區區一千五百個英文字，檢視了幾乎每一類的管理特質。

　　閱讀過亞馬遜有史以來第一份致股東信函的以下摘錄內容，並將當中的概念加以內化後，你也會有能力找出少數懷抱類似成熟縝密思維的科技業高階執行主管。

　　● **秉持和業主一樣的思維，並採取和業主會採取的行動。**「我們知道，公司的成就主要將取決於我們吸引並留下進取的員工群的能力，每一位員工都必須秉持和業主一樣的思維，並必須實際上成為業主。」

　　● **錢要花得精明且目標明確。**「我們將努力保持明智的支出習性，並維持精簡文化。我們瞭解持續強化成本意識的文化是多麼重要，尤其是在一個發生營業淨損的事業。」

　　● **瞭解諸如資本報酬率等財務衡量標準與諸如競爭優勢等較質化的衡量指標之間的交互作用。**「我們將聚焦在成長，但也會重視長期獲利能力與資本管理，期許能做到兩者並重。在現階段，我們選擇以成長為優先，因為我們相信「規模」是實現本公司商業模型之最大潛力的核心要素。」

　　● **爭取先發者優勢與規模，接著再利用這兩者來促進更高的資本報酬率。**「我們的市場領導地位愈強盛，經濟模型的力量就愈

強大。市場領導地位能直接轉化為較高的營業收入、較高的獲利能力……乃至對應的較高投資資本報酬率。」

●**為了長期而投資**。「我們將繼續基於長期市場領導地位的考量來制定投資決策，而不是根據短期獲利能力或是華爾街的短期反應等考量來制定決策。」

●**以長期的股票市場成就來評斷你的功過**。「我們相信，衡量成敗的基本衡量指標之一，將是我們長期日積月累的股東價值。這項價值將直接取決於我們擴展與鞏固當前市場領導地位的能力。」

貝佐斯在後續的致股東信函中，繼續光芒四射地展現出他那結合紀律與成熟縝密的特質。在 2014 年的致股東信函中，他開宗明義便寫道：「致我們的股東」「一項『夢幻』事業至少具備四種特性。消費者喜愛、能成長到非常大的規模、優異的資本報酬率，以及經得起時間考驗──擁有持續營運數十年的潛力。當你找到具備這些四種特性的『夢幻』事業，千萬不要只是和它約約會，要跟它結婚。」這就是第三代價值型投資！他在 2020 年寫道：「任何未能為它所接觸的人事物創造價值的企業，即使表面上很成功，它在這個世上的日子也不會長久，隨時會被淘汰出局。」

‧‧‧‧‧‧‧‧‧‧‧‧‧‧‧‧‧‧‧‧‧‧‧

有些人抱怨貝佐斯過度壓榨員工，那或許是事實。然而，他向來以身作則，不會要求員工做他不要求自己做的事。他總是鍥而不捨地積極創造股東價值，而且他深諳創造股東價值之道。一如墨

菲,貝佐斯發給自己的薪酬並不算過份;貝佐斯不像馬斯克,他從未接受公司配發的任何股票選擇權。想必貝佐斯是這麼想的:我已擁有10%的亞馬遜——目前這些股份價值1,700億美元——這對我的獎勵已經足夠。同樣令人印象深刻的是,貝佐斯將公司配發的員工選擇權數量,控制在總流通在外股數的1%至2%的水準——那是還算容易管理的水準。

至於貝佐斯的年薪,根據亞馬遜最新的委託書申報文件,貝佐斯的年度薪酬為170萬美元——但那包括160萬美元的保鏢小組費用。2020年,貝佐斯實際的現金收入是81,480美元,只比他二十五年前的起薪高3%。在此同時,在那二十五年間,亞馬遜的股價已成長了219,900%。因此,儘管貝佐斯個人薪資的年度複合成長率只有0.1%,他持有的亞馬遜股份,卻享受了高達38%的年度複合成長率。

第七章

價格與第三代價值型投資工具箱

2021 年，貝佐斯自我升遷為亞馬遜的董事長，但在他擔任執行長期間，他和所有精於財務的高階執行主管一樣，參考了幾個簡單的標準，來確保自己隨時清楚瞭解他為股東創造了多少價值。資本報酬率和邊際利潤率都是檯面上的數字，不過，如果他只靠公司申報的財務數字來做判斷，亞馬遜可能老早就關門大吉了，因為自亞馬遜成立迄今，它申報的盈餘和資本報酬率，有長達三分之一的時間是負數。

一如非常多高階執行主管，貝佐斯必須調整該公司的財務報表，才能瞭解公司的實際營運狀況。如果我們想要掌握諸如亞馬遜那種數位企業創造了什麼價值，一定也要調整那些企業的財務報表數字。

亞馬遜真的轉虧為盈後，它的資本報酬率一直都得以維持在非常好的水準，因為它的龐大配銷網路，其實主要是靠其他人的資金來建立的。這是拜一種所謂「負營運資金」（negative working capital）

現象所賜；所謂負營運資金的情境是：企業收到顧客支付的現金後，要過一段時間才需要付款給供應商。具體來說，亞馬遜的顧客在購物後就當場付款，但亞馬遜利用它的市場勢力，延後付款給書商、電子產品製造商等等。這種營運模式的結果，就是一種「流入現金高於流出現金」的飛輪——負營運資金——而有幸採用這種模式的企業，也得以用這些現金來支應營運所需的用度。

　　然而，即使是在亞馬遜轉虧為盈後，若以當期本益比來算，它的股價還是偏向昂貴。從下表便可見一斑：表中是亞馬遜公司從1997年至2020年的年中股價除以年度盈餘的數字。以這個標準來說，亞馬遜的股票平均一向比大盤指數貴接近十倍，儘管如此，該公司的股票自IPO後，還是增值了超過兩千三百倍。同時期的大盤總報酬則只有八倍。

　　這個巨大的落差令人不由得產生兩個顯而易見的疑問：

- 一檔向來比大盤貴十倍的股票，如何能創造比大盤好且接近三百倍的績效？
- 在價格明顯昂貴的情況下，身為價值型投資人的我，如何能理直氣壯地持有這檔股票？

　　這個問題的答案非常有助於解答一個謎題：為何價值型投資法向來未能理解科技公司的價值。而這些答案也為我們指引了幾個改良價值型投資法的具體管道，經過改良後，新的價值型投資法將成為數位世界的有效投資工具之一。

亞馬遜從頭到尾都很貴

亞馬遜本益比 vs. 市場本益比

N/A ＝沒有盈餘

	1997 年	1998 年	1999 年	2000 年	2001 年	2002 年	2003 年	2004 年
亞馬遜	N/A	N/A	N/A	N/A	N/A	N/A	214 倍	89 倍
標普 500 指數	22 倍	26 倍	30 倍	27 倍	23 倍	24 倍	20 倍	19 倍

	2005 年	2006 年	2007 年	2008 年	2009 年	2010 年	2011 年	2012 年
	36 倍	61 倍	152 倍	65 倍	60 倍	52 倍	81 倍	167 倍
	17 倍	16 倍	17 倍	19 倍	18 倍	14 倍	15 倍	14 倍

	2013 年	2014 年	2015 年	2016 年	2017 年	2018 年	2019 年	2020 年
	734 倍	529 倍	N/A	569 倍	197 倍	373 倍	94 倍	120 倍
	16 倍	18 倍	18 倍	20 倍	21 倍	20 倍	19 倍	24 倍

	平均
亞馬遜	211 倍
標普 500 指數	22 倍

資料來源：輝盛研究系統公司

　　在第三代價值型投資法的框架下，價格還是必要的根本元素。我不像成長型投資人那樣，建議漠視「價格」要素，完全只著眼於企業的未來。我也不認為應該純粹因為科技公司的股票繼續上漲，而根據動能型投資策略來「購買科技股」。在價值型投資人眼中，市場上隨時都有價格高到就算擁有最優質業務都不值得介入的企業／股票。你可能因為第五大道（Fifth Avenue）上一間閣樓擁有中央公園無敵美景以及非常多房間而愛上它，但如果仲介對你開價 50 億美元，甩頭離開才是明智的。

　　然而，我們也必須承認，作為當今的價值型投資人，我們缺乏

必要的數字佐證可清晰解釋數位時代如何能創造出那麼大的財富。
以價值衡量標準而言顯得昂貴但又長期打敗市場的股票並不只是亞
馬遜。市面上有數百家大大小小的科技公司雖然只申報非常少的盈
餘甚至零盈餘，它們的股價表現卻依舊超前。價值型投資法必須把
這個事實列入考慮，同時也要承認，目前為止，價值型投資法還缺
乏分析那類企業的必要工具。一旦我們承認這個現實，也就能一一
檢視價值型投資法的工具箱，判斷哪些工具到現在依舊有效，哪些
已經無效，還有哪些工具必須經過調整後才能使用。

宜擱置的評價工具

淨值比與其他以資產為本的衡量標準。當初巴菲特將評估焦點
從一家企業的資產轉為盈餘時，便形同否定了他的良師益友（葛拉
漢）的投資框架，並摒棄了第一代價值型投資法，改採第二代價值
型投資法。從那時開始，經濟體系變得愈來愈不那麼依賴有形的實
體資產，班‧葛拉漢那種以資產為本的方法也變得較不具實用性。

然而，令人訝異的是，到現在還有非常多價值型投資人仍堅持
這種以資產為本的過時紀律。我最近讀了一篇力促我購買安道拓公
司（Adient）的研究報告，它是世界上最大的汽車座椅製造商，而推
薦者所持的理由是，若以該公司擁有的工廠和存貨價值來推估，它
的股票非常便宜。這篇報告的作者希望我不要理會安道拓公司幾個
令人卻步的事實：它隸屬成熟、大宗商品化且高度競爭的產業、它
的淨利率只有低個位數；還有，過去幾年它的資本報酬率一直乏善

可陳等。在當今這種「輕資產」型經濟體系，連考慮是否要投資那樣一家既老舊又破落的企業，似乎都有自討苦吃之嫌，何況是真的出手投資。

若能擱置葛拉漢那種以資產為本的方法，還能獲得一個次要的利益：這讓我們得以區分葛拉漢亙久的貢獻以及他一時的貢獻。班‧葛拉漢的真正遺產並不是他傳授給我們的具體紀律，他的真正貢獻在於他向投資人引介了**紀律的概念**。

即使進入當前的數位時代，投資紀律與嚴謹度的重要性並沒有改變，至於要遵守什麼具體的紀律或保持多具體的嚴謹度，則應該保持機動與彈性。隨著這個世界改變，紀律與嚴謹度也必須改變。資本密集的工廠曾是驅動世界經濟價值的主要力量，但如今情況已經改變。驅動當今經濟體系的主要力量是軟體，而由於軟體只需要較少的資產就能創造巨大的收益源流，所以，實體資產多半已變得無關緊要。[12]

然而，主張徹底放棄以資產為本的衡量標準，卻也可能是錯誤的。在市場面臨極端壓力的時期，企業的股票偶爾會下跌到相對其資產價值而言極具吸引力的價格。舉個例子，在網路泡沫破滅時，我以相當於蘋果公司的「現金加矽谷房地產之清算價值」的價格，買到該公司的股票。另外，2009 年時，由於市場極度恐慌，我才得

---

12 有很多專門探討這個主題的書，包括強納森‧哈斯克爾（Jonathan Haskel）以及史蒂安‧韋斯萊克（Stian Westlake）合著的《沒有資本的資本主義：無形經濟的崛起》（*Capitalism Without Capital: The Rise of the Intangible Economy*），我推薦閱讀這本書。

以用低於「流動資產價值減去所有負債」的價格，買到中價位手錶市場中向來穩紮穩打的摩凡陀公司（Movado）的股票。那一場金融危機讓我找到了當今生態系統中最罕見的物種：典型的葛拉漢「net net」股票，也就是市價低於淨流動資產價值的股票。

因此，儘管基本上我們不該以資產評價作為評估的標準，卻還是要把這項工具暫時擱在工具箱裡，等到有朝一日「市場先生」嚴重驚恐之際，再把它拿出來使用。

回歸均值。對投資人來說，當經濟環境沒有太大變化時，抱持「這次有所不同」的心態是非常危險的。因為在那樣的時期，各個產業部門雖會輪流受到青睞或失寵，最終卻還是會回歸正常，所以，打敗市場的訣竅是輪流投資這些產業部門。

然而，隨著數位時代在二十一世紀初的某個時期達到臨界質量後，「這次有所不同」卻成了正確而非危險的說法。科技業已破壞了非常多曾經可靠的產業的正常興衰週期。有時候我們甚至感覺好像多數傳統經濟部門都遭到攻擊。根據普徠仕公司（T. Rowe Price）的投資組合經理大衛・格勞斯（David Giroux）的計算，標普 500 指數成分股中，目前至少三分之一的非科技股，目前正因科技變遷的顛覆而陷入市值嚴重縮水的危險境地。我個人甚至認為這類企業的佔比可能不只三分之一，而是接近 50％。

在這麼一個瞬息萬變的世界裡，「賭一切終將回歸正常」怎麼可能會是明智的策略？請想想，諸如實體零售商與電視廣播業者等傳統產業，要如何「回歸正常」？相反的，對於擁有競爭優勢且整體潛在市場佔有率僅有個位數百分比的科技公司而言，什麼是「正常」？

如果我說很多科技公司才剛剛達到逃逸速度（escape velocity，譯注：又稱脫離速度，指擺脫一個重力場的引力束縛且飛離該重力場的最低速度），而不是停留在某個歷史平均值附近震盪，會不會是更精確的解析？

宜保留但需加以修正的工具

　　一如巴菲特的第二代價值型投資法，第三代價值型投資法也是利用現金盈餘來作為評價的北極星。八十多年前，約翰・伯爾・威廉斯在《投資價值理論》一書裡提出的道理迄今依舊適用：所有企業的價值都等於它的未來自由現金流量（future free cash flows）總和以適當利率加以折現後的現值。然而，就實務來說，我們根本不可能合理預測多年後的自由現金流量，所以，這個說法是沒有意義的。未來不可預測，超出某個時間範圍的未來，更是完全不可知。也因如此，以當期盈餘計算而來的本益比，才會變得那麼受歡迎，但那終究是一個速成法：我以 X 元的代價，換回今天能見到的 Y 元盈餘。其他所有事一概不清不楚。

　　然而可以肯定的是，根據當期盈餘計算出來的本益比，並未能翔實體現科技公司已創造的價值。如果能，過去二十年間，第二代價值型投資人理應能掌握到亞馬遜、Alphabet 與其他科技公司，並透過這些企業獲得極端優異的報酬。但取而代之的，多數價值型經理人的績效落後市場非常多，因為他們對科技股嗤之以鼻，認為它們太「昂貴」。由於我們這些自稱價值型投資者的人沒有順應時勢地調

整我們的投資方法，所以錯過了幾乎一整個世代的價值創造。

　　我歷經 2010 年代中期的績效落後期後，決心仔細分析這項本益比工具，以便釐清為何它不再管用，也想瞭解要如何修正這項工具，才能讓它再次管用。最後，我用兩個關鍵的方法來修改本益比結構。

　　首先，我不只檢視今年和明年的盈餘，而是檢視未來幾年的盈餘。不過，這項作業並不是以對「未來」的春秋大夢為基礎。我並不打算預估超過十年甚至五年以後的盈餘，畢竟沒有人知道那麼久以後將發生什麼事。然而，由於特定數位企業擁有非常堅強的競爭護城河，而且還處於成長軌跡的早期階段，所以，我們能夠合理預測這些企業幾年內的可能業務發展狀況。未來三十六個月間，Alphabet 的業務成長可能達到什麼水準？愛彼迎、DocuSign、Adobe 以及其他數十家數位企業繼續提高它們在其所屬市場的滲透率的可能性有多高？我認為多數理性的民眾都會同意，那類公司未來幾年很可能繼續成長。

　　第二個調整更激烈且更戲劇化。這項調整牽涉到盈利能力的概念——我在第四章比較康寶濃湯和財捷軟體公司時，已經介紹過這個概念。康寶的業務已經成熟，所以它處於收成模式，但財捷軟體公司不是。康寶公司面臨緩慢成長的局面，正竭盡全力地從它的業務當中擠出最多的當期盈餘，而以它的處境來說，這個作法是恰當的。然而，財捷軟體公司則為了促進未來的盈餘成長，而部署數十億美元的支出到業務與行銷和研究與發展領域。這類支出雖奠基於健全的業務邏輯，卻會對財捷軟體公司的當期申報利潤形成不利

的影響，導致它的申報利潤遭到壓抑。

　　科技業公司普遍可見諸如此類的積極支出行為。2020 年，光是臉書、Alphabet、亞馬遜、蘋果和微軟等公司的總研發支出，就高達 1,250 億美元，這個金額比美國扣除紐約州及加州以外的所有州預算金額更高。也因如此，很多科技公司的利潤都和財捷軟體公司的利潤一樣，遭到不自然的人為壓抑。舉個例子，沃爾瑪申報的利潤率是亞馬遜電子商務部利潤率的三倍——有任何人相信一家實體零售商的獲利能力，天生就達到數位零售商的三倍嗎？沃爾瑪必須維護成千上萬家實體店面，並支付數百萬名員工的薪資，在這個情況下，它透過每 1 美元銷貨收入所獲得的盈餘，有可能高達某線上零售商的三倍嗎？那樣的數字說得通嗎？如果你選擇一味聚焦在亞馬遜的申報盈餘，那就代表你默認那個數字是有道理的。

　　隨著數位時代展開，情勢愈來愈清楚顯示，科技公司的當期損益表，並非衡量這些企業創造自由現金流量的長期能力的可靠指標。本益比依舊是評估企業價值的好用速成工具之一，不過，我們必須適當調整數位企業的損益表，才能真正釐清它們的盈利能力。盈利能力分析便是旨在釐清諸如財捷軟體公司與亞馬遜等企業，若不投資數十億美元來促進其所屬市場的成長，將擁有多大的根本獲利潛力。

　　很多人嘲弄那類支出是莽撞且輕率的支出，但二十年的經驗證明，科技業高階執行主管進行諸如此類投資是正確的，科技公司不是因為愚蠢或瘋狂而每年花費那麼鉅額的支出，而是在理性權衡下決定花那些錢。科技業高階執行主管是歷史上最數據導向的一群

人。他們花錢是因為他們相信,整體而言,那些投資最終將實現良好的資本報酬。然而,投資人卻因當今不合時宜的會計慣例而看不見那些潛在的報酬。無論如何,我們應該以正確的歷史脈絡來看待這些被宣傳為一般公認會計原則(generally accepted accounting principles,以下簡稱 GAAP)的規則。

1929 年股市崩盤與大蕭條之後,政府創立了 SEC,接著,該委員會奉命設定會計準則。SEC 將這個責任委託給會計專業,從那時候開始,會計專業頒佈了幾個標準作業版本,最近的一個版本便是 GAAP。

雖然 GAAP 不斷修訂,它的根源終究始於工業世代,而且未能順應時勢地隨著二十一世紀初的事實——也就是經濟體系趨向數位化——來進行必要的調整。一如較年老的投資人,GAAP 較適用於舊經濟型企業的會計作業,當它被應用到新型企業時,的確是有所不足。結果,GAAP 獎勵諸如廠房等舊經濟型投資案,但懲罰研究與發展等新經濟型支出項目。

具體來說,根據 GAAP 的規定,幾乎 100%的研發與行銷支出都必須在發生的當期列為費用,但它卻允許企業以分年折舊的方式,用許多年慢慢提列諸如房地產、廠房與設備等實體資產的支出。所謂折舊就是指費用的攤銷,說難聽一點就是慢慢消磨致死;所以,當一家企業為一項資產提列折舊,代表它只是分批逐步認列那一項資產的費用。諸如工廠等舊經濟型資產被視為長期投資,所以,花費在工廠的支出可以用二十至三十年的時間,慢慢認列到損益表。然而,科技業公司對工廠的需求比較低;科技企業的最大投資是和

開發與行銷產品有關的投資——但根據 GAAP，多數這類費用一旦發生，就必須立即認列為當期費用。

　　上述不同會計處理方式，導致舊經濟型企業的損益表和數位企業的損益表之間存在驚人的差異。如果一家工業公司投資 1 億美元到一座估計耐用年限二十五年的廠房，它一年只需要針對那一座廠房認列 400 萬美元的費用。相反的，如果一家科技公司花了 1 億美元進行消費者研究與開發，它就必須立即將那 1 億美元的支出，全數列為當期的費用。如果這兩家公司雙雙能創造 1 億美元的營收，且沒有其他費用發生，該工業公司的利潤將是 9,600 萬美元，而誠如下圖所示，這家科技公司的利潤將是零。

不同會計方法＝不同結果

	工業企業	數位企業
營收	1 億美元	1 億美元
費用	400 萬美元	1 億美元
營業利益	9,600 萬美元	—

　　這是毫無意義的結果，卻是 GAAP 架構下的正確結果。當今的會計規則使舊經濟型企業的損益表看起來不合理地吸引人，但使新經濟型企業看起來不合理地難看。

　　由於 GAAP 造成的扭曲很多，且扭曲程度過大，所以企業界各個不同領域已開始有人建議設法補救，以使會計變得和經濟現實更加契合。一個世代前，班尼特·史都華（Bennett Stewart）諮詢顧問為這個世界導入經濟附加價值（economic value added，以下簡稱

EVA）原則，這項原則以五年以上的時間來提列多數研發費用，並以三年以上的時間提列多數行銷費用，從而改造了財務報表。EVA 的工具讓投資人得以自行調整損益表，儘管如此，某些會計師認為，全面翻修 GAAP 的時機已經成熟，因為唯有全面翻修這套規則，才能正確衡量數位時代的企業利潤與虧損。巴魯克‧列夫與谷峰（Feng Gu）等兩位教授，已就這個主題寫了一本引起各方熱議的書，這本書不僅引發熱議，它的標題也非常聳動：《會計之死》（*The End of Accounting*）。

　　我不敢說我知道研發支出的正確壽命是三年、五年還是十年。這個問題非常難以釐清，所以，我決定把這個問題留給監督 GAAP 的人。然而，我卻知道，在當今的經濟體系之下，認定很多研發支出的壽命只有一年，絕對是錯誤的。根據過去的經驗，研究與開發支出向來被立即認列為當期費用，原因是，以前那類支出被視為高風險的投機性支出（當時這個觀點是正確的）——不過，世界已經改變。當今科技公司的支出中，純屬「研究」的支出較少，屬於「開發」的支出則較多。開發活動的投機／風險性遠低於研究活動；根據定義，開發是指落實已經測試有效的概念。Alphabet 用來改善搜尋引擎的每 1 美元支出，只能產生三百六十五天的回報嗎？當微軟公司花錢改善它的 Office 工具組合時，該公司因此獲得的利益只能持續一年嗎？那種斷然的主張就好像律師很喜歡說的一句話——一看就很荒謬——問題是，當前的會計規則就是用那種一看就很荒謬的方式處理那類支出。

　　因此，某些數位企業基於內部使用的目的，漠視 GAAP 的不合

理規則，重新計算它們的財務報表，而這麼做是明智的。其中很多
企業使用所謂「終生價值（LTV）／顧客獲取成本（CAC）」的衡量
標準，這聽起來很複雜，但這個解決方案實際上只是把行銷「支出」
轉化為行銷「投資」罷了。諸如財捷軟體公司等企業為了衡量其營
運效能，不再把行銷支出列在當期損益表上，而是將它轉化為一種
資本支出。其中，財捷軟體公司希望它為了獲取一位新顧客而支出
的每 1 美元（即顧客獲取成本〔 customer acquisition cost，或稱使用
者獲取成本、獲客成本，以下簡稱 CAC 〕），能讓它從那位新顧客
身上獲得 3 美元的終生營收（即終生價值〔 lifetime value，以下簡稱
LTV 〕）。假定該公司達到這個目標，再假設它的淨利率為 20％，那
麼，財捷軟體公司每 1 美元的投資，將能獲得 60 美分的收益，也就
是 60％的資本報酬率。

那已是絕佳的報酬，只不過，我們無法在財捷軟體公司的財務
報表上清楚見到這項報酬，因為財捷軟體公司的行銷支出全數被認
列為當期費用，而不是被資本化（ capitalized ）並分期提列為折舊費用。

LTV ／ CAC 聽起來像個新奇的衡量標準，想當然爾，老派的價
值型投資人一定會質問：「你怎麼知道一個顧客的終生價值是多少？」
然而，我們不需要什麼神奇的思考能力也能做出那類估計和調整；
只要能**理性思考**的人，就有能力作那種調整。從葛拉漢、貝佐斯乃
至巴菲特等分析師，都會在符合經濟現實的需要時，重新配置財務
報表。

關於重新配置財務報表，最好的例子之一是政府員工保險公
司，它是 1951 年的巴菲特最鍾愛的一檔證券。巴菲特終其一生職

涯，都在公開市場上購買政府員工保險公司的股份，到 1995 年時，波克夏·海瑟威公司終於持有該公司 51％的股權。那一年，他買下剩餘的所有股權，從此以後，政府員工保險公司成了波克夏公司的眾多獨資子公司之一。

在政府員工保險公司公開掛牌的最後一年，它的淨利達 2.5 億美元，而它的廣告與行銷支出則是 3,300 萬美元，這筆金額一分一毫不差地依照 GAAP，被認列為當期費用。四年後，成為波克夏子公司的政府員工保險公司，申報它的行銷支出增加到接近 2.5 億美元，幾乎等於該公司在短短幾年前的全部盈餘。那意味政府員工保險公司此時一毛錢也沒賺嗎？或者那意味巴菲特**知道政府員工保險公司的行銷支出能在未來帶進更多的利潤，因此蓄意把當期盈餘大量耗用在這項支出上？**

當然，後者才是正確答案。在數位時代來臨前，巴菲特便已看出政府員工保險公司是少數既具競爭優勢又有指數成長潛力的企業之一。因此，他選擇了和當前的科技公司相同的前進方式：他以經濟現實為重，將會計慣例視為次要的考量，並為了未來而大量投資。巴菲特深知，如果他今天花的行銷支出，能在未來許多年爭取到讓公司得以賺錢的顧客，就算當期盈餘遭到壓抑也無所謂。他在 1999 年的年度股東大會信函中，提出了詳細的說法。他寫道：「雖然政府員工保險公司的內在價值應該會以令人非常滿意的幅度成長，」「但它目前的（利潤）績效幾乎肯定會減弱。那是……因為我們將大幅增加我們的行銷支出。」

巴菲特這一番話就好像說……該死的會計規則，我投資行銷

支出是因為它就經濟層面來說是合理的。即使這種投資會導致當期盈餘受到壓抑，巴菲特還是相信新增的支出將使未來的政府員工保險公司變得更有價值。如此看來，巴菲特在一個世代以前所做的決策，和當今 Adobe 乃至 Zoom 等眾多科技業高階執行主管所做的決策，似乎沒有任何差異。

第八章

盈利能力：亞馬遜公司個案研究

　　從我展開職業生涯以來，我一共買進又賣出亞馬遜的股票六次，我幾度買它的原因都是基於它的業務和經營管理品質非常好，幾度賣它的原因也都是基於它的股價看起來太貴了。此時此刻看來，情況清楚顯示，我的第一個直覺是正確的，第二個則是錯的。一直到我把業務品質與盈利能力的概念結合在一起後，我才終於敢放心長期持有亞馬遜。

　　2020 年年初，冠狀病毒危機導致亞馬遜的股價下跌了接近25％，但當時的亞馬遜看起來還是一如往常地貴。市場要求我以大約每股 2,000 美元的價格購買亞馬遜的股份；在此同時，該公司剛剛申報了根據 GAAP 所結算出來的 2019 年淨利，相當於每股 23 美元。據此計算，當時亞馬遜的本益比接近九十倍，那是當時所有公開掛牌交易企業的平均本益比的五倍。

　　有了我的新工具——盈利能力指標——加持，我決定調整亞馬遜的申報財務數字，以便釐清它的根本盈利潛力可能有多高。我知

道亞馬遜為了未來發展而花費的支出遠多於一般企業。我也知道，會計規則因亞馬遜公司某些理當被視為「長期投資」的現金支出而懲罰它。因此，我知道亞馬遜的盈利能力很有可能遠高於它申報的每股盈餘：23美元。但究竟高多少？作為一名價值型投資人，我必須量化那個數字，不能只憑猜測。

由此衍生的練習牽涉到兩個步驟，但這兩個步驟都不需要使用複雜的數學，而且，這個練習也不是取決於任何神祕的資訊。事實上，我一開始需要的所有數據，幾乎全部來自亞馬遜2019年SEC申報資料的第六十七頁與第六十八頁內容。

首先，我從申報資料來推估該公司未來三年的銷貨收入。第二，我重新調整申報盈餘數字，將它調整為較能反映亞馬遜盈利能力的合理估計值。在處理這些步驟的過程中，我並沒有翻修會計規則，而且沒有使用班尼特・史都華的EVA框架。我只是試著使用我的常識。我問自己，如果亞馬遜是一家處於「收成模式」的成熟企業，它申報的獲利能力會是如何？我過去經常持有處於類似情境的公開掛牌企業，那些經驗相當有助於交叉檢核我的推測是否和經濟現實一致。

儘管這些調整並不複雜，但經過調整後，亞馬遜明顯通過業務品質和經營管理素質的檢驗，更通過價格的檢驗。我的結論是，以亞馬遜申報的當期盈餘來說，它的本益比接近九十倍，乍看之下明顯昂貴，但若使用盈利能力來評估，它的本益比只有十五倍。這個倍數不僅遠低於我的BMP的價格門檻，還使亞馬遜顯得比一般美國股票便宜。

第一步：
將亞馬遜的營業收入推延（roll forward）三年

當我以亞馬遜 2019 年的營收來預測未來三年的營收，我似乎聽到內心那個老派的價值分析師質問我：「你要如何推估你看不見的東西？」每一位價值型投資人都深信「一鳥在手勝過二鳥在林」的道理，那是他們所受的訓練使然。然而，當我細心觀察過亞馬遜的兩項主要業務後，我發現根據當前的成長率來推估未來幾年的營運成長，似乎不算激進。就分析的目的來說，那似乎是正確的作法。

事實上，推估該公司的銷貨收入將**不**成長才是不理性的。如果亞馬遜是一家成熟的企業，或者如果它的競爭地位搖搖欲墜，我就沒有任何理由做那類成長假設。

不過，網路購物顯然比傳統購物方式更簡單且更便宜，何況亞馬遜更是顯而易見的電子商務領導者。即使「電子零售」業務已歷經了顯著的成長，這個區隔卻還是只佔總零售銷售金額的一小部分而已。在這個情況下，亞馬遜怎麼可能會不成長？不僅如此，亞馬遜的另一項主要業務 —— 雲端運算 —— 的動態也和前述狀況很類似。

為了保守起見，我降低了亞馬遜所有業務區隔中成長最快速的雲端運算業務的成長率：過去五年的歷史成長率是 35％，我將後續的成長率降到 30％。另外，我沒有調整該公司電子商務領域的歷史成長率（20％），因為我認為這項業務較具永續性。我感覺這樣的

假設算是保守，畢竟這場大流行傳染病正使民眾加速轉採線上商務模式。[13]

第二步：
調整亞馬遜的利潤率，以便反應經濟現實

一如波克夏・海瑟威，亞馬遜是一家擁有很多不同事業的綜合企業集團。這個綜合企業集團大傘之下，涵蓋了電子商務、諸如 Prime 付費訂購與亞馬遜音樂（Amazon Music）等訂閱服務、諸如 Alexa 與 Kindle 等硬體裝置、雲端運算，以及賣雜貨的全食超市（Whole Foods）等業務。為了讓投資人更容易瞭解這些林林總總的事業，亞馬遜將它們合併為六個主要的申報部門。以下是我在該公司2019 年 SEC 申報資料中找到的內容：

請注意，亞馬遜的申報資料上只就它的營業收入提出詳細說明；該公司並不是那麼樂於揭露營業利益的細節。在六個事業部當中，亞馬遜只揭露網路服務事業部（即其雲端部門）的利潤：即 92 億美元。以該事業部 350 億美元的營收計算，這相當於 25％的營業利潤率，算是相當健康的獲利水準，而且亞馬遜雲端事業部的營業利潤率和其他一樣需要大量資本投資的科技硬體公司的營業利潤率相當

13　兩年後再回顧，我發現我的評估真的太過保守了，至少對 2020 年的預測過於保守。雲端運算成長了 30％，和我的三年推估成長率一致。然而，大流行傳染病的爆發促使在家購物的需求大增，這使該公司的電子商務事業部加速成長，其成長率接近40％，是我預估的年化成長率的兩倍。在短短一年內，亞馬遜電子商務事業部的營業收入，已超過我推估的未來三年營收的一半。

亞馬遜公司依照事業部區分的淨銷貨收入（單位：億美元）

	2017 年	2018 年	2019 年
線上商店	1,083.54	1,229.87	1,412.47
實體店面	57.98	172.24	171.92
第三方賣方服務	318.81	427.45	537.62
訂閱服務	97.21	141.68	192.10
其他	46.53	101.08	140.85
雲端事業部	174.59	256.55	350.26
銷貨收入總計	1,778.66	2,328.87	2,805.22

資料來源：公司 SEC 申報資料

一致。由此可見，亞馬遜網路服務公司已經達到規模營運狀態，我不需要進行任何調整，就能推算出亞馬遜的合理約略盈利能力。

誠如下表所示，雲端運算事業部的營業利益佔亞馬遜公司申報之總營業利益的大宗。如果雲端事業部的營業利益為 92 億美元，整個公司的營業利益為 145 億美元，那麼，由此可知，亞馬遜的核心電子商務事業部的營業利益是 53 億美元。以 2,455 億美元的營業收入為分母來計算，這意味電子商務事業部的營業利潤率只有區區 2%。

這是亞馬遜財報中眾多看起來有誤的第一個數字。向來以割喉競爭而聲名狼藉的雜貨店領域（低利潤率行業）都擁有 2% 的利潤率。沃爾瑪公司的利潤率則有 6%。作為全球電子商務領導者的亞馬遜，有可能只擁有跟一般雜貨店一樣高的的獲利能力嗎？

我個人不怎麼相信。其中一個原因是，亞馬遜自 IPO 後便持續表示，一旦該公司的線上零售業務趨於成熟，應該能獲得 10％至

亞馬遜公司 2019 年營業收入與利潤分佈

誠如以下數學運算所示，如果你相信亞馬遜申報的財務報表，就等於認同電子商務的利潤率只有 2%。沃爾瑪的營業利潤率是 6%。有人真的相信全球主要電子商務公司的固有獲利能力，竟然只有全球主要實體零售商的三分之一嗎？

	雲端事業部	公司總計	意味電子商務事業部的數字是……
營業收入（單位：億美元）	350	2,805	2,455
營業利益（單位：億美元）	92	145	53
營業利潤率	26%	5%	**2%**

資料來源：公司 SEC 申報資料

13% 的營業利潤率。[14] 另一個原因是，沃爾瑪有一萬家實體店面需要維護；相較之下，亞馬遜只有五百家全食超市店面、少數幾家亞馬遜品牌商店，以及不到一千個配送發貨中心要維護。兩相比較之下，沃爾瑪的獲利能力怎麼可能比一家實體店面數還不到它的十分之一的公司高兩倍呢？

　　這個問題是經常很容易解決的那類二元問題之一。如果不是亞馬遜的線上業務模型出現了某種結構性漏洞，就是該公司申報的數字低列了它的實際盈利能力。我認為不管是從直覺或經由類似公司的比較而言，正確答案應該都是後者。畢竟其他較不那麼積極進取的電子零售商（例如 eBay）所申報的營業利潤率都高達 25%。

---

14 例如請見亞馬遜的 2000 年年報。「長遠來看，我們的目標是要讓擬制性（pro forma，譯注：指用過往財報上的關係來預測最新財報數字）營業利益約當淨銷貨收入的百分比達到低雙位數水準，我們的投入資本報酬率則可能達到較低的三位數水準。」

　　分析到這裡，我理當可以直接將亞馬遜公開宣稱的 10％至 13％
長期獲利能力目標，套用到它的整個電子商業部門，也可以用 eBay
的 25％營業利潤率來推算亞馬遜的狀況。但取而代之的，我決定更
深一層挖掘。該公司已提供了五個商務事業部的個別營收（但不是
利潤）揭露數字。如果我逐一檢視這些子公司的數字，並試著梳理
出每一家子公司的獲利能力概況，或許我就能更精確估計出亞馬遜
的盈利能力。事不宜遲，我馬上根據上述邏輯來解決這個問題。

　　1. 線上零售。這是亞馬遜最大且歷史最悠久的事業部，這項傳
統業務的歷史，可回溯到亞馬遜早期只銷售書籍的那個階段。2019
年時，線上零售的營收約佔整體企業營收的一半，所以，這個事業
部的利潤率非常重要，非搞清楚不可。

　　常識告訴我，這個事業部的利潤率應該至少等於沃爾瑪的利潤
率，也就是 6％。我做了幾項計算，結果似乎證明這個推論是正確
的。沃爾瑪的折舊費用 —— 象徵該公司維護實體廠房所需要花費的
金額 —— 相當於該公司年度銷貨收入的 2％。相較之下，亞馬遜的
虛擬商店並沒有有形的顧客流量，所以，假設「亞馬遜的折舊費用
和沃爾瑪比起來相對微不足道」，似乎是符合邏輯的。此外，由於亞
馬遜是經營線上業務，所以它不需要擔心「損耗」（shrink）—— 這
是零售業形容店面商品遭竊的委婉說法 —— 的問題。儘管沃爾瑪非
常努力改善偷竊問題 —— 門口迎賓人員的工作並不單純只是迎接顧
客 —— 但去年它還是因「三隻手」而損失了大約 50 億美元，換言之，
所謂的損耗，足以讓利潤率降低一個百分點。

　　如果我們從沃爾瑪的 6% 利潤率為起點，來設算亞馬遜的利潤率，那麼，必須先加上兩個百分點的折舊（因為亞馬遜不需要提列折舊費用）再加上一個百分點的損耗，那麼，亞馬遜線上零售業務的盈利能力將等於銷貨收入的 9%。那大約是沃爾瑪利獲利能力的一半，且大致和亞馬遜所稱的「低二位數」目標一致。

　　我最後為亞馬遜傳統線上商店指定的營業利潤率是 10%。10% 只比我算出來的 9% 高一點點，而且落在亞馬遜的長期目標（10% 至 13%）的低點位置。

　　以 1,400 億美元的核心電子商務銷貨收入與 10% 的利潤率來計算，就能算出亞馬遜的盈利能力為 140 億美元。那是個有趣的數字，因為它幾乎等於亞馬遜 2019 年申報的全部營業利益。

　　2. 實體店面與 3. 訂閱。當我檢視亞馬遜兩個較小的事業部（實體店面與訂閱事業部）時，情況清楚顯示，這兩項事業不會有上述那種戲劇性的變化。「實體店面」主要是指亞馬遜在 2017 年收購的全食超級市場。在進行這項購併案前，全食超市申報的營業利潤率大約落在 5% 上下，比一般雜貨店高，且與全食超市的高價優質品牌訴求一致。由於實體商店事業部的銷貨收入還不到亞馬遜公司總銷貨收入的 10%，所以，不管我為該事業部指定的利潤率是 2%、5%，或 15%，都不會影響到大局。個中的差異將不會大到足以顯著影響亞馬遜的盈利能力。

　　（由此可引申出一個重點：當你在分析企業時，一定要切實釐清你特別熱中的那個事業部是否能通過會計師所謂的「重要性

〔 materiality 〕標準」。假定你原本對全食超市非常有興趣,並認為它是驅動亞馬遜的價值的要素之一,那麼,上述數字的運算,應該就足以說服你,全食超市的貢獻還沒大到足以對亞馬遜的價值造成顯著差異。你應該時時留意,不要掉入那類陷阱。舉一個例子,或許你比較偏好 Google 的購物平台,較不喜歡亞馬遜,但說實在的,Google 的購物平台並不是驅動 Alphabet 的價值的根本因素,搜尋引擎才是。)

一如其他主要科技平台,亞馬遜並未將它的各個訂閱事業部視為利潤中心,而是將之視為維繫顧客的工具──即促使顧客繼續使用亞馬遜平台的管道。以舊式雜貨店的用語來說,亞馬遜等於是把訂閱事業部當成某種帶路貨(loss leaders)──也就是他們知道一定能吸引民眾進入商店且會吸引顧客回頭消費的那種低利潤率產品。很多民眾認為,一年只要花 139 美元的代價,就能享受亞馬遜 Prime 付費訂購的送貨服務,是相當划算的交易,而這項服務附帶提供的免費影片,更讓它顯得物超所值。亞馬遜每年花數十億美元,以許多吸引人的新節目,來提高這項串流服務的可看性。由於該公司沒有針對這項服務收費,所有,某些人可能會認為這項支出是白白浪費掉了。然而,亞馬遜卻將它視為一項好投資。該公司提供訂閱的目的,是要建立一種「轉換成本」護城河。當顧客樂於享受 Prime 影片,他們就比較不可能停用亞馬遜電子商務的年度送貨訂購服務,而那才是真正能讓亞馬遜賺錢的業務。

考量上述種種付出與收獲,我還是難以釐清亞馬遜訂閱事業部的獲利能力究竟有多高。一方面來說,Prime 付費訂購的送貨服務,

能為亞馬遜帶進數十甚至數百億美元的銷貨收入；另一方面，免運費的服務卻也讓亞馬遜付出不少成本，而且，Prime 的很多營收直接被用來購買影像內容。在眾多科技平台當中，阿里巴巴是少數為其訂閱事業部申報營業利益的平台之一，但它在這這項業務上卻是虧損的（譯注：營業利益為正數，但淨利為負數）。儘管這麼說，它並沒有要求顧客每年支付 139 美元的送貨服務費。基於這一點，我認為「亞馬遜的訂閱事業部大致上達到損益兩平」是個公允的假設，於是，我為這個事業部指定的利潤率是零。

　　4. 第三方賣家服務。當初亞馬遜剛開始經營線上業務時，它也是以舊有的經營方式，買進商品後再將之賣出，換言之，它向出版商買書，或向製造商買音樂光碟播放器，接著以成本為基礎，加上特定成數後，再設法將商品售出，以牟取中間利潤。然而，後來亞馬遜陸續對其他沒有自家線上銷售點的商家開放它的網站，而事實也證明，這項服務極度受歡迎。2000 年時，那類第三方賣家服務的銷貨收入，僅約佔亞馬遜商品銷貨收入毛額的 3％，但到 2015 年，這個數字已超過 50％。如今，該公司平台的所有銷貨收入，大約有高達三分之二來自外部商家。

　　這些第三方賣家在使用亞馬遜的平台來銷售商品的同時，必須付費給亞馬遜，而且，這項安排對該公司的獲利能力意義重大。當亞馬遜在自家網站上銷售的蛋白質能量棒或自拍棒是第三方商家（而非亞馬遜）花錢購入，亞馬遜就得以規避作為零售商的單一最大費用：商品採購費用。不僅如此，這些商家必須支付手續費給亞馬遜，

以換取他們在亞馬遜平台上從事買賣業務的權利。由於亞馬遜是電子商務領域極具支配力量的大咖，所以，賣家非常樂意──或不得不──付費換取消費者在亞馬遜上的瀏覽數。

　　總之，亞馬遜將它在網路上的店面，轉化為一個主要由其他商家為商品採購付費的銷售場所，並因此成了一個平台型企業。亞馬遜和第三方商家之間的關係，和蘋果公司與眾多應用程式開發商之間的關係相當雷同。而亞馬遜向第三方商家收取手續費的同時，幾乎不會因此衍生任何相關的費用。

　　因此，亞馬遜和蘋果一樣，已從一種相對低利潤率的「硬體」事業，自我轉型為能取得多層次獲利能力（通常只有諸如臉書和Alphabet等軟體公司才擁有這樣的獲利能力）的企業。在此引用巴菲特的比喻：亞馬遜已成了一座收費橋，光是 2019 年，它向第三方商家收取的「過路費」，就高達 540 億美元。

　　這項營收源流的利潤率是多少？亞馬遜完全沒有揭露這項資訊，不過，根據我的推測，這項營收的利潤率，應該比傳統電子商務的利潤率更高。畢竟亞馬遜本身並沒有花錢購買那些商品，所以，它向商家收取的手續費，純粹是一種額外的收益。然而，亞馬遜必須負責處理多數第三方商家訂單的倉儲、包裝與運送等作業，而那需要花很多成本。

　　eBay 是純粹的第三方經銷商，而誠如我先前提到的，該公司享有 25％的營業利潤率。那麼，我們為亞馬遜的這個事業部指定 25％的利潤率正確嗎？一方面來說，eBay 幾乎沒有從事運籌作業。它將送貨的工作交給它的第三方商家處理，所以，這個事實顯示，亞馬

遜的第三方事業部的利潤率，有可能低於 25％。另一方面，eBay 的單一最大費用是業務與行銷費用。因 eBay 缺乏亞馬遜那樣的市場勢力以及即時品牌識別度，所以它必須從每 1 美元的營收獲取 25％的利潤，才有足夠的資金可進行宣傳。相較之下，亞馬遜並沒有那樣的需求。

最後，我決定為亞馬遜第三方事業部指定的營業利潤率和 eBay 一樣：即 25％。我估計，eBay 的較高行銷成本，大約就相當於亞馬遜的較高配銷成本。不過，這個估計數字說穿了只是一個猜測，只不過，我感覺這是相當精準的猜測。如果亞馬遜傳統電子商務的利潤率是 10％，那麼，該公司第三方業務的獲利能力，很可能是這個數字的二至三倍。

為亞馬遜的第三方營收（540 億美元）指定 25％的營業利潤率後，便可算出這部分的營業利益金額大約是 140 億美元。這是另一個有趣的數字；我為亞馬遜的傳統線上事業部與第三方銷售事業部指定合理的利潤率後，發現亞馬遜的盈利能力大約是該公司申報的營業利益總額的兩倍。而且，我還沒有分析到該公司最具獲利能力的事業部：廣告。

5. 其他 —— 亦即廣告銷貨收入。 亞馬遜已將它無所不在的網路銷售點轉化為另一座強大的收費橋。由於該公司每天的線上訪客數平均高達九千萬名，它的網站自然變成愈來愈受企業歡迎的廣告場所。根據亞馬遜的申報資料，廣告收入是列在它的「其他」事業部，2019 年時，這個事業部的營業收入為 140 億美元。根據該公司 2019

年的 SEC 申報資料第六十八頁上的一個附註，這項營業收入多數來自廣告的銷售。

這項業務的獲利能力當然高於亞馬遜的第三方銷售服務。原因是，亞馬遜為第三方商家銷售商品時，還是必須支付額外的勞工成本，也得擴展配送空間來容納那些商品。然而，廣告則是在虛擬世界裡發生。除了可能要付錢請一批工程師負責將這些廣告上架以外，廣告服務幾乎不會對亞馬遜造成任何成本。

這項業務的利潤率是多少？有可能接近 100％。單純就討論的角度來說，如果我們說亞馬遜每年花 10 億美元的工程設計成本來經營這項業務，那就等於它藉這項業務獲得了高達 93％的利潤率。然而，或許「其他營收」項下的某些營收的利潤率很低。我雖然對此存疑，但保守起見，我只為這個事業部指定 50％的利潤率。這項估計值又為亞馬遜的盈利能力增添了另外 70 億美元的「柴火」。

．．．．．．．．．．．．．．．．．．．．．．．．

這項盈利能力計算練習的最終結果是什麼？誠如以下圖表所示，亞馬遜申報的電子商務利潤是 53 億美元，但它的盈利能力卻高達 350 億美元，即接近申報數字的七倍。

如果再加上亞馬遜未來三年的推估營收，這項調整對當時市場要求我支付的股價而言，隱含戲劇化的寓意：根據 2019 年申報盈餘計算的本益比是八十七倍，但如果以 2022 年的估計盈利能力計算，它當時的本益比只有十五倍，而那使得盈餘收益率從 1％上升到 7％。

如果按部就班地做過這項練習後，你還是難以放心接受財務報

2019 年亞馬遜電子商務事業部的申報盈餘

電子商務	營業收入 （億美元）	營業利潤率	營業利益 （億美元）
線上零售	1,410	未申報	—
實體店面 （全食超市）	170	未申報	—
訂閱	190	未申報	—
第三方零售	540	未申報	—
廣告	140	未申報	—
零售合計	2,450	2%	53

2019 年亞馬遜公司整體申報盈餘

	營業收入 （億美元）	營業利潤率	營業利益 （億美元，每股數據例外）
電子商務	2,450	2%	53
雲端事業部	350	26%	92
合計	2,800	5%	145
每股盈餘			23.01
2020 年 3 月股價			2,000
本益比			87 倍

資料來源：公司 SEC 申報資料之分析

2019 年盈利能力

合理營業 利潤率	營業利益 （億美元）
10%	140
2%	3
0%	—
25%	140
50%	70
14%	350

2022 年盈利能力

2022 年營業收入估計值 （億美元）	營業利潤率估計值	營業利益 （億美元，每股數據例外）
4,230	14%	600
770	26%	200
5,000	16%	800
		132
		2,000
		15 倍

表與評價的不確定性，那麼，我也無話可說。投資人本就必須習慣某種程度的朦朧感。畢竟這是一個充斥不確定性的世界，未來的發展也充斥不確定性，構成盈餘的要素自然也是不確定的。

我兒子是個工程師，他就極端無法接受這種不精準的推估數字。工程師是靠「精確」謀生，當然，追求精確一點也沒錯，畢竟一行錯誤的程式碼，就足以毀掉整套程式；另外，噴射機引擎的燃料噴嘴位置就算只是偏離一毫米，也足以導致飛機發生事故。然而，任何熟知損益表和資產負債表的人都知道，這些財務報表本就充斥著各式各樣的估計值。

在這個數位時代，把財務報表當成信條更是格外危險，因為隱藏在 GAAP 當中的舊經濟偏誤，已嚴重扭曲了企業的財務報表。事實上，在精心編製的工整表象之下，企業財務報表向來都隱藏某些剪不斷、理還亂的糊塗帳。呆帳準備、保修費用、折舊費用等，都不是精確的計算數。這些數字都只是企業不得不估列的概算值，而既稱為概算值，當然也製造了非常可觀的捏造空間。班·葛拉漢在 1937 年針對折舊準備寫了一段感想：「只要浮列或短列這些項目的備抵金額，」「淨利就可能輕易遭到低估或高估。」

為了能自在應對那樣的不確定性，且讓我們訴諸巴菲特的智慧，以他為模範，因為他是這方面的高手。他經常說，「方向正確」是好的，另外，他也引用更早期的投資人的說法：「大略正確比精確錯誤更好。」雖然巴菲特或許堪稱世界上最熟悉財務報表的人，他也深知一般人有多麼容易迷失在財務報表的數字叢林，最後遺忘了對企業真正重要的事：有護城河或是缺乏護城河。

　　基於這個理由，巴菲特自稱業務分析師，而非財務分析師或證券分析師。個中的差異固然微妙，卻非常巨大。財務分析師相信數字能驅動績效，但業務分析師則知道，數字、比率和股票的表現，全都源自一項要素：業務品質。

　　因此，儘管在判斷盈利能力時做到合理精確是非常重要的，我們還是應該以正確的格局來看待這項練習。真正的重點是要找出具備永續競爭優勢的優秀企業。唯有先找出那樣的企業，我們才能合理概算它們的盈利能力。此外，我們必須牢記，在計算盈利能力時，沒有必要算到極端精確——例如計算到小數點第四位之類；在使用得當的情況下，盈利能力數字有可能成為非常寶貴的工具，不過，我們不該將它視為一種以追求精準度為目標的練習。

　　經由我為判斷亞馬遜的盈利能力而進行的那類估計練習，便可見即使只是方向正確的盈利能力估計值，都能發揮強大的力量。假定你認為我為亞馬遜線上事業部估計的 10％利潤率過高，那麼，你大可以將這個數值下調至 5％，讓它的利潤率低於沃爾瑪。這雖代表著基本假設的重大變動，不過，它對評價的淨影響卻微乎其微：這項調整會使亞馬遜的盈利能力估計值降低 15％，並使本益比從十五倍上升到十八倍。另一方面，假定你認為我為亞馬遜估計的利潤率過低，並採用班尼特・史都華的 EVA 框架，用三年的時間來攤提亞馬遜的業務與行銷成本，並以五年來攤提它的研發成本，那麼，你算出的本益比，就會變成十二倍。即使是這個估算方式，也不會對評價造成太攸關重大的影響。不管亞馬遜的本益比是十二倍或十八倍，它的股票都非常值得買進。

第九章

業務／管理／價格之個案研究：
Alphabet 與財捷軟體公司

我們已逐一討論過 BMP 模型的每一個環節──業務品質、經營管理者素質，以及市場要求我們支付的價格──到目前為止，相關評估原則堪稱條理分明，一如藝術家工作室裡的馬賽克磁磚。只可惜，現實生活中的投資過程一點也不條理分明。我們通常不像藝術家那麼幸運，一開始就有大量井然有序的磁磚可使用。取而代之的，我們的「原料」取得總是隨機的，有時是一整批取得，有時則是零零星星取得。

所以，我將在這一章解釋如何拼湊兩檔股票的片段資訊，最後更決定買進這兩檔股票──如今這兩檔股票都成了我的投資組合裡的核心部位。然而，請務必留意：根據我的經驗，試圖藉由拼湊片段資訊來歸納投資概念，成功率大約只有 10％，換言之，你只有10% 的機會能歸納出真正令人信服的概念。如果你在進行投資研究時，能做到適度勤奮的分析，並採用較高的審核門檻，那麼，十家

企業裡，大約會有高達九家不合格。某些個案是業務有問題，某些個案則是經營管理團隊有問題，最常見的問題是價格過高，畢竟你想找的是優質企業，而優質企業的股價通常較高。即使如此也沒有關係。事實上，那反而是好事一樁。因為如果你一開始鑽研投資概念，就達到很高的「命中率」，那可能意味你研究的公司不夠多，或者你那些公司設定的篩選條件過於寬容。

由於業務品質是決定整體投資成果的主要驅動因子，所以，通常最好是從這項因子開始研究。然而，每一個個案的狀況都有所差異，所以，研究流程還是應該保持彈性，不要流於教條。因為誠如你將見到的，我曾分別從 BMP 裡的不同因子開始著手研究，也因此分別順利找到了令人信服的投資標的。

ALPHABET

業務品質

我是在 2016 年年初開始將這家公司列為值得投資的潛在標的，當時我和多數人一樣，經常使用 Google 的很多應用程式。然而，閱讀過該公司 2015 年的 SEC 申報資料後，我察覺到某些我原本不知道的事：當時 Alphabet 旗下有七個不同的平台，使用者共計超過十億名。這些平台不只包括 Google 搜尋、地圖、Chrome、YouTube 和 Gmail，還包括安卓（Android）和 Google Play 應用程式商店。從那時迄今，它旗下又增加了四名生力軍，那些平台和前述幾個平台一樣，多半免費供顧客使用。

很明顯的，Alphabet 的工程師擁有一種特殊的天賦：他們非常精於建構民眾習慣在日常生活中使用的日常產品。亞馬遜只擁有一個平台——Amazon.com，它有超過十億名消費者用戶，臉書則有三個平台：臉書本身、Instagram 和 WhatsApp；然而，臉書是等到 Instagram 和 WhatsApp 達到臨界質量時才介入收購這兩家公司。相反的，Alphabet 是在安卓還沒有任何使用者時就已收購它，另外，它是在 YouTube 只有六十七名員工時就已收購它。

Google 收購安卓後，Google 的高階執行主管就決定將這項軟體免費提供給手機製造商使用。於是，低利潤率硬體製造商免費取得了手機的作業系統，而 Alphabet 則得到了透過 Google Play 商店向安卓的使用者銷售電玩和其他高利潤率應用程式的機會。如今安卓擁有接近二十億名使用者；它的軟體讓全球三分之二的手機得以運作；而且，它的市場佔有率還繼續在成長。由於多數手機製造商都已習慣有免費的作業系統可使用，因此這些製造商最終將很難斷絕對安卓的依賴。這麼說來，安卓擁有多元的護城河。它是智慧型手機軟體的低成本提供者——要找到比免費更低的成本，可說是難如登天，另外，它擁有受信賴的品牌，而且，不管是對製造商或消費者而言，停用安卓的轉換成本都非常高。

YouTube 是更令人敬畏的事業。它擁有超過二十億名經常性使用者，而且，它是分享音樂影片乃至生活小知識等各式各樣內容的首選平台。YouTube 佔全球每日行動網路流量的三分之一，這是非常令人難以置信的統計數據——那是臉書行動網路流量的三倍以上。即使是在六年前，也就是我開始研究 YouTube 時，以行動裝置使用

YouTube 的美國年輕成年人人數，就超過所有傳統電視網、廣播網或有線電視網的年輕成人使用者總和。最重要的是，YouTube 是網路效應的完美範例。它的觀眾數遠遠超過其他所有線上影片平台，所以，它當然也吸引到最多的廣告，的確，它的廣告收入是所有線上影片平台中最高的，而該公司會和製作音樂影片與生活小知識影片的人分享這些廣告費收入。這種營收分享模式進而吸引更多內容產生，更多的內容又引來更多使用者的青睞，並進一步吸引更多廣告費收入，於是，飛輪就這樣持續旋轉。

然而，我開始研究 Alphabet 時，這些事業部的規模都還遠比 Google 搜尋小。我當時並沒有花很多心思思考這些事業部，畢竟 Google 搜尋的規模非常龐大，它讓所有網路企業（或許亞馬遜除外）顯得相形見絀。

打從 Google 創辦人賴瑞・佩吉（Larry Page）與謝爾蓋・布林（Sergey Brin）於 1990 年代中期在史丹佛大學宿舍裡創辦該公司開始，他們就搞懂要如何讓他們的搜尋引擎成為世界上最快且最能為搜尋者提供最攸關解答的搜尋引擎。打從一開始，佩吉和布林就知道，要發展搜尋引擎的優越條件，關鍵就是要提供最能直接回答使用者疑問的答案。其他搜尋引擎是根據使用者搜尋的關鍵字出現在特定網頁上的頻率來提供它們的搜尋結果；舉個例子，如果你輸入「企鵝」，正好有某個網頁只重複那個單詞「企鵝 企鵝 企鵝 企鵝 企鵝 企鵝 企鵝 企鵝」，那麼，這個網頁就會出現在那些搜尋引擎的搜尋結果最上方。佩吉和布林察覺到這個邏輯謬誤後，選擇不以網站提及「企鵝」的次數作為 Google 搜尋的演算法基礎，而是以連結到那個網

站的其他網站數量為其演算法的基礎。其他網站引用那個提及企鵝的網站的次數愈多，那個網站就可能和想瞭解企鵝的人愈攸關。

2004 年時，Google 在全美的疑問搜尋管道中，擁有 35％的市佔率，儘管這樣的市佔率已讓該公司在搜尋領域取得領導地位，佩吉和布林每年還是投入許多時間和金錢，努力設法進一步提升 Google 搜尋的速度，並提供和搜尋者的疑問更加攸關的答案。換言之，他們丟了許多鯊魚和鱷魚到 Google 的護城河裡。2010 年時，Google 搜尋的高階執行主管阿密特·辛格爾（Amit Singhal）在一位前來拜訪的《連線》（Wired）雜誌記者面前，輸入了「mike siwek lawyer mi」字串。最上方的結果列出了一位名為麥可·席維克（Michael Siwek）的律師，他在密西根的大急流城（Grand Rapids）執業。接著，那名記者馬上在必應搜尋輸入了相同的查詢字串。結果，出現在必應最上方的連結，卻包括和足球安全衛（football safety）拉維爾·米洛伊（Lawyer Milloy）有關的網頁，其中沒有一個連結和麥可·席維克律師有關。

2011 年時，Google 的市佔率已達到 65％；而到 2020 年，它的市佔率更達到 90％以上；如今，Google 搜尋甚至已堪稱史上最強大的網路效應範例。由於上 Google 網站的民眾遠遠超過使用其他搜尋引擎的民眾，所以，Google 吸引到最多的廣告費收入，它用這些收入進一步改善它的搜尋引擎，而更盡善盡美的搜尋引擎，自然又吸引更多使用者，更多使用者又吸引更多廣告費收入等，就這樣，飛輪繼續旋轉著。這些網路效應讓 Google 獲得一項巨大的優越條件；已高齡九十八歲的查理·蒙格說，他從未見過 Google 那麼寬廣的護

城河。過去十年，微軟花了 150 億美元，試圖將必應打造成一個足以威脅 Google 搜尋的競爭對手，但並未成功。另外，即使亞馬遜也嘗試出手，卻依舊無法打破 Google 的支配力量。從 2003 年開始，貝佐斯就聘請了搜尋領域某些最優秀的人才加入他的團隊；根據布瑞德·史東（Brad Stone）的《貝佐斯傳》（*The Everything Store*）所述，這個團隊的領導者在幾年後離開──加入 Google──讓貝佐斯大發雷霆。他告訴他的幕僚：「把 Google 當成一座山，」「你可以爬這座山，但卻移動不了這座山。」

　　微軟和亞馬遜迫切想要奪取 Google 的一部份業務，因為搜尋業務或許堪稱網際網路領域最強大且獲利能力最高的收費橋。從字面上看，搜尋業務就像是通往資訊超級高速公路的入口。亞馬遜或許控制了電子商務領域，但有形商品僅佔總經濟產出的 25％至 30％，剩下的 70％至 75％經濟產出是勞務，而勞務領域就是 Google 的長項。在這個世界上，任何需要離婚律師、不動產抵押貸款仲介，或是需要加勒比海度假資訊的人，全都會使用 Google 搜尋，那意味每一位離婚律師、不動產抵押貸款仲介以及加勒比海相關的旅遊事業，都必須在 Google 刊登廣告。最棒的是，廣告主並不介意付錢給 Google，因為在 Google 網站上刊登廣告不僅較傳統媒體管道便宜，效果也比較好。當一家旅行社或某個離婚律師在電視或本地報紙上刊登廣告，並無法確知它們的目標對象是否會接收到那些廣告訊息。然而，Google 上的廣告是和關鍵字連結，所以，廣告主得以衡量他們的支出是否能達到效果。

　　儘管這一切看起來已經非常令人印象深刻，但隨著我繼續閱讀和

Google 有關的更多資料，我對數位廣告的潛在可能性更加感到震驚，因為那還是一個非常不成熟的領域。到 2016 年時，Google 已經非常普及化，獲利能力也非常高，因此，我們自然會假設線上市場已經飽和；不過，事實告訴我們，情況並非如此。2015 年，數位廣告支出僅約佔全世界總廣告支出的 25％。由於 Google 在數位廣告支出方面的市佔率大約是 60％，所以，Google 的廣告收入佔全世界廣告支出的比率大約只有 15％。由此推斷，Google 的規模幾乎毋庸置疑地可能成長為當時的好幾倍。如果再納入諸如直郵廣告和店內促銷等毗鄰媒體（adjacent media），Google 在廣告市場的市佔率甚至低於 10％。想想當年的平面印刷廣告：在廣播與電視媒體入侵以前，顛峰時期的平面印刷廣告佔全球總廣告支出的比重，一度曾高達 80％。

相同的動態——低市佔率、龐大的市場、競爭優越條件——同樣適用於 YouTube 和安卓。YouTube 和 Google 是在同一個線上廣告市場上競爭，而安卓則不同，隨著使用者透過他們的手機花更多錢在電玩和其他應用程式上，安卓勢必會成長。

基於上述種種理由，你應該就會知道，為何當時我雖已完成對 Alphabet 的業務品質的初步調查，卻還是投注全副心力在這家公司。像這種擁有十億級使用者、擁有護城河屏障，且將維持幾十年成長的數位平台已經極度罕見，而 Alphabet 卻一次坐擁三個這類平台。

經營管理者素質

打從一開始，Alphabet 的經營管理者對該公司而言，就明顯「扣分」——或者應該說這是一個機會？我不敢肯定，而這就不得不談

到業務／管理／價格評估流程的一個重點。誠如我在這一章一開始提到的，理論上來說，這份核對清單確實條理分明，但應用到實務時，卻是一團混亂且模稜兩可。鮮少經營管理者團隊明顯像亞馬遜的經營管理者那麼卓越。某些經營管理者或許是業主沒錯，但他們卻表現得不像打算長期經營公司的業主；某些經營管理者可能從業務上壓榨個人的財富；某些經營管理者雖會試著採取業主會採取的行動，但他們並不是真的瞭解價值創造的驅動因子是什麼。Alphabet的經營管理者就屬於最後一類，所以，這家公司的一切真的讓我一個頭兩個大。佩吉和布林確實是才氣煥發的工程師，而且，跡象明顯顯示，他們真心關懷公司的長期體質。不過，就財務領域來說，他們稚嫩得像小學生。這凸顯出一個有待我突破的兩難情境。

　　佩吉和布林在一個自由運作文化已經非常盛行的產業裡，打造了一種無紀律到誇張的公司文化。查理・蒙格曾在波克夏・海瑟威公司的某次會議裡提到他到 Google 公司總部拜訪的感想，他說，這家公司看起來像一間幼稚園（巴菲特插話說：「非常有錢的幼稚園，」）。顯然佩吉與布林假設，如果該公司以令人信服的產品坐穩領導者的寶座，金錢自然會滾滾而來──但有時候，Alphabet 似乎擺明了跟錢作對，好像刻意要激怒平日總是錙銖必較的人似的。Alphabet 有一整個事業區隔被稱為「其他子公司」。在我開始研究這家公司時，這個事業區隔裡包括了諸如網路氣球計畫（Project Loon，設置在平流層的氣球網路，目的是為了將網際網路帶到世界上最偏遠的角落）等投機性風險投資。

　　在研究佩吉與布林時，讓我感到震驚的是，他們雖是導入十億

級使用者應用程式的高手，但除了 Google 搜尋以外，他們幾乎不懂得怎麼利用那些應用程式賺錢。我可以從 Alphabet 公司 2015 年的利潤率看出這一點。這家公司擁有網際網路上最強大的終極收費橋，所以，它理當是所有以軟體為基礎的科技平台中最賺錢的一個；但取而代之的，它的利潤率卻是這類企業當中最低之一。經營類似低資本收費橋的臉書擁有 40％的營業利潤率。而中國網路巨擘阿里巴巴公開掛牌時公告的營業利潤率也接近 50％。反觀 Alphabet 的營業利潤率卻只有 25％。

　　這實在說不通。Alphabet 的營業收入是阿里巴巴和臉書的五倍。它的利潤率怎麼可能比它們低十五至二十五個百分點？一旦你寫出軟體，並購買或租賃伺服器來進行運算的作業後，後續每一筆新增銷貨收入的利潤率，都會接近 100％。以科技術語來說，軟體的「規模」擴張速度高於其他所有產業。然而，銷貨收入比 Alphabet 更低的同業，卻有著比它更高水準的獲利能力，這讓我感到不解。

　　經過一番研究，我才發現，造成這個情況的元兇其實是佩吉和布林本人。他們兩人向來對工程設計挑戰較感興趣，對金錢較無感，而他們成為億萬富翁後，對金錢更是興趣缺缺，幾乎全心全意聚焦在工程設計上。和曼德森父子與湯姆‧墨菲不同的是，佩吉與布林實在太熱愛他們的事業了，以致於缺乏系統化促進公司價值成長的客觀性。但值得稱許的是，佩吉和布林很早就體察到他們自己的這個毛病；在創辦 Google 三年後，佩吉與布林指定科技業高階執行主管老兵艾瑞克‧施密特（Eric Schmidt）來擔任 Google 的執行長。他們說，這項人事指派將讓該公司獲得「成年人的監督」。施密特上

任後，他們便從經營管理的位子上撤退，專心投入有意解決諸如人口老化等問題的工程實驗室。

然而，十年後，佩吉回鍋擔任執行長，雖然他一度非常投入企業經營的日常運作面，但很快的，他又開始感覺興味索然。根據《彭博商業週刊》（*Bloomberg Businessweek*）後來的報導，當他參與的會議主題牽涉到業務而非科技議題時，他眼中的光芒就會頓時消失。當 Google 員工向佩吉解釋一些他不感興趣的事時，他就會告訴那些員工：「你在做一些無趣的事。」到最後，直屬他管轄的一小群高階執行主管經常只忙著處理佩吉個人偏愛但不太有商業潛力的專案，並因此被稱為所謂的「Google 玩樂組」（AlphaFun）。

2013 年時，佩吉不再參與產品發表會與盈餘簡報電話會議；兩年後，他甚至正式承認他並不在乎是否要成立控股公司——即 Alphabet。

這有可能是個好消息！在新的架構下，佩吉與布林將公司的主要平台——Google、YouTube、安卓和正在崛起的雲端業務——的日常營運控制權，讓渡給一位非創辦人。佩吉因此得以專心致志在太空相關的目標。

同時，桑達・皮采（Sundar Pichai）從此開始負責該公司真正已商業化的產品。皮采雖出身平凡，卻是一名令人嘖嘖稱奇的神童。皮采在印度南部長大，他和弟弟從小睡在他們家公寓的客廳。平日父親、母親、他和弟弟總是共乘一輛蘭美達（Lambretta）摩托車作為進城時的代步工具。皮采十二歲時，父親買了家裡的第一台電話，不過，他們不需要電話簿，因為他們家打過的所有電話號碼，全都

烙印在皮采的腦海裡。

在我看來，皮采的晉升大大改變了 Google 的經營管理方程式。此時此刻的 Google 有了一位不僅聰穎，也非常飢渴的掌舵人。隨著我透過閱讀而得知更多和他有關的資訊，我更感覺皮采是一個蓄意專注於利用個人特有工程技術來賺錢的人。他初次在公司內部創造的最大成就之一是，他找到一個利用 Google 地球（Google Earth）賺錢的方法。

當然，皮采並沒有負責所有業務的營運。然而，由於佩吉與布林已漸進式地退出日常營運，我感覺該公司遲早將由皮采全面主導。

在像他那樣一個飢渴的高階執行主管領導下，Alphabet 的獲利能力將出現什麼變化？這個問題的答案讓我腦子裡和盈利能力有關的抽象概念頓時變得具體。基於 Alphabet 的利潤率乏善可陳，但又擁有非常具優勢的業務，一旦有更願意和股東站在同一陣線的經營管理者進駐這家公司，它的盈餘應該輕易就能翻倍成長。

在皮采接任前幾個月，佩吉與布林早已採取一個重建「成年人的監督」模式的步驟，他們任命摩根士丹利（Morgan Stanley）前高階執行主管露絲・波拉特（Ruth Porat），擔任該公司的財務長。在短短一年內，這位前華爾街銀行家就為公司買回了 50 億美元的庫藏股，那是優質的資本配置行動，尤其因為那些錢若沒有用來買回庫藏股，橫豎會被浪擲到太空相關專案上。

我當時想，一旦皮采的技術才華與移民幹勁和波拉特的財務敏銳度結合在一起，Alphabet 的財務報表可能很快就會有不同於過往的表現，並凸顯出這家公司擁有地球上最高水準業務集合的事實。

價格

事實證明，要解決 BMP 分析裡的「M」並不是那麼簡單的事，不過「P」卻極度容易。不難想像，Alphabet 的實際盈利能力遠高於它的當期申報盈餘。該公司申報的營業利潤率只有 25％，這個數字和該公司盈餘潛力之間的落差，大到比卡車過磅的車道還要寬。

2016 年年中，我歸納出三個理由，說明 Alphabet 的申報利潤率並未精確反映該公司的根本業務品質：

1. 誠如先前提到的，和 Alphabet 一樣堪稱線上收費橋的臉書和阿里巴巴，分別擁有介於 40％至 50％的營業利潤率。Alphabet 的營業收入比這兩者高五倍，所以，它的獲利能力沒有道理天生就比這兩家公司差。

2. 除了核心的 Google 事業部以外，Alphabet 唯一單獨揭露的事業部是「其他子公司」（other bets）事業部。根據該公司的年度 SEC 申報資料，這些「其他子公司」在 2015 年虧掉了 35 億美元。如果將這些虧損從 Alphabet 的損益表中剔除，它的利潤率就會從 25％上升到 30％。

3. 雖然該公司並未將 YouTube 與安卓列為個別報導的事業部，因此也沒有獨立揭露這兩個事業部的營運數據，但這兩家具有非凡業務屬性的公司實際上是虧本的，這在華爾街早就是個公開的秘密。我相信在皮采的領導下，這兩家公司絕對不會繼續長期虧本並趨於凋零。安卓控制了世界上三分之二的行動電話，而 YouTube 更創造了全球三分之一的行動網路流

量。這樣的事業怎麼可能無法轉虧為盈？除非商業和財務定律完全失效，否則憑這兩家公司的業務品質，它們遲早會大放異彩。

將上述所有事實列入考量後，我為 Alphabet 指定了 40％的營業利潤率，這個水準和臉書相當。誠如下表所示，就算是以 Alphabet 前一年的營業收入為基礎，計算出來的盈餘就足以讓它的價格顯得非常吸引人。

如果根據這個邏輯來推算該公司後續三年的營收，我支付的價

2015 年 Alphabet 的盈利能力

單位：億 每股數據例外	申報數據	盈利能力	
營業收入	$750	$750	
營業利潤率	**25%**	**40%**	利潤率調整到和 臉書一致。
營業利益	$190	$300	
稅率	17%	17%	
淨利	**$160**	**$250**	
流通在外股數	7	7	
每股盈餘	$23.11	$36.97	
股價	$735	$735	
每股現金	($97)	($97)	
淨價格	**$638**	**$638**	
本益比	28 倍	17 倍	

資料來源：公司 SEC 申報資料

格甚至更便宜。誠如下一張圖表所示，根據我的計算，Alphabet 公司 2018 年的盈利能力大約是每股 64 美元，接近該公司 2015 年實際盈餘的三倍。因此，市場要求我支付的本益比並非二十八倍，而是二十八倍的三分之一，也就是九倍。

當時所有股票的平均本益比大約是二十倍。因此，上述結論代表市場允許我用一般事業的一半價格，購買地球上某些最棒的事業。我認為這項買賣非常划算，所以，我大量購入 Alphabet 的股票，該公司也因此成了我的核心部位。[15]

事後剖析

到 2018 年時，Alphabet 公司的盈餘金額已比 2015 年多一倍，但它申報的利潤率卻隨著該公司繼續投資許多新創計畫而降低，其中包括一項有意在雲端運算領域超越亞馬遜的計畫。雖然那幾年的盈餘增加一倍，但距離我推估的三倍盈利能力，卻還有很長的路要走──不過，請記住，盈利能力並不是利潤預測值，也不是盈餘估計值，我只是試圖用它來闡明一家數位企業的終極獲利潛力罷了。

儘管 Alphabet 的利潤率降低，但在我購入它的股票後，股價表

---

15 我在練習時，將 Alphabet 的超額現金從市場報價中扣除，我猜純粹主義者可能會反對我的作法。但我要再次強調，我一如往常地依循個人的常識來評估企業的價值，而不是跟著教條式的公式走。Alphabet 和其他很多企業不同，它不需要很多現金就能經營業務，所以，它的現金是一個局外因素（extraneous）。不僅如此，在新財務長波拉特領導下，該公司那時已開始將現金返還給股東。然而，請注意我在第八章就「重要性」所提出的觀點。如果你不喜歡我的調整也沒關係，大可以不把現金從 Alphabet 的股價中扣除。這麼做會導致本益比從九倍變成十二倍，盈餘收益率則從 11％ 降為 8％。但即使做了這項調整，我也不會改變結論：2016 年年中，Alphabet 是頗具說服力的買進標的。

2018 年 Alphabet 的盈利能力

單位：億 每股數據例外	2015 年實際	盈利能力
營業收入	$750	$1,300
營業利潤率	25%	40%
營業利益	$190	$520
稅率	17%	17%
淨利	$160	$430
流通在外股數	7	7
每股盈餘	$23.11	$63.89
股價	$735	$735
每股現金	$97	$168
淨價格	$638	$567
本益比	28 倍	9 倍

銷貨收入每年成長 20%，與歷史成長率一致。

利潤率調整到和臉書一致。

資產負債表上的現金每年成長 20%，與銷貨收入一致。

資料來源：公司 SEC 申報資料

現連續三年超越市場績效，因為 Alphabet 持續成長的營收和一系列優異的事業體組合，還是備受市場肯定。接著，到了 2019 年年底，Alphabet 宣布桑達‧皮采將取代佩吉，接任整個控股公司的執行長。就在這項人事案公布後不久，該公司配發極大規模的股票與選擇權給皮采——那是繼提姆‧庫克（Tim Cook）從蘋果公司創辦人史帝夫‧賈伯斯（Steve Jobs）手中接任執行長職務後，世界上最大手筆的股票與選擇權配發案。新聞報導的標題指稱，皮采獲得的配股共價值 2 億美元，但那個估計值取決於各式各樣含糊不清的假設。皮采在晉升前，已持有一萬八千股的 Alphabet，而接任執行長後，他持有

的股數變成原來的十三倍多，換言之，此時他成了真正的業主，而各種跡象顯示，他也做好準備，將採取和業主一樣的行動。

雖然從我購買該公司股票後，它的表現一路超前，但誠如下圖所示，皮采接手後，Alphabet 的股價才算真正開始起飛。他和波拉特聯手改善了公司的利潤率，買回大量的庫藏股，並終止該公司幾項太空相關的計畫。目前網路氣球計畫已經喊停，而 Alphabet 的股價上漲則超過一倍，輕輕鬆鬆打敗市場。

當然，我購買 Alphabet 的股票時，並不太清楚佩吉和布林會把公司交棒給皮采。然而，不可否認的事實是，Alphabet 的很多業務都是明顯非常優異的業務，所以，不管是誰掌舵，它的股價表現都很可能繼續超前。記住：業務品質的重要性大於經營管理者的素質。誠如巴菲特曾說過的名言：「我試著投資連白癡都能經營好的那種企業，那樣的企業才是好得不得了的企業，因為企業遲早會出一個白癡經營者。」（編按：Alphabet 業務／管理／價格核對清單見二二八、二二九頁。）

財捷軟體公司

2017 年年底，喬夫・柯爾文（Geoff Colvin）為《財星》雜誌撰寫的一篇佳作，引領我注意到財捷軟體公司，他利用這篇文章，概述一家在兩個大型消費者導向市場掌握支配力量的企業，這兩個市場分別是報稅軟體市場（財捷公司在這個市場的產品是 TurboTax）以及小型企業會計軟體市場（財捷公司在這個市場的產品是「快捷

自皮采接手執掌 Alphabet 後之總報酬

資料來源：輝盛研究系統公司

帳簿」程式）。其中，柯爾文對財捷軟體公司經營管理團隊的描述，
特別吸引我的注意。這些經營管理團隊深諳科技瞬息萬變的本質，
因此向來維持自我顛覆的習性，誠如柯爾文形容的：「沒有發生危機
的動機因素」。要找到一家擁有四十年歷史、它的所屬市場尚未成
熟，且公司經營管理者沒有養成僵化習性的軟體公司，實在是難上
加難，不過，閱讀過柯爾文的文章後，我發現財捷軟體公司明顯就
是那樣一家難能可貴的企業。它持續不斷地導入新產品，改善現有
產品，且只要情勢允許，就果斷放棄不再可行的產品。

　　財捷軟體公司的高階執行主管會衡量幾乎所有事物，而且，他
們鼓勵一種誠實到令人震驚的透明文化。TurboTax 業務的領導人薩
森・古達茲（Sasan Goodarzi）曾試圖從事某種舊時代尋租行為──

業務／管理／價格核對清單

一　業務品質　　　　　　　　　　　　　　　第五章

這家公司的市場佔有率是否很低⋯⋯？

⋯⋯處於一個龐大且持續成長的市場？

是否擁有永續競爭優勢？

二　經營管理者素質　　　　　　　　　　　　第六章

經營管理者是否秉持和業主一樣的思維，是否採取業主會採取的行動？

高階執行主管是否瞭解驅動企業價值的因素是什麼？

三　價格「否決權行使（veto）的問題」　　第七章與第八章

你是否能達成合理的盈餘收益率──例如超過5％？

是的。一如華爾街的行話：「大量買進部位」。如果你對B、M和P等要素的觀點都正確，你就搭上了長期上漲的列車了。

否。等待並觀望。

ALPHABET，2016年

	是	否
是，2016年時，數位廣告費用大約佔總廣告支出的25%至30%。而Google佔了其中的大約60%，所以，Google在全球廣告市場的佔有率是15%。全盛時期的平面印刷廣告約佔總廣告支出的80%。	✔	
是，全球廣告支出大約5,000億美元。將諸如直銷（Google也能應付）等其他媒體支出列入考量後，市場規模更接近1兆美元。兩項業務的成長率雙雙與世界GDP一致。	✔	
是。搜尋引擎是典型的網路效應業務。Google打造了能最快速搜尋到最佳關結果的搜尋引擎。這吸引了使用者來使用它，進而為它吸引到廣告主，廣告主的支出讓Google有更多錢可再投資到搜尋業務，這讓它成為更優質的搜尋引擎，而飛輪就這樣誕生。	✔	
是與否。佩吉與布林是才華洋溢的工程師，他們擁有打造十億級使用者的產品的過人本領。然而，在工作上，他們並不熱中於財富的創造。這對該公司的其他業主造成問題。	✔	✔
是與否。佩吉與布林喜歡在科技沙盒（snadbox，譯注：一種安全機制，為執行中的程式提供的隔離環境）裡活動。然而，2016年時，有跡象顯示，他們將允許非創辦人介入經營，而且這些經理人頗具財務敏銳度。	✔	✔
合計	4	

BMP計分板	
4分或5分（滿分5分）	**可能是非常棒的長期持有標的。進一步分析價格。**
3分（滿分5分）	**等待並觀望。表中的「否」有可能變成「是」。**
0分至2分（滿分5分）	**可能不是長期投資的標的候選企業。否決。**

是。如果2016年時，你將臉書的利潤率套用到Alphabet，並預測該公司後續三年的營收，你應該會算出它的盈利能力收益率為11%。以Alphabet這樣一個世界級的優秀企業來說，這樣的收益率已經很棒了。

提高售價，但又沒有為顧客提供任何對應的回報。後來古達茲被迫
收回成命。根據《財星》雜誌的描述，古達茲向他的同儕表示：「這
個決策是我做的，」「我沒想到會發生這樣的狀況，我對你們所有人
感到抱歉。」為人向來直率的財捷軟體公司執行長並沒有因此解雇
古達茲或將他降職，反而將他升為財捷軟體公司的新執行長。

當時我想，只要是採取這種作為的企業，都絕對值得進一步研
究——尤其是同時擁有兩個權威軟體平台的企業。

我在研究 Alphabet 時，感覺它的業務和價格是簡單的變數，但
經營管理者的問題很棘手。然而，輪到研究財捷軟體公司時，狀況
則不同。它的業務品質和經營管理者素質的良窳並不難釐清，但市
場要求我支付的價格，卻讓我困惑了一陣子。結果，我觀察並研究
這家公司接近兩年，才終於對它的「P」感到放心。

業務品質與經營管理者素質

我愈研究財捷軟體公司，就愈清晰地發現，沒有理由將它的 B
和 M 分開研究，因為財捷軟體公司的這兩項要素環環相扣。財捷軟
體公司是在 1980 年代由史考特・庫克（Scott Cook）創立，他透過早
前在寶僑公司工作的經驗，學會要如何才能提供真正順應消費者需
要的產品。財捷軟體公司的第一項產品是以 DOS 為作業平台的快肯
（Quicken）程式，這個程式很快就在個人理財軟體市場取得了支配地
位。1990 年代初期時，財捷軟體公司推出視窗版（Windows）的快
肯程式，庫克和他的團隊很快就發現，民眾在辦公室與家裡使用這
個程式的頻率一樣高，這讓他們非常訝異。最初，財捷軟體公司的

高階執行主管以為那是因為民眾利用辦公時間來處理個人的帳簿，但後來他們才知道，原來民眾是利用「快肯」程式來經營他們的小型企業。

他們發現，原來其他小型企業會計程式對使用者的友善度不如「快肯」。於是，該公司催生了一個能滿足所有小型企業後台需要，但又無須費事處理複式簿記（double-entry bookkeeping）之類累贅作業的專用套裝軟體──「快捷帳簿」程式。庫克向《財星》雜誌表示，「我們打造了一個似乎沒有任何會計功能的會計產品，」而這項產品推出後便一炮而紅。

不過，財捷軟體公司並未因此而自滿。它再接再厲，開發並在市場上推出 TurboTax，這項產品同樣對使用者非常友善，所以，不久後，它也成了最具領導地位的個人報稅程式。到了 1990 年代末期，財捷軟體公司導入了「線上快捷帳簿」程式，從此以後，顧客無須購買包裝磁碟片，就能使用這個軟體；十年後，該公司又推出這項產品的行動電話版本，接著又是國際版；到 2015 年時，該公司推出專供自雇型零工勞工使用的「快捷帳簿」程式，並和 TurboTax 捆綁在一起銷售。

庫克很早以前就從執行長的位置上退休，但他目前還是財捷軟體公司的最大個人股東，也是高階執行主管委員會的主席。2016年時，庫克的接班人賣掉為財捷軟體公司賺到第一桶金的始祖產品──快肯程式，但庫克並沒有否決這個案件。

如今，整個財捷軟體公司的企業實體是由兩項非常不同的事業組成：TurboTax 和「快捷帳簿」程式，前者大致上已成熟，後者則

還有很大的成長空間。目前已有 30％的美國人使用 TurboTax 申報他們的應稅所得。以 TurboTax 的品牌名聲和行銷實力來說，它就像第二代價值型投資企業。它擁有一座護城河，可惜市場佔有率已經不低，不過，它還是維持緩慢並穩定的成長，像典型的領導性消費品牌那樣，一步一腳印地推高它的利潤。

　　然而，TurboTax 和多數消費性商品有一個差異：民眾一年只用它一次。相較之下，「快捷帳簿」的使用頻率高多了——小型企業則必須每天使用「快捷帳簿」來記錄他們的帳務。因此，「快捷帳簿」的轉換成本比 TurboTax 高很多。若現有的顧客想要擺脫「快捷帳簿」程式，一定會被繁雜的後台事務搞得筋疲力盡，而且一旦他們使用新程式，一切還得重頭來過。

　　「快捷帳簿」還有其他護城河。它的訂戶數是最大競爭者（也就是市佔第二名的廠商）賽洛會計軟體公司的三倍，這讓「快捷帳簿」擁有品牌和規模經濟優勢。更多訂戶意味比競爭者更多的營收，而那代表財捷軟體公司擁有更多「彈藥」可花在行銷和研發上。當我在 2018 年研究小型企業會計領域時，賽洛公司一年花費 2.35 億美元來行銷它的產品，並開發商品改良方法。相較之下，財捷軟體公司在這方面的花費達到 28 億美元，是賽洛公司的十二倍。

　　那麼巨大的支出優勢不僅足夠確保「快捷帳簿」的市場佔有率，還能促進市佔率的成長。既然「快捷帳簿」程式有更多行銷經費可用來打廣告，有更多研發經費來改良軟體，市佔率成長是想當然爾的必然結果。

　　從很多方面來說，「快捷帳簿」的品牌與規模經濟等優勢，和

五十年前的百威啤酒幾乎如出一轍。然而，這兩家企業有一個重要的差異。二十世紀末時，百威啤酒的目標市場多半都已非常成熟；但二十一世紀初的「快捷帳簿」程式卻才剛剛起步。財捷軟體公司估計，世界各地的八億家小型企業與自雇型民眾，遲早可能開始使用「快捷帳簿」程式。但到 2019 年年中，「快捷帳簿」只有四百五十萬名訂戶。這意味實際上訂用這套簡單至極的會計程式（裡面似乎完全沒有任何會計）的訂戶，還不到所有潛在訂戶的 1%。

很多企業會誇大他們的「整體潛在市場」（total addressable market，以下簡稱 TAM），而我個人在研究財捷軟體公司時，發現它也有這個毛病。仔細透過網路研究過小型企業與自雇型員工統計後，我判定，「快捷帳簿」程式的全球 TAM 較可能是兩億名。雖然這個數字遠低於財捷軟體公司估計的八億名，但即使潛在訂戶只有兩億名，那也意味「快捷帳簿」程式目前才爭取到其中 2% 人的青睞，而這代表它的未來一樣是大有可為。

價格

2018 年 9 月，財捷軟體公司的每股交易價為 225 美元，接近該公司前一年度申報盈餘的五十倍。遺憾的是，即使我做了幾項調整，並歸納出它的合理盈利能力後，該公司的股票看起來還是很貴。我喜歡它的業務和經營管理者，不過，以第三代價值型投資的標準而言，價格還是具備否決的力量。我知道如果為了取得財捷軟體公司的股份而付出過高代價，我的報酬將會流於平庸（不管是任何事業，只要付出的代價過高，都會有這樣的結果），於是，我決定

觀望並等待。

　　每次財捷軟體公司申報盈餘，我都會仔細閱讀它的季報。2018年秋天乃至 2019 年一整年，我常留意該公司的分析師日，財捷軟體公司會在那一天舉辦線上直播會議，釋出非常大量的訊息。大約接近兩年後，該公司的股價看起來終於變得吸引人——但不是因為它的股價變便宜了，而是因為我領悟到先前未能領悟的事。

　　一如我對 Alphabet 所做的分析，我透過最初的盈利能力練習，推估了財捷軟體公司後續幾年的營收。我也將財捷軟體公司的利潤率從 25％ 調整至 40％，如果依照班尼特・史都華的 EVA 分析法，將該公司的行銷與研發支出資本化，它的利潤率大約也是 40％。我先前以康寶濃湯公司的標準換算後，算出財捷軟體公司的利潤率理當是 60％，但我不放心把它的利潤率設定在那麼高的水準，因為那顯得過度激進；畢竟財捷軟體公司短期內不可能進入收成模式。

　　然而，到了 2019 年年底的某個時刻，我頓悟了一個道理：我的第一份盈利能力分析作業過度簡化了。於是，我像分析亞馬遜那樣，進一步深入挖掘財捷軟體公司的狀況。

　　「快捷帳簿」程式和財捷軟體公司本身一樣，旗下有兩種不同的業務，包括桌機版的「快捷帳簿」程式，以及「線上快捷帳簿」程式（即所謂的 QBO）。傳統的企業使用前者，它們很喜歡這個軟體，所以不管如何利誘，那些企業應該都不願意放棄它。後者則是在雲端運作。雖然前者已經成熟，後者卻還大有可為。顧名思義，「線上快捷帳簿」是最適合這個時代的完美產品，這項行動應用程式在手機上使用起來，跟在 PC 上使用一樣輕鬆。基於這個理由，再加上

「快捷帳簿」程式在行銷與產品開發支出上的優勢，財捷軟體公司的「線上快捷帳簿」訂戶大約每兩年就增加一倍。儘管如此，它還是只佔有整體潛在市場的 2％。

我第一次推估財捷軟體公司的營收時，只是單純用財捷軟體公司過去十年的營收成長率 9％ 來推估未來的營收。不過，「線上快捷帳簿」在財捷軟體公司業務組合裡的佔比正持續提高。2015 年時，「線上快捷帳簿」營收僅佔整體企業銷貨收入的 15％；到 2019 年，也就是我再次檢視財捷軟體公司時，「線上快捷帳簿」的營收佔比已提高到 25％；而如果當期的成長率能延續下去，不出幾年，「線上快捷帳簿」的營收將會達到整體企業營收的 50％。

這個推論有兩個重要的投資寓意。從量化的視角來看，隨著「線上快捷帳簿」成為財捷軟體公司愈來愈大的事業部，該公司的整體成長率應該會加速。而就業務品質來說，「線上快捷帳簿」的特高成長率，意味財捷軟體公司最傑出的事業部──也就是擁有巨大護城河且只佔有潛在市場個位數市佔率──正成為財捷軟體公司愈來愈重要的事業部。數位時代的「線上快捷帳簿」，就像巴菲特在第二代價值型投資顛峰時期所看好的可口可樂和吉列（Gillette），他當時說，這兩家公司是「必然的投資標的」。

這就是我先前遺漏的重要獨特見解：「線上快捷帳簿」將成為**轟**動的市場主宰，一旦那一天真的到來，它將帶動財捷軟體公司的銷貨收入與盈餘成長軌道大幅向上提升。我最初並沒有想到這一點，因為我當時還正努力從一名財務分析師蛻變為業務分析師。當時的我還多多少少以研究數字為先，把業務當成背景參考值。等到我終

於搞清楚狀況,把「線上快捷帳簿」當成主角,情勢便清楚顯示,
我必須針對財捷軟體公司的損益表進行以下調整:

- 我將「線上快捷帳簿」的訂戶成長率設定在 30%,低於 35%
  至 40%的歷史長率。
- 我將每位「線上快捷帳簿」訂戶的平均營收成長率訂為每年
  9%。這和歷史平均值一致,也符合財捷軟體公司積極將「線
  上快捷帳簿」轉變為一個平台(向顧客銷售諸如薪資、發票
  開立功能等附屬服務的平台)的作為。
- 我將財捷軟體公司其他較成熟的業務(如 TurboTax 程式與桌
  機版「快捷帳簿」)的成長率設定在每年 6%,和歷史平均值
  一致。
- 一如上述,我將財捷軟體公司的營業利潤率從 25%上修到
  40%。
- 我將該公司的股票數量設定為每年減少 3%。這個假設源自我
  對該公司經營管理者的觀察。財捷軟體公司的高階執行主管
  團隊擁有敏銳的財務嗅覺,他們持續減少公司流通在外股票
  的數量。一如首都城市的湯姆・墨菲,財捷軟體公司的高階
  執行主管深知,除了促進業務成長所需的現金,其餘都必須
  返還給股東。這項作為改善了該公司的資本報酬率,同時也
  提高了每一名股東對公司的所有權(依比例計算)。

由於經過分析後,財捷軟體公司以盈利能力計算的本益比還不

財捷軟體公司的盈利能力

（單位：億）

線上訂戶、每名顧客 營收與每股數據例外	實際 2019 年	估計 2022 年	推估 成長率
「線上快捷帳簿」			
市場潛力 （企業數）	2	2.12	2%
滲透率	2%	5%	
線上訂戶	450 萬	1 千萬	30%
平均每位訂戶的 營收	$370	$481	9%
線上營收	$16.63	$47.91	42%
其他收入 （TurboTax 等）	$51.21	$61.42	6%
營收總計	$67.84	$109.33	17%
營業利潤率	**25%**	**40%**	
營業利益	$18.54	$43.73	
稅率	16%	16%	
淨利	**$15.54**	**$36.65**	
流通在外股數	2.64	2.37	-3%
每股盈餘	**$5.89**	**$15.44**	
股價	$300	$300	
本益比	51 倍	19 倍	

將營業利潤率調整到介於現有的 25%以及最佳水準的 60%之間，達到方向上精確的 40%。

根據經營管理者過往的庫藏股買回歷史，估計每年股數減少 3%。

因為財捷公司的盈利能力是申報盈餘的二‧五至三倍，所以，本益比是十九倍，而非五十一倍。

備註：

「線上快捷帳簿」營收 約當總營收的百分比	**25%**	**44%**	

資料來源：公司的 SEC 申報資料

業務／管理／價格核對清單

一 業務品質　　　　　　　　　　　第五章

這家公司的市場佔有率是否很低……？

……處於一個龐大且持續成長的市場？

是否擁有永續競爭優勢？

二 經營管理者素質　　　　　　　　第六章

經營管理者是否秉持和業主一樣的思維，是否採取業主會採取的行動

高階執行主管是否瞭解驅動企業價值的因素是什麼？

三 價格「否決權行使（veto）的問題」　第七章與第八章

你是否能達成合理的盈餘收益率──例如超過5％？

是的。一如華爾街的行話：「大量買進部位」。如果你對B、M和P等要素的觀點都正確，你就搭上了長期上漲的列車了。	**否。**等待並觀望。

財捷軟體公司，2020年年初

	是	否
是。它的核心產品——協助小型企業平衡帳冊的「線上快捷帳簿」——擁有五百萬名訂戶。市場規模的定義不夠明確，但潛在使用者介於兩億至八億名。	✔	
是。除了上述，財捷軟體公司的行動雲端解決方案的主要競爭者是傳統的小型企業收據與收款管理方法。主要的競爭者是Excel和Shoebox。	✔	
「快捷帳簿」成了小型企業日常工作流程的固有環節後，那些企業就很難改用競爭者的產品。此外，由於財捷軟體公司有比其他所有競爭對手多的現金流量，故可投入業務與研發領域的資金也比其他同業多。	✔	
是。創辦人史考特·庫克和目前的高階執行主管共持有價值超過40億美元的股票，他們的財富命運主要端繫於財捷軟體公司的未來，換言之，他們和財捷軟體公司就像命運共同體。另外，財捷軟體公司的高階執行主管不僅持有該公司的股份，也展現了改良產品的能力：把原本裝在盒子裡的軟體程式，改造為靈活的行動解決方案，變得更便於顧客使用。	✔	
是。有幾個清晰的跡象顯示，該公司的經營管理者精通財務。財捷軟體公司的高階執行主管會衡量所有相關的財務事務，包括顧客取得成本相對因花費這些成本而最終獲得的營收之間的關係。	✔	
合計	5	

BMP計分板	
4分或5分（滿分5分）	可能是非常棒的長期持有標的。進一步分析價格。
3分（滿分5分）	等待並觀望。表中的「否」有可能變成「是」。
0分至2分（滿分5分）	可能不是長期投資的標的候選企業。否決。

當我瞭解到「線上快捷帳簿」即將在短期內成為該公司最主要的產品後，我就判定，市場要求我支付的價格，還不到財捷軟體公司近期盈利能力的二十倍。

到二十倍，所以我感覺就算以每股 300 元買進它的股份，也不需要擔心。誠如你可以從 BMP 核對清單上見到的，該公司的業務品質、經營管理者素質和市場要求我支付的價格，都符合理想。

事後剖析

新冠肺炎大流行傳染病是在我購買財捷軟體公司股票後爆發，它的股票一度短暫跌到每股兩百出頭的價位。雖然我多麼希望當初能在低檔加碼買進更多股份，但我並沒有那麼做。因為我當時忙著買亞馬遜的股票，搶購口罩和衛生紙，而且努力在「市場先生」發瘋之際，讓自己保持理性。

然而，結果還算不錯。在我撰寫本書的今天，即使是這場大流行傳染病已逐漸降溫，財捷軟體公司的業務還是繼續蓬勃發展。目前「線上快捷帳簿」的營收約佔該公司整體企業銷貨收入的 30％，而從我在兩年前購買財捷軟體公司股票後，它的股價已上漲了將近一倍。

第十章

非科技公司投資的三大利基點：
宣偉塗料、艾可飛、達樂雜貨店
個案研究

　　我在本書花了很多篇幅論述科技股是當今的金流與財富匯聚之處，不過，諷刺的是，我還記得，這趟發現之旅的第一站，其實是一家非數位領域的企業，也就是海科公司。海科公司擁有低成本優勢，而且在一個巨大市場上只擁有微小的市佔率，這兩項特質讓我深刻體會到一個道理：只要集中火力在既有護城河又擁有指數成長潛力的公司，一定會有收穫。就那麼湊巧，當我把這個模型套用到我在二十一世紀初研究的那些企業時，符合這個框架的企業，有90％是科技公司。

　　然而，其中還有10％不是科技公司。我持有協助民眾飛行、粉刷房屋和取得信用等的企業，而這一章就是要介紹其中幾家公司。更重要的是，這一章的內容將幫助你靠著自己的力量，辨識出真正大有可為的非科技公司。

　　關鍵的原則是：你應該用研究新經濟企業的模型，來探討舊經濟企業的投資價值。且讓我們重新列出這份模型：

在一個龐大的市場裡只擁有微小的市場佔有率，

而且具備永續的競爭優勢

＋

擁有一個秉持業主思維且知道如何驅動企業價值的

經營管理團隊

＋

以盈利能力計算，低於二十倍的本益比，且盈餘收益率達到 5%

　　然而，在思考非科技公司的價值時，我們必須額外提出幾個疑問。數位企業提供的產品或服務經常結合了更快、更好與更便宜等特質，所以，在研究特定非科技公司時，你最好是假設那些公司正面臨科技公司的嚴峻挑戰。「有罪推定」可能不是健全的審判原則，但若談到傳統產業投資，這卻是個穩健的原則。

　　我用以下三個疑問幫助自己區分哪些非科技公司容易受傷害，哪些又應該能在這個數位時代蓬勃發展。我將在解答這三個疑問同時，介紹三家在這三個疑問上獲得肯定答案的企業。

1. 該公司的產品是否抵擋得了科技取代的力量？

根據我的經驗，若要投資非科技公司，這是效果最好的起點——值得投資的非科技企業，一定擁有某種天生就能抵禦數位時代的各種趨勢的商業模型。

我持有的非科技公司多半都能抵擋得了科技所帶來的衝擊，其中，這項抵禦能力最堅強的是宣偉塗料公司（Sherwin-Williams）。人類應該無法以數位的方式來粉刷房屋，至少目前還不行。在此同時，人類的內心深處，其實潛藏著某種驅使他們粉刷牆壁的動機——有的人是為了裝飾，有的人是為了保護牆壁不受氣候傷害。早期的油漆是用油和水製成，也包括基於結構考量而加入的貝殼，以及用來著色的漿果。久而久之，兼具美觀與耐久性的油漆變得搶手，相關的生產技術也受到嚴密保護；例如，英國工匠在 1502 年時，組成了一個名為崇敬油漆與染色公司（Worshipful Company of Painter-Stainers）的行會，尋常人根本不得其門而入。

拜清教徒之「賜」，美國的油漆產業起步非常緩慢（譯注：清教徒推崇刻苦耐勞，迴避世俗的享樂主義）；1632 年時，清教徒指控一名麻州男子興建了一棟含有「過多護壁材料與其他裝飾」的住宅。然而，美國人的務實性格終究佔了上風，到 1866 年時，亨利‧宣文（Henry Sherwin）與愛德華‧偉廉斯（Edward Williams）創辦了宣偉公司，後來更推出世界上第一款保證即開即用的油漆。

隨著工業時代持續向前推進，「油漆」變成了「塗料」，並被用

來粉飾與保護所有需要避免受天然災害傷害的事物——包括汽車、船舶和飛機。宣偉塗料公司開發了很多現代粉飾用塗料，該公司不僅為這些塗料申請專利，還持續投資許多資金，研究與開發能深化其產品護城河的方法。為了讓宣偉的品牌變成家喻戶曉的第一品牌，該公司也持續投入行銷支出。

長達一百五十年的創新與品牌忠誠度，是當今的宣偉塗料公司的主要競爭優勢，但真正讓這家公司鶴立雞群的因素，其實是它那不可思議的零售網。宣偉塗料公司經營的零售網路包含了近五千家的自有店面，業界實力最接近該公司的競爭者——必丕志公司（PPG）——只經營大約一千家店面。

為什麼這個自有店面網路能賦予宣偉塗料公司那麼優越的條件？因為只有宣偉塗料公司擁有足以每天真正接觸到美國粉刷師傅的廣大店面群。一如很多了不起的企業，宣偉塗料公司在打造它的護城河時，也不斷思考「顧客重視什麼」，接著再反過來創造顧客想要的東西。在電腦學會如何利用塗層來為建築物打點門面以前，住宅粉刷作業的經濟學仍將一如既往的單純：粉刷師傅的 80％費用是勞動力，20％是塗料。因此，對粉刷師傅來說，「時間就是金錢」，而宣偉塗料公司就像雷射光束一樣，聚焦在那個事實。在這些單位經濟學（unit economics）的考量下，想必粉刷師傅會很樂於獎勵能為他們節省時間的公司。既然如此，選在多數人每天開車上班途中的必經之地廣設店面的企業，一定能獲得粉刷師傅的獎勵。

這就是宣偉塗料公司採取的作為。他們甚至提供免費的路邊取貨服務，讓粉刷師傅免去下車的不便，不僅如此，他們還附贈免費

的甜甜圈。另外，該公司還以三千輛卡車組成的車隊來補強這個網路，卡車司機們不斷在公司與工地之間往返，協助補充物料。必丕志公司雖也擁有自家的店面，但它的總店面數只有宣偉塗料公司的五分之一左右，換言之，必丕志的店面密度不足，難以構成無所不在的供應網。反觀另一家競爭者班傑明‧摩爾（Benjamin Moore），它雖有更多接觸點（contact points），但因為這些批發商店的所有權不並屬於班傑明‧摩爾，每個店面的所有權各自獨立，所以，那些店面難以實現和宣偉公司類似的一體化運作模式。只有宣偉塗料公司能處理全國性的客戶，也只有宣偉塗料公司能持續不斷地透過全國性品牌活動，推出改良的新塗料。不僅如此，只有宣偉塗料公司擁有能讓粉刷師傅在晚間訂購十加侖蛋殼白油漆、並在隔天早上到本地分店門口取貨的行動應用程式。

宣偉塗料公司的商店網路就是它的一大優越條件，而這項優越條件還繼續在成長。宣偉塗料公司每年都會加設接近一百家新的自有店面；必丕志公司每年新設的店面數幾乎不到二位數。難怪宣偉塗料公司在北美的塗料銷貨收入每年成長率達到 6％至 7％，是競爭者成長率的兩倍。

在此同時，在這個龐大且持續成長的市場上，宣偉塗料公司只擁有偏低的市佔率。全世界粉刷與塗層產業依舊支離破碎，而宣偉公司在這個產業的佔有率只有 10％。整體而言，這個市場的年度銷貨收入接近 1,500 億美元，它的規模龐大且成長率略高於世界經濟成長率。

宣偉塗料公司的經營管理者也非常卓越。宣偉塗料公司並沒有

一個足以和亞馬遜的貝佐斯或首都城市的墨菲比擬的那種明星高階執行主管；然而，宣偉塗料公司總是不厭其煩地反覆勸誘每一位員工──下至商店受訓職員，上至執行長──應養成「秉持業主思維」的紀律。在宣偉塗料公司，不是只有財務長才懂得諸如資本報酬與資本配置等原則，而這也是它與眾不同的優勢。

你可以從高階執行主管的一言與一行看見這一點。宣偉塗料公司鮮少收購其他企業，不過一旦它出手，成果都非常出色。2017 年時，它以 100％債務融資的方式，收購了領先業界的工業塗層公司威士伯（Valspar）。一如首都城市的湯姆‧墨菲，宣偉公司採用債務融資來支應收購款項的理由是，他們不需要使用股票；取而代之的，他們可以利用幾年的時間，以宣偉塗料公司豐沛的現金流量慢慢還清這項債務，接著再永遠享受這項收購案所帶來的利益，股東權益完全不會被稀釋。宣偉塗料公司會詳細闡述該公司現金流量的優先用途，接著便堅持這些計畫，這個作法明顯和其他較沒有紀律的公司不同。它將資金再投資到它的商店網路、產品開發，以及宣偉品牌；剩下的就全部還利於給股東，有時候是以股利的形式，有時則是以買回庫藏股的形式為之。

2. 科技能讓已經很卓越的
企業變得更優秀嗎？

如果艾可飛（Equifax）不是創立於 1899 年，它可能會被歸類為科技公司，而這樣的歸類並不為過。畢竟該公司銷售的產品──消

費者的信用資訊──不過就是一些數字。

　　多數人都知道自己的信用（FICO）分數；但較少人知道那個信用分數是以艾可飛編製的原始數據來決定，目前以編製這類原始數據為業的企業有三家，包括艾可飛。該公司是蓋伊‧伍福特（Guy Woolford）與卡特‧伍福特（Cator Woolford）兩兄弟所創辦，在即將進入二十世紀之際，他們挨家挨戶拜訪亞特蘭大的企業，詢問這些企業的顧客按時支付帳款的傾向。伍福特兄弟會當場把那些企業的答覆，依照諸如「準時」、「緩慢」或「需要現金」等幾個大類，分別註記在一本分類帳裡。倆兄弟回到辦公室後，便接著將這些數字編寫到一本書裡，最後以他們所謂的《商人指南》（*The Merchant's Guide*）一書發表那些數字。雖然這本書要價 25 美元（這在當時可是一大筆錢），很多亞特蘭大企業卻感覺買它很划算：因為有了這份資料，企業就能在對特定顧客授信以前，先釐清對方的信用史，所以，那的確是難能可貴的參考資料。

　　於是乎，現代美國信用調查機構就這麼誕生，而最初在類比時代發行《商人指南》的這家企業，也漸漸進化為目前存在於數位領域的企業。然而，儘管歷經了這個巨大變化，它目前的商業模式還是維持不變。潛在債權人──主要是銀行和其他金融機構──將它們的消費者數據提供給艾可飛以及艾可飛的兩家主要競爭對手環聯（TransUnion）與益博睿（Experian）。接著，這些信用調查機構再以遠比「準時」、「緩慢」或「需要現金」更精密的方式，來為那些數據分類，最後再把處理過的數據轉賣出去──通常還是賣回給提供消費者原始資訊的那一批金融機構。

　　這是很划算的買賣：主要顧客免費將關鍵的原始資料提供給你，等到你處理並修飾過那些資料後，再向你買回。此外，這項業務受到「規模」進入障礙的保護。艾可飛和它的兩大競爭對手都已經營了好幾個世代；銀行業者早已習慣和它們做生意；而由於銀行業者經由這些信用調查機構的分析結果獲得非常寶貴的特有見解，所以，它們根本沒興趣把相同的原始信用數據免費交給剛介入業界的信用調查機構。在此同時，這幾家信用調查機構也享受和 Google、臉書及其他企業一樣的數位經濟學利益：它們的產品是無實體的一堆數字，所以，每一次金融機構付費向艾可飛取得那些資訊，艾可飛的新增收入就能獲得接近 100％的利潤。

　　事實也證明，這幾家信用調查機構意外地頗能抵禦科技所帶來的衝擊。雖然目前有許多金融科技領域的新創企業試圖藉由檢視顧客的社群媒體帳戶，來估算客戶正常償還債務利息的傾向，不過，這個方法的成效，比不上直接檢視顧客的實際信用歷史。雖然消費者不喜歡閒雜人等取得他們的個人資料，但幾乎所有美國人都希望債權人檢視他們的資料，因為若不允許債權人檢視那些個人資料，民眾就無從取得貸款。有一家專門迎合年輕投資人胃口的金融服務業新創企業認為，只要它承諾不與那幾家信用調查機構分享信用數據，就能吸引顧客上門，但該公司的顧客卻對此非常反感，因為如果沒有這項數據，他們就無法取得汽車貸款或房貸。

　　然而，2017 年時，艾可飛公司竟放任一系列激怒消費者的事發生，而那些消費者的憤怒也非無的放矢。當時，駭客入侵了該公司的資訊科技（IT）系統，竊取近一億五千萬人的信用數據──那幾

乎是美國一半人口的數據。更糟的是，其中很多記錄牽涉到「四大」安全識別（security identifiers）資料，包括姓名、地址、生日與社會安全號碼。該公司執行長因此「引咎辭職」，到最後，該公司也同意支付 10 億美元的罰金與集體訴訟和解金。

艾可飛公司的股票在這個侵權案件爆發後重挫，而我出手買了它的股票，因為我認為，那時「市場先生」免費送了我一個以合理的價格購買某個卓越企業的機會。雖然這一次侵權情事非常嚴重，卻可能不見得會導致這家公司從此被斷了手腳。美國企業界有許多骯髒的小秘密，其中之一是：在企業眼中，罰金和集體訴訟只是從商的成本之一罷了。沒有人想要平白奉上數億美元給別人，但這些和解金通常只相當一個年度的盈餘。一旦付清了，問題也會消失，而偉大的企業依舊繼續前進。[16]

一如往常，艾可飛在幾年後解決了和這個侵權案件有關的所有問題。它聘請了新的 IT 管理人員、付清了罰金，還聘請了一位新執行長，這位新執行長把這次危機當成加碼投資科技的機會。

像艾可飛這樣的優秀企業已經非常罕見，一天比一天卓越的優異企業更是猶如鳳毛麟角，艾可飛就是其中之一。已經受到高進入障礙保護的艾可飛，正利用科技來加速營收與利潤的成長，最重要的是，它還利用科技進一步強化它的競爭優越條件。

16 有趣的是，在接近一億五千份被竊的身份識別資料中，沒有任何一份被用來購買任何東西。這是那類駭客案件常見的狀況，入侵者只是從事間諜偵察行為，不是真正的小偷。有關這個事件的後續發展：2020 年年初，美國司法部（Department of Justice）以違反刑事規定而起訴四位中國軍官。顯然中國誤以為它有可能從艾可飛的數據裡，找到既掌握敏感情報又有尷尬信用史的四星級上將。

　　然而，艾可飛必須投資大量資金才能實現這些目標。未來幾年，該公司計畫花費大約十五億美元的支出，將它的數據從內部伺服器（也就是巨型電腦），轉移到 Google 的雲端平台。雖然這些支出已導致艾可飛的短期盈餘受到壓抑，但等到資料轉移作業完成，它的長期盈利能力將顯著提高。屆時艾可飛的成本將會降低，而它為顧客提供的數據將更加健全，該公司也將因此變得更有價值。

　　一如當今的很多科技公司，艾可飛為了促進長期盈餘的成長而犧牲短期盈餘，這嚇跑了只看當期本益比的短線投資人，但在長期股東眼裡，它卻別具一番姿色。概念上來說，那些支出就像是艾可飛當年因資料外洩而被迫支付的罰金。一旦那些開銷付清，就不會再影響到艾可飛，但該公司體質因那些支出而獲得的改善，將持續對它的盈利能力產生有利的影響。

3. 這項事業是否為在數位革命中落後的人提供服務？

　　達樂雜貨店的英文名稱——Dollar General——有誤導之嫌：它是一家雜貨店，但店中的每樣商品並不是都只賣 1 美元。取而代之的，它銷售的是諸如麵包與雞蛋等日常必需品，而它的每一家店面，都座落在方便都會區與鄉村地區較低收入民眾購物的地點。達樂雜貨店是一家令人驚嘆但也明顯被誤解的公司。它因做善事而創造了優異的表現——只不過，對美國來說非常遺憾的是，目前需要靠該公司來滿足的民眾需求正日益增加，換言之，需要仰賴它的善行的美

國民眾愈來愈多。

　　我在說明艾可飛和宣偉塗料公司時，分別提到了這兩家的許多特質，而達樂雜貨店體現了當中的所有特質。街角商店和塗料一樣能抵禦科技所帶來的衝擊。假定你下班後正要準備晚餐，突然發現你短缺幾樣小東西。碰上這種情境時，只有便利的達樂雜貨店能滿足你的需要，其他沒有任何一家線上零售商能提供類似的便利性，連雜貨配送商印斯塔貨運公司也不行。達樂雜貨店和艾可飛一樣，是當今少數經營狀況漸入佳境的傳統企業之一，只不過，誠如我說過的，那是基於幾個令人難以欣喜的理由。

　　達樂雜貨店之所以有能力抵禦科技所帶來的衝擊，主要理由就在於它的便利性，不過，另一個原因是，它的顧客負擔不起亞馬遜Prime 一年 139 美元的訂戶費用。達樂雜貨店的顧客的年所得大約只有美國人平均所得的一半，所以，達樂雜貨店裡經常張貼一些寫著「我們接受補充營養援助計畫」（WE ACCEPT THE SUPPLEMENTAL NUTRITION ASSISTANCE PROGRAM）等字眼的標語，那是指以前所謂的食物券等聯邦救助計畫。當你搞懂達樂雜貨店的單位經濟學，你就等於走進了美國貧民的世界。有一次，我和該公司企業總部的一位高階執行主管一起去參觀達樂雜貨店，他解釋了為何該公司銷售的兒童午餐盒用的威奇（Welch's）果汁，是裝在可重複封口的塑膠瓶裡，而不是裝在標準的利樂包。他解釋，孩子們可將這種可重複封口的瓶子帶回家給父母重複利用——父母親在新果汁裡摻水後，充當孩子隔日午餐的飲料。

　　某些進步派人士（progressives）批評達樂雜貨店導致美國的營養

危機進一步惡化,因為它囤積了大量小黛比牌(Little Debbie)零食糕餅,且它供應的新鮮蔬果相對稀少。不過,那種批評忽略了問題的根本導因。達樂雜貨店本身並非食物沙漠的製造者,它只是被動回應食物沙漠的問題罷了。該公司經常在塔吉特(Target)或克羅格結束營業的店面位置開設新據點。在那樣的社區,民眾除了到達樂雜貨店購物,幾乎別無其他替代選擇,而且,現在也有很多營養學家稱讚達樂雜貨店經由供應糙米、豆類與全麥麵包等,略微改善窮人的日常飲食。公共衛生教授伊莉莎白‧雷辛(Elizabeth Racine)向《彭博商業週刊》表示:「我過來訪查後,」「很感謝他們願意在低所得地區營業,因為很多其他商店不願意到那些地方設點。」

　　達樂雜貨店實際上是很多小型社區的獨家經營商店,所以,它大可以仿效早期許多雜貨店的作法,對顧客予取予求,或甚至訛詐顧客。然而,達樂雜貨店並沒有這麼做。取而代之的,它努力設法維持不高於沃爾瑪3％至5％的售價,這其實不容易,甚至堪稱令人驚奇的本領,因為達樂雜貨店的採購實力還不到沃爾瑪的十分之一,而且,它還得維護一個由眾多極小規模且通常位於不毛之地的店面所組成的網路。該公司的資本報酬率大約落在20％左右,那顯示它是一家表現優異但又不以掠奪為目的的企業。事實上,達樂雜貨店的訂價大約比它的兩大主要競爭對手——CVS與華格林(Walgreens)等連鎖藥局——低40％。我上一次檢視時,一加侖的席爾克(Silk)杏仁牛奶在CVS的售價是4美元,但在達樂雜貨店的售價只有2.5美元。

　　華格林與CVS以「便利性」來招攬顧客,但達樂雜貨店則是藉

由「便利性」與「低廉的價格」來吸引顧客，而由於達樂雜貨店總
是能設身處地為顧客著想，才得以如此蓬勃發展。就在眾多藥局為
了維持銷售動能而傷透腦筋之際，達樂雜貨店的同店銷貨收入——
也就是來自現有商店群的銷貨收入——卻連續三十一年成長。誠如
我之前在報業的一位良師益友佩特·史提斯曾說的，你遲早會因為
你過人的潛質而為人所知。

　　達樂雜貨店的銷貨收入只有沃爾瑪的 6%，所以，它在龐大的美
國零售市場上，只擁有非常低的市佔率。但它擁有多重競爭優勢：
低成本、便利性以及顧客的信賴。可悲的是，儘管不少受過高等教
育、具數位素養的都會區居民已跨越工業鴻溝，卻還有許多人還在
那個鴻溝另一端掙扎，而且這兩種人之間的分化程度愈來愈大，正
因如此，美國民眾對達樂雜貨店的需求才會持續增加。美國各地的
都市裡有非常多後工業（postindustrial，譯注：經濟體系從製造業掛
帥轉變為以服務業為主的過程）領域的知識性勞工，像是行銷、媒
體、金融，當然還包括科技業的勞工。然而，在這些都市的某些角
落，卻還是非常貧窮且明顯受剝奪，不僅如此，美國也有非常龐大
的鄉村地區因工廠的外包策略而受到重創。

　　達樂雜貨店將它的店面設在這些空蕩蕩的地方，而且，每年那
樣的空蕩地點仍在持續增加。五年前，達樂雜貨店估計整個「一美
元商店」產業能夠再支援一萬個額外的銷售點。儘管從那時迄今，
這個產業已增加了數千家店面，達樂雜貨店目前卻認為，整個美國
還容得下另外一萬兩千家這類店面。原因是，隨著數位落差（digital
divide）加速擴大，美國民眾對達樂雜貨店的需求也加速成長。

第三部
綜合分析

第十一章

投資你熟知的事業：
年長投資者和年輕投資者的
實用建議

　　很多人問我是上哪兒找到我的概念，這似乎暗示好的概念很難找，但事實正好相反。因為根據我二十五年多以來每天努力搜尋優質投資標的的經驗，最大的挑戰並不在於概念的來源多還是少，而在於如何去蕪存菁，留下真正好的概念。儘管如此，在我展開選股生涯之際，我記得我也曾和你一樣千頭萬緒，不知該從何處著手。我記得我當時想，世界上必定有一條匯集各種概念的川流，一條允許我跳進去並隨波逐流的「概念川流」。我的想法是正確的──不過，因為當時的我還是個新手，所以根本不知道那條概念川流位於何處。

　　為了幫助你找到那一條概念川流，我要先送給你一個忠告，這也是彼得‧林區在一個世代前透過他的書送給我的忠告：先從你眼皮底下的東西開始。不要把你的經驗看得太過理所當然，你應該善

加利用個人的經驗。當你開始使用自己的經驗，至少絕對能找到一個值得研究的概念。雖然那個概念不盡然行得通，卻會引導你找到其他兩個概念，而那兩個概念將引導你找到一條讓你獲得其他更多概念的人脈……等等。如果你用這個方式向前推進，總有一天，你將會置身在這條概念川流，開心地為了獲取財務成就而奮鬥。

在搜尋具說服力的投資標的時，你不僅應該利用個人經驗，也要使用你的專業經驗。這兩種經驗都非常寶貴，只不過，寶貴的原因各有不同，而且這兩種經驗各有其具體的優點與缺點，此刻我們就要探討這兩種經驗的優缺點。

使用你個人的工作場所經驗

所謂「親不敬，熟生蔑」，當我們非常熟稔某個人、事、物，就會對它產生輕蔑之心，所以，你可能並不太瞭解你在自己平日的工作領域裡擁有多大的優勢。事實上，你比 99％的其他投資人更瞭解你所屬的那個小小的經濟角落，所以，你比其他人更清楚這個領域裡，有哪些公司正蓬勃發展，哪些又表現平庸。巴菲特以「能力圈」（circle of competence）來描述那種產業專業知識，而利用個人能力圈開拓出來的投資概念，有可能讓你獲得非常優渥的報酬。

很多專業投資人對穩固扎根在特定經濟部門的人既妒又羨，只不過，我們不太喜歡承認這一點。儘管我們在經過一段時間的歷練後，有時候也能培養出幾個不同產業的能力圈，但專業投資人在嘗試瞭解各個經濟部門的過程中，總難免有一點隔靴搔癢的缺憾。舉

例來說，一個到訪某城鎮的外地人對那個城鎮的瞭解，永遠比不上當地人對那個城鎮的瞭解。如果你居住在那個城鎮，你一定知道哪些鄰里比較宜居，哪些又比較危險。你會知道哪些居民可疑，哪些又很可靠，而諸如此類的知識，能賦予你某種特有的優勢。

彼得・林區感嘆，多數業餘投資人把那一項優勢看得太過理所當然，並因此未能善加應用這項優勢。他在《彼得林區選股戰略》一書裡寫道：「一般來說，如果你對所有醫師做問卷調查，」「我敢說只有非常低百分比的醫師實際上有投資醫療股，投資石油股的醫師應該會更多；如果你對鞋店老闆做問卷調查，投資太空業的鞋店老闆應該比投資鞋業的多，而太空工程師涉獵鞋業股的可能性，說不定比投資太空相關股票的機率還高一些。」這樣的傾向在當時是錯誤的，現在更是如此。當今科技變遷速度之快，凸顯出個人知識的重要性已遠遠超越經濟穩定時期，因為一旦變遷的速度非常快，產業專家與其他人之間的知識落差就會擴大。

所以，請緊緊把握你的能力圈，並從中挖掘投資概念。如果你從事業務與行銷領域的工作，你一定比幾乎所有投資專業人士更瞭解賽富時（Salesforce，譯注：客戶關係管理平台）。賽富時正持續拓寬它的護城河嗎？有沒有人正試圖在該公司的護城河底下挖掘密道？在龐大且利潤優渥的顧客關係管理軟體市場上，是否有任何空間能讓靈活的利基型介入者生存？我不知道這個問題的答案——但你或許知道。

這個道理也適用於 Autodesk、Splunk 及 Ansys 等企業對企業（business-to-business，以下簡稱 B2B）型的公司。如果你是在工

業設計領域工作，並需要使用電腦模擬軟體來測試新產品的原型
（prototype），那麼，你就會比幾乎所有人都更瞭解 Ansys 公司有沒有
護城河。

　　談到諸如賽富時和 Ansys 等只對其他企業銷售的公司時，必須特
別警惕一個要點：相較於以個人消費者為目標顧客群的企業，通常
這些所謂 B2B 公司的顧客，比較沒有忠誠度可言。相較於一般對個
人銷售的企業，B2B 公司經常無法靠消費者偏好、顧客習性或品牌
實力取勝。企業對企業的市場是受價格與績效驅動，這使得 B2B 企
業的優越條件更加難以長久維持不墜。

　　更快、更便宜、更好──是 B2B 領域所有企業最念茲在茲的目
標。B2B 生態體系裡並不存在品牌護城河；較常見的企業優越條件
和海科公司的優越條件類似：某一項「必要產品」的「低成本」生
產商。但即使你擁有低成本護城河，還是應該隨時保持警醒，因為
競爭對手們幾乎隨時隨地都在想方設法，意圖突破你的護城河。

　　基於這個理由，除非你確信某一特定公司的護城河既深且耐
久，你對那個 B2B 領域的獨到見解才充分可行。我朋友漢萊克
（Henryk）經常陪我玩撲克牌，身為查帳員的他，最近問我是否知道
一家稱為歐特萊克斯（Alteryx）的公司。歐特萊克斯公司的業務是
為會計師事務所與其他企業打造一種可用來組織與分析大型數字型
數據集的工具。我不知道歐特萊克斯公司的狀況，但我問了漢萊克
幾個和該公司有關的疑問。它是市場領導者嗎？他回答：是。你能
想像如果沒有這家公司，你還能做好你的工作嗎？他說：絕對無法
想像。他解釋，雖然歐特萊克斯公司不是最低成本的生產商，但市

場上較便宜的產品，明顯較該公司的產品劣質。最重要的是，使用歐特萊克斯公司的產品後，漢萊克的公司獲得了非常大的生產力回報，而且，他目前還看不到有任何競爭者能做得比歐特萊克斯好。聽到他的這些回答後，我隨即鼓勵他進一步落實這個概念。

使用你個人的消費經驗

但在研究必須直接面對消費者的科技公司時，使用的研究方法則和鑽研個人工作場所利基的方法完全相反。舉例來說，每天有數十億人使用蘋果公司和亞馬遜的產品，所以，世界上多數人都瞭解那兩家公司的經營成果，也知道它們有多重要。由於這兩家公司的優點幾乎是人人皆知，所以我們較難取得和這兩家公司有關的獨特見解，因此也較不容易透過那類獨特見解來創造比別人多的價值。

然而，在研究這類企業時，也不是完全不可能掌握優勢。如果要研究消費性科技公司，通常必須檢視更深一、兩個層次的問題。

每個人都知道亞馬遜是電子商務的領導者，且多數人也知道較小型的獨立商家會使用亞馬遜的平台來銷售商品。不過，較少人瞭解很多那類小型商家痛恨亞馬遜對他們收取高額的手續費，並因此轉而投入 Shopify 公司（譯注：加拿大的跨國電子商務公司）的懷抱。Shopify 生產的軟體讓小型企業得以創設自家的虛擬店面。商家可在 Shopify 做幾乎所有他們在亞馬遜做的事，而且，他們付給的 Shopify 手續費更低。有些人稱 Shopify 為「反亞馬遜」（the anti-Amazon），而它那「隨插即用」式（plug-and-play）替代方案，確實也為顧客和

股東帶來非常大的利益。自 Shopify 在近七年前 IPO 後，股價已經上漲四十倍。

　　相似的，多數民眾知道網飛公司掌握了影片串流領域的支配力量，但較少人聚焦在另一個事實：網飛需要仰賴特定裝置，才能連結到民眾的電視機，而六科匯流公司是那類裝置市場上的支配者。六科匯流公司最初只是一家生產無差異化硬體的企業，但它已將它在中介裝置市場上的領導地位，轉化為一座二十一世紀初的收費橋。目前家家戶戶都安裝了許多六科匯流公司生產的裝置，這逼得各個串流頻道不得不與六科匯流公司分享它們的一部份訂閱費用，以免失去它們在六科匯流心目中的地位。股票市場已經注意到這個事實：從六科匯流公司在四年前 IPO 後，它的股票表現已顯著超越大盤。

　　即使是最知名的科技公司，也偶爾可能被投資人視而不見。不過，那樣的機會經常只有在市場崩盤時才會出現。想當初，我也是在網路熱潮崩潰時，才有幸以蘋果公司的資產清算價值（葛拉漢風格）介入它的股票。而在正常的市場上，盈利能力可作為幫助你發現那類價值的重要工具。每個人都知道亞馬遜是佔有支配地位的企業，但較少人瞭解它的價格也相當誘人。

....

　　「數位落差」一詞被用來形容技術為較有錢、教育程度較高的人帶來的利益高於它為較窮且教育程度較低的人帶來的利益，不過，世代之間也存在數位落差。較年老的投資人是向諸如彼得・林區之

類的人學習如何投資股票市場，而且，他們應該也曾經由這種投資法而獲得相當好的報酬。不過，較年長的投資人並未受過和新數位經濟體系有關的訓練。相較之下，較年輕的投資人則完全不同，他們生在數位時代，當然瞭解科技，也無須再接受任何訓練。然而，歷經三次不同市場崩盤走勢驚嚇的較年輕投資人，卻已經不再信賴股票市場。當今年輕投資人對股市的不信任程度，達到大蕭條以來最高。

總之，較年長與較年輕的投資人各有他們的知識落差，這些知識落差傷害了他們看清整體投資情勢的能力。因此，「購買你熟知的東西」原則有必要適當微調。誠如我在引言中提到的，較年長的投資人瞭解市場，但不瞭解科技，而較年輕的投資人則瞭解科技，但不瞭解市場。除非這兩個族群都能修正這些知識落差，否則他們將雙雙難以從今日的經濟動態中獲利。

給較年輕投資人的常識性忠告

研究數據並保持理性

考量到你曾經歷的幾次市場崩盤以及你目前的財務體質，你絕對有充分的理由不信任「這個體系」。目前還深陷大學學貸且未能顯著從大學教育受惠的人，當然有理由認定美國不是一個「任人唯才」的國家，也有充分理由相信這個賽局大致上遭到操縱。

然而，放任那類經驗引導你偏離正道，並投入迷因（meme）股與狗狗幣（Dogecoin）之類領域，則是愚蠢至極。加密通貨的領域

或許有利可圖（第十二章將更詳細探討這個議題），但在你跨入那個
奇特的領域以前，我鼓勵你先設法熟悉美國股票市場的數據：過去
一百年來，美國股市創造的財富，遠比歷史上其他任何一個場所都
來得多。我知道表面上看起來不是如此，但數據顯示，即使是在最
騷亂的世代，美國股市都是絕佳的投資場所。從 1988 年起（即千禧
世代誕生年的中點）即使股票市場出現許多次起伏，但平均每年還
是增值了大約 11％，明顯高於標普指數百年來的平均年度漲幅 9％。
從 1988 年開始，美國房地產（你的另一個重要傳統投資選擇）的價
值，平均每年只成長 4％。如果你在 1988 年投入 1 萬美元到房地產，
且沒有使用任何債務，如今那筆錢將變成大約 3.5 萬美元；但如果你
把那筆錢投入某一檔股票市場指數型基金，它現在的價值將接近原
本的十倍。而如果你找到能打敗市場的優秀企業，成果甚至會更好。

　　我承認，一旦投資股票市場，有時確實會被困在一些讓人極度
煎熬的情境。新冠肺炎病毒剛開始大流行時，股市在一個月內重挫
了 30％，這樣的下跌速度堪稱史上首見。在那類時期，感到害怕
是天經地義的。不過，即使在這些煎熬時期，我們還是應該保持理
性，並銘記班・葛拉漢有關「市場先生」的高見。一旦遭逢那樣的
時期，你應該問自己：股票市場是什麼？答案是：股票市場是隨著
時間的推移而發現價值的場所。如果能內化這句真言，將它化為你
的信仰，那麼，你就會把市場的拉回當成一個好機會，一個趁著跳
樓大拍賣搶購偉大企業的好時機。

你熟知科技；現在應該精通方法

對科技的熟悉讓你擁有某種優勢，但除非知道如何善加利用這個優勢獲取利益，否則也沒有實質意義可言。大致熟稔科技並不夠，你必須瞭解要尋找擁有什麼護城河的企業，還要瞭解一個優質的經營管理團隊具備什麼特質。此外，你也必須熟悉基本的評價工具，唯有結合前述幾項能力，才能找到既偉大且價格具吸引力的企業。本書第二部就是聚焦在這個主題。這是第三代價值型選股流程的精髓，而如果你先前略過這些章節，我鼓勵你回頭閱讀那些內容。

另外，你也應該適時跳脫現代數位生活的靜電干擾，這一點非常重要。生在數位時代，最不方便的事之一，就是每天得面臨大量刺激因素的轟炸。我這個世代受的教育要求我們要閱讀早報和收看晚間新聞；但如今，來自手機的資訊就像從消防水栓噴出的水，又大又急，除非你關掉它，否則它不會自動停止。所以，關掉手機吧，或者至少過濾一下資訊，只接受明智的資訊就好。否則你的大腦最後會被一大堆數據塞滿，套用工程師的表達方式，你最終只會接收到 100％的雜訊加上 0％的訊號。

投資的「賽局化」（gamification）是導致你注意力分散的主要原因之一，而引領這股風氣的是諸如羅賓漢（Robinhood）等鎖定年輕人市場的股票交易平台。羅賓漢因成功行銷一款靈巧的應用程式而迅速成長──一群年輕人在它的廣告中說著諸如「我是一個破產的大學生，投資可能對我的未來大有幫助」之類的話。套句千禧世代的口頭禪「wait what？」（等等，什麼鬼啊？），我並不反對把投資明訂為一種賽局；畢竟那是讓投資變得既有趣又有挑戰性的因素之

不過，它是一種特殊型態的賽局，而如果你誤解這種賽局的本質，最終一定會在競賽過程中犯下失誤。投資不是輪盤遊戲；也不是機率賽局，而且，贏家和輸家無法在幾分鐘、幾天或甚至幾個月之內判定。投資是一種長期的賽局，一種獎勵技能與策略的賽局，最重要的是，它會給予多年堅持且努力不懈的人非常優渥的獎勵。

當然，美國是一個自由的國度，也是一個自由的市場，你絕對能用你想要的任何方式來參與這場投資遊戲。不過，如果你試著慢慢來，而不妄想快速致富，就能累積更多的財富。企圖快速致富的結果，通常是痛苦的覺醒和災難。歷史上另一位知名的記板員——傑西‧李佛摩（Jesse Livermore，他是現代人所謂的當沖客）——留下的教誨迄今仍歷歷在目。李佛摩是一位能幹的投機客，他曾因賺了太多錢而成了波士頓所有股票經紀商的拒絕往來戶，當時他還未滿二十歲。李佛摩分別在 1907 年大恐慌與 1929 年股市崩盤期間，藉由放空股票（也就是賭股票將下跌）而致富，但他也不止一次因投機失利而破產。1940 年時，面臨另一次個人財務危機的李佛摩，沒有再次選擇勇敢面對，而是選擇在荷蘭雪莉飯店（Sherry-Netherland hotel）的衣帽間，用一把左輪手槍結束自己的性命。

千萬別步上這位投資前輩的後塵。不管你投資什麼，都應該秉持班‧葛拉漢在一個多世紀前發明價值型投資以來，所有價值型投資人都堅持的那種耐心和紀律嚴明的心態。

給較年長投資人的常識性忠告

設法瞭解科技

　　如果你的年紀大到讀過彼得‧林區當年熱騰騰剛出版的投資書籍，我就無須說服你把資金投入股票市場，想必你們已是股市老兵。林區告誡我們，股票市場是長期增加個人財富的最佳場所，尤其如果我們擁有辨識優秀企業的能力，累積的財富將更為可觀。然而，從他的書出版後，網際網路、社群媒體與行動電話等科技產物相繼問世，而數位企業——擁有印度神濕婆（Shiva）的特質，能創造新產業並毀滅舊產業——的誕生，已使林區舉的很多最佳贏家範例變成過氣的落伍企業。

　　如果我們想要持盈保泰到下一個世代，就必須承認這個事實——但如果你和我一樣，且到了特定年歲，一定會抗拒接受這個事實。這樣的頑固態度是可以理解的，甚至堪稱理性——畢竟過去我們的確藉由投資可口可樂與輝瑞等第二代價值型投資法所認定的偉大企業，獲得了相當好的成果。改變本來就很難，尤其若改變意味學習新產業、新詞彙與陌生的商業文化，那就更難了。較年老的世代做生意時習慣穿西裝、打領帶，而且一定會選擇位處「三角窗」的辦公室。但現在的年輕人卻喜歡帽 T 一穿，就牽著狗去上班。街區公司（Square）的執行長還戴著鼻環！我們這一代的人如何能認真把那樣的人當一回事？

　　儘管我們有這樣的思維實屬天經地義，但那種思維卻也是錯誤的。那類「孩子們」經營的企業的確有賺錢——而且是賺大錢——

何況，這些穿著帽 T 的軟體工程師，正掌管著史上最強大的經濟引擎。可口可樂已營業大約一百三十五年，它一年的盈餘從未超過 100 億美元。相較之下，2014 年才正式成為公開掛牌企業且向來秉持利他主義（它的座右銘是「不為惡」）的 Alphabet，卻創造了比可口可樂高三倍的盈餘。

諸如此類的統計數據也讓巴菲特與蒙格不由得對新經濟大表讚嘆。儘管他們只持有一家大型科技公司（蘋果）的股份，但情勢清楚顯示，他們已經研究過數位生態系統。巴菲特已經九十幾歲，而蒙格更是屆臨一百歲。如果他們能學會這些事，想必我們也行。

不恥下問，向孩子們學習

為了熟悉科技，我們將需要較年輕世代的協助。我們也必須克服自己的天然抗拒傾向。我們不像子女那樣天生就懂科技，而這讓我們感到低人一等。更糟的是，這讓我們感覺自己老了，不中用了。諸如此類的感覺會與日俱增，最後甚至促使我們當中的很多人將科技貶抑為只是一種可供投資的資產類別。

為避免落入那樣的陷阱，我們必須敞開心胸，從較年輕世代身上吸收教誨。通常這些教誨只會隨機且偶爾出現，所以你必須主動留意。巴菲特說，他直到有一次帶著曾孫子女以及他們的朋友到冰雪皇后後，才終於瞭解蘋果公司作為一個消費性品牌的強大力量。當時，那些孩子們全部沈浸在他們的 iPhone 世界裡，遲遲無法專心點選他們想要的冰淇淋，這讓巴菲特得到一些靈感。當然，他隨後深入研究了蘋果公司，到目前為止，波克夏‧海瑟威公司已因巴菲

特當時的靈機一動，而賺到超過 1,000 億美元的未實現利益。

　　我也是直到我兒子的朋友莫瑞茲（Meraz）向我解釋過 Chegg 公司（美國主要的線上教科書提供者）後，才瞭解這家企業。我上大學時，教科書是在大學的書局裡購買。就算是比較勇於冒險的人，最多也只是向在路燈柱子上貼廣告的人購買二手教科書。而如今的 Chegg 公司卻是使用網際網路出租或是銷售書籍，包括新書和二手書，也包括實體書和數位形式的書。已在網路市場上擁有重要佔有率的 Chegg 公司，進一步善加利用它的品牌知名度，自我轉化為一個平台，並透過這個平台銷售與學校有關的其他產品與服務。你可以在這個平台上請家教，也可以加入這個平台的微積分或生物學論壇，從中找到家庭作業習題的答案。你甚至能在這個平台找到暑期實習的機會，當然，必須付費。

　　Chegg 公司的名稱或許有點無厘頭（譯注：將 Chicken 和 Egg 兩字組合在一起，發想自「雞生蛋，還是蛋生雞」的疑問），但談到服務學生，Chegg 公司可說是滿口生意經。如今，Chegg 公司的營收大約和傳統的教科書供應商霍頓‧米夫林‧哈考特公司（Houghton Mifflin Harcourt）相等，但這是靜態的數字，所以是具誤導性的統計數據。更重要的事實是，過去五年來，Chegg 的營收增加兩倍，而霍頓‧米夫林‧哈考特公司則衰退接近 30%。由於市場體認到 Chegg 公司的未來一片光明，而霍頓‧米夫林‧哈考特公司的未來將黯淡無光，因此 Chegg 公司的市場價值幾乎達到這個傳統領域的競爭者的兩倍。

　　數位世界是一個截然不同的世界，但它終究是一個可理解的世

界，我們的子女、姪子女和他們的朋友很懂那個世界，他們有能力
向我們解釋那個世界。不過，若想透過這個方式理解那個世界，你
必須先允許你的學生成為你的老師。那或許是困難的調整，但一旦
你克服最初的膽怯，可能會發現那是一個愉快的學習過程。我親身
經歷過那樣的過程——我曾向我二十六歲的軟體工程師兒子學習。
他以前老是嘲笑我對科技一知半解，這刺激我努力摸索，試圖理解
他天生就懂的知識。代間緊張氣氛隨之而來——但到了某個時點，
我決定卸下我的武裝，真心向他學習。從那時開始，我對科技的瞭
解果然突飛猛進。

第十二章

七項投資習慣和投資新趨勢：
加密通貨、迷因股、社會責任投資

現在，你已經知道若要搜尋優異的投資概念，應該從哪裡跨出第一步：利用你自己的經驗。你也知道要如何完成這件工作：透過BMP 核對清單來檢視這些概念。不過，在跨出第一步到完成這件工作之間的那個期間，你要做些什麼？那個漫長又不確定的中間階段有什麼重要性？另外，在你做出投資決策後，接下來又該如何？用另一個方式來說，在二十一世紀初的今天，你應該要依循什麼樣的流程，才能成為一名成功的投資人？

一如園藝、冥想和養育小孩，堅持不懈且有條不紊的投資研究方法，才有可能得到最好的投資成果。隨興、間間斷斷的投資研究法無法讓你得到良好的回報，因此，最好是將自己融入某種節奏。就像所有園丁、冥想者或父母會告訴你的，關鍵在於日常紀律。

本著那個精神，以下是幾個能幫助你建立紮實習慣的務實建議，我個人感覺那些習慣就像是一股堅實的支持力量，對我的投資

實踐助益良多。稍後我將在這一章的下半部內容提出幾個和時下較流行——且危險——的「趨勢」有關的想法，那些趨勢之所以危險，是因為它們有可能會分散你的注意力，導致你難以實現「成為二十一世紀初紀律嚴明的財富創造者」的目標。

七項投資習慣，加速複合成長率

1.「明快—但不流於倉促。」 這是傳奇大學籃球教練約翰‧伍登（John Wooden）的至理名言之一。不管是對整個人生或是投資而言，這句話都非常中肯，尤其若這本書已經激起你的一些熱情，更應謹記這個忠告。當你想到第一個好概念，不要倉促將資金全部投入那個概念。取而代之的，你應該效法班‧葛拉漢以來的所有價值型投資人，採納和他們一樣嚴謹且有耐性的流程。利用 BMP 核對清單裡的不同過濾器，逐項檢視你的概念是否能通過檢驗，接著，小心不要讓你的熱情影響到你的判斷。

作為一名投資分析師，你應該表現得像個科學家：冷靜且善於分析。達爾文（Darwin）在陳述他的進化理論時，較關注和他的論點相悖的數據點，而不那麼重視能確認論點的數據點。他知道唯有對自己苛刻，才能打造出最有力的論據。

2. 延伸你的能力圈——不要畏縮。 要從數位經濟體系獲利，第一步就是善加利用你自身的經驗，不過，千萬不要畫地自限，你應該進一步善加利用別人的經驗來獲取利益。以別人的想法來驗證你個人的獨到見解是否正確。朋友、親戚、同事都能在概念的發想與

投資結論方面提供協助。如果你從事業務領域的工作，問問同事，他們是否認為賽富時公司擁有護城河？他們眼中的護城河和你觀察到的是否相同。如果你從事會計工作，而且你喜愛財捷軟體公司的產品，那麼，問問同事是否也對它的產品有同感。

另外，不要只問你認識的人。參加貿易展或產業研討會時，應該順道作一點投資研究。問問去參加那些活動的民眾看到了什麼樣的趨勢；多請教別人，並看看他們的意見和你的筆記比較起來有何出入。這些調查研究將讓你更加確信你的概念是否正確。

如果用這個方式來進行研究流程，長期下來，複合成長的力量自會顯現，但不只是你的金錢會複合成長，你的知識和人脈圈也會複合成長。

3. 大量閱讀。這是有原因的。巴菲特向來對捍衛他個人的日程表不遺餘力：他每天會擠出幾個小時的閱讀時間，你也應該以他為榜樣。一個人能否擁有投資領域的深奧知識，取決於他是否定期深入閱讀報紙、期刊、線上部落格、企業財務與業務報導、產業雜誌，以及商業與投資書籍。閱讀能幫助你跨進概念川流，並隨著它浮沈，這對投資概念的發想非常重要，更能讓你及時掌握現有持股的狀況。

4. 利用「市場先生」為你創造優勢。我不會建議你非得等到危機到來時，才出手投資一個好的概念。如果業務對了、經營管理者對了，價格也很適當，那麼，時機也會是對的。當年巴菲特差點為了幾百萬美元的開價差異而和時思糖果失之交臂，另外，在沃爾瑪成立初期，他也為了等股價稍微下跌一點點，而錯失了大好機會。

　　然而，一旦「市場先生」向你展現以物超所值的價格介入一家優質企業的機會時，你就該全神貫注了，因為此時也可能是積極投資的時機。不過，這件事知易行難。在我一生職涯當中，我親身經歷過許多次小型崩盤行情，以及三次大規模市場崩盤走勢，所以，我可以告訴你，當壞消息鋪天蓋地而來，任誰都很難從口袋裡掏錢出來投資。傑瑞米・葛拉漢（Jeremy Grantham）以「恐懼來襲時才展開再投資（Reinvesting）」的說法，精準描述了那類過程，長期下來，你應該訓練自己學習如何做到在恐懼時再投資。

　　每一個市場危機的細節都不同，但危機的敘事（narrative）基本上並無差異，這些敘事大致上包括：這個世界即將滅亡、金融體系即將崩潰，或是新冠肺炎病毒將導致人類活動永遠停止等。如果你能內化前述事實，將會非常有幫助。事後來看，那類「金融世界末日」般的故事情節都顯得非常荒謬，但在事情發生當下，卻讓人感覺非常真實。諸如此類的敘事為明智的投資人提供了一個極度簡單的決策樹（decision tree）：要麼是「這個世界真的即將滅亡」，要麼就是「我們最終還是會在兵荒馬亂中度過危機」。到目前為止，最後的結局都是後者，而那也意味，到目前為止，在恐懼時投資是正確的方法。

　　5. 關於建構投資組合，我真心建議：不要建構投資組合。巴菲特鄙視現代投資組合（modern portfolio theory）理論以及這個理論所秉持的分散投資（diversification）原則。彼得・林區也一樣，林區認為所謂分散投資只會愈分散愈糟（「diworsification」），而他的見解一點也沒錯。持有一個包含一百檔平庸股票的分散投資組合，最多也

只能得到分散且平庸的成果。

　　與其分散投資，我建議你使用你的優勢，尋找擁有優越條件的企業。找出幾家通過 BMP 清單檢驗的公司；購買這些公司，接著，像我朋友亞歷克斯堅定持有蘋果公司那樣，堅定地持有那些企業的股票。堅定的信念能打敗恐懼，而一旦你有堅定的信念，就不需要擔心會有過度集中投資的問題。從安德魯・卡內基打造他的鋼鐵帝國以來，這個世界已有極大的變化，但卡內基的主要原則之一並沒有落伍。他在 1885 年告訴匹茲堡柯瑞商學院（Curry Commercial College）畢業班的學生：「『別把所有雞蛋放在同一個籃子裡』是徹底錯誤的觀念。」「我告訴你們，『要把所有雞蛋放在同一個籃子裡，接著要嚴密看守這個籃子。』」

　　6. 釐清你對投資集中度的忍受度有多高，並據此加以校準。有些人就是耐受不了「將所有雞蛋放在同一個籃子裡，再嚴密加以看守」的壓力。很多人不像我朋友亞歷克斯那麼勇於孤注一擲，他們沒有信心將畢生儲蓄高度集中投入少數幾檔股票，即使如此也沒關係。請釐清你落在分散投資／集中投資的光譜上的什麼位置，這是瞭解個人投資性情的方法之一，而且那是非常重要的資訊。

　　所以，請找出你的忍受度，並據此規劃你的投資。不過，這項忍受度通常只能透過現實世界的經驗來釐清；只有在你真正持有某項標的時，你才會知道一旦它下跌 30％，你會感覺多恐懼。

　　然而，為了快速啟動這個流程，可以先拿一張紙，寫下你有多少退休儲蓄，接著扣除平日的生活費用後，算算你還有多少額外的錢可投資。下一步是問問你自己：如果我高度集中投資到少數幾檔

我很有信心的股票，每一檔股票的百分比要如何分配，我才會感到自在？且讓我們玩一下數字遊戲：你的可投入資金或許是退休儲蓄的 70％，而投入特定個股的百分比只能佔你可自由支配的券商資金的 25％，當然，你也可以採用相反的數字。不管數字是多少，一定要先確定一個數字，接著看看一段時間過後，你有什麼感覺。幾年後，你一定能找到適當的平衡。

　　如果你在投資個別公司後，還有剩餘資金，就應該將剩餘的資金全部投入某一檔標準普爾指數型基金，或（我的首選）專門投資科技股的指數股票型基金（exchanged-traded fund，以下簡稱 ETF），或是專門投資科技股且具有優異長期績效記錄的共同基金。若能把非集中投資到特定股票的那部分資金，投資到科技股相關的 ETF 或共同基金，那部分資金將比較有機會獲得高於平均值的報酬率。

　　7. 無論是否高度集中投資，都必須依循彼得‧林區的建議，並效法他的具體作為，即：長期投資，且隨著時間定期增加投資金額。業餘投資人不需要向任何人報告他們的短期績效，所以林區相信業餘投資人絕對比專業投資人更能實行長期投資的原則。業餘投資人的這種豁免權讓一般投資人得以鎖定長期目標，並聚焦在真正能維持多年成長並產生複合成長利益的偉大企業。作為一位專業投資人，我可以告訴你，林區的說法絕對正確。一個可能在未來兩三個月內對績效造成傷害的概念，有可能在三年後才能產生良好成效，而作為一個專業投資人，要在這兩者的利弊之間取得平衡，真的非常困難。但作為業餘投資人的你就不會陷入那樣的兩難，所以，你應該善用這個事實，為自己牟取利益。如果你時時刻刻都對你的高

集中投資型標的瞭若指掌，也堅信那些投資標的很健全，那麼，你就能安然市場不可避免的起與落。如果你能減少平日開銷，並定期將更多的所得投入股票市場，投資成果將會更好。那種定期增加投資金額的作法，就像為滾下山坡的雪球添加落雪。滾下山的雪球本來就會隨著它的滾動而持續複合成長，新添加的落雪則進一步會加速它的複合成長率。

長期投資者的優先考量

作為長期投資者，我們的優先考量必須非常明確：我們必須持續且有紀律地努力辨識、購買並持有優秀的企業。那種企業不會是高度投機的樂透彩彩券；想購買樂透彩彩券的人，直接到附近的投注站就好。當我們懂得要如何明智地投資，卻又把極高百分比的財富投入純屬機率的遊戲，就好像在幸福婚姻狀態下劈腿。我們永遠無法收回對婚姻不忠的過錯，相同的，因從事投機行為而虧掉的血汗錢，也永遠無法收回。

遺憾的是，在二十一世紀初的此刻，世界上存在很多可能導致我們對婚姻不忠的那類誘惑。這些誘惑將導致我們偏離真正的宗旨——也就是以可靠的方法累積長期財富。

當然，我們也不該拒絕接受所有新機會。這個世界瞬息萬變，所以我們應該敞開心胸，接納公開掛牌交易的科技公司以外的其他發展。不管是加密通貨、迷因股（meme stocks）或是社會責任投資（socially responsible investing）等趨勢都值得探討，我會像評估其他所

有機會那樣，嘗試著理性評估那些新穎的機會。以下就是我針對那些新趨勢所歸納的一些初步結論，而如果作為紀律投資人的你希望自行應對這些趨勢，以下的幾點看法也可供你參考。

探討投資新趨勢和建議

加密通貨

2020 年早春時節，這場大流行傳染病造成一波大崩盤，在那波崩盤走勢的底部浮現當天（事後才知道那一天是底部），我出手買了一點點比特幣，因為當時我對加密通貨的運作方式很好奇，也想瞭解這個實驗最後有沒有可能會以悲劇收場。買進一點點比特幣後，我開始落實我一位前上司反覆對我說的話，他常說：「先買一點點」「看看感覺如何再說。」這是個好建議。一旦出手買了某樣商品，原本抽象的投資概念就會變得具體——因為你已經擁有那一樣商品。

十八個月後，這一批比特幣投資增值為原來的六倍。我對自己出手買比特幣一事非常自豪嗎？並沒有！儘管比特幣是隸屬第三代價值型投資整體框架（即「世界已經改變」）內的投資標的，我購買比特幣的決策，卻徹底偏離了 BMP 模型。賺錢當然令人開心，而且，那些比特幣帶來的年化報酬率，高於我持有的財捷軟體公司、亞馬遜、Alphabet 與其他所有第三代價值型投資標的。不過，那只是一個雜音，不是訊號。購買比特幣就像購買樂透彩券，而 BMP 模型則是為了讓你我專心致志尋找能**系統化打敗市場**的方法而蓄意打造。從頭到尾，真正重要的只有業務的品質、經營管理團隊的素

質，以及市場要求你支付的價格。

　　話雖如此，我倒也不像老派的價值型投資者那樣，只因為加密通貨是全新的金融商品而全盤予以否定。最大規模的幾項加密通貨（包括比特幣）已經跨越了新通貨必須清除的第一個障礙，換言之，它們已被大眾接受。然而，雖然我們很可能從加密通貨賺到非常多錢，我卻不認為其中任何一項加密通貨能為世人帶來永久的財富。取而代之的，永久的財富將來自能助長加密通貨生態系統的企業──也就是讓加密通貨的使用變得更快速、更便宜以及更容易的企業，一如 Alphabet、亞馬遜與其他讓網際網路變得更快速、更便宜且更容易使用的所有企業。

　　雖然涉獵加密通貨的時間還不長，我還是彙整了我到目前為止領悟的道理，另外，我也會說明加密通貨對你未來的投資優先考量有何寓意。

　　什麼是加密通貨？最初期的幾種加密通貨被設計為新的支付方法──匿名且加密，並以一種稱為區塊鏈（blockchain）的資料庫為基礎。從很多方面來說，這種區塊鏈改良了傳統的金融交易系統，它沒有成本、沒有中間商，因此沒有人能窺探你和交易對手之間如何買賣交易。這一切的一切都是支持使用諸如比特幣等另類通貨的有利論據。

　　然而，「加密通貨作為交易媒介」的整體背景概念，其實是徹底循環（circular）的概念。當某人以某一項加密通貨完成一項區塊鏈買賣交易，他便會取得一項不具內在價值（inherent value）的「硬幣」。不過，這些硬幣必定有價值，否則就沒有人有誘因在區塊鏈上

執行與核實買賣交易。因此，要啟動一項加密通貨的良性循環，必須要有足夠的人認同這項硬幣有某種價值。如果那一群人認同它有價值，就會有愈來愈多人從事讓這個區塊鏈得以發揮作用的工作。

換言之，加密通貨基本上就是飛輪，而它完全取決於民眾對價值的理智估算。如果沒有足夠的民眾相信某一項加密通貨的硬幣有價值，就沒有人有誘因去挖掘那些硬幣。而如果沒有人著手尋找那些硬幣，區塊鏈就無法發揮作用。

很多人認為，為大約短短十年前才問世的某種貨幣估算價值，實在是一件很荒謬的事。然而，我認為問題並不出在加密通貨新穎與否；事實上，所有通貨（無論新或舊）的價值，本來就都是估算出來的。為什麼幾個世紀以來，世人會囤積、掠奪、夢想擁有黃金，並用黃金作為交易媒介？因為在古早、古早以前，我們的祖先發現了一批光鮮亮麗到令人驚嘆的黃色金屬礦藏，而這種金屬的價值因其美麗與稀少性，而獲得眾人的高度肯定。另外，世界上不同地區的不同民眾也分別發現了和黃金一樣既美觀又稀少的物品，像是早期就被用來作為普及性通貨的可可豆和瑪瑙貝等。

然而，到了某個時點，世界各地的文明國度開始將黃金標準化為一項衡量價值的工具與價值貯藏品。如今的加密通貨也出現了和黃金相同的變態（metamorphosis），不過，加密通貨和黃金之間有一個顯著的差異。我們的祖先花了數千年才終於就黃金的價值達成共識，但現代文明卻用不到十年的時間，就對比特幣與以太幣（Ethereum）的價值達成共識。

民眾相信比特幣與以太幣的原因是，這兩種加密通貨讓我們得

以用更私密且較低成本的方式進行商務往來。那的確是好事——不過，加密通貨是可以投資的通貨嗎？一旦我們深究加密通貨的本質就會發現，即使我們相信它可作為交易媒介，它終究只是一種和黃金與美元類似的通貨罷了，而所有通貨（無論新或舊）天生就是差勁的投資標的，因為通貨缺乏企業所擁有的那種活力。通貨是惰性的；通貨能貯存並代表價值，但通貨並不會創造新產品，不會進入新市場，也因此未能為持有通貨的人創造更多財富。關於通貨，誠如巴菲特對黃金的說法，當你持有黃金，它能為你做的事，就是待在房間裡跟你大眼瞪小眼而已。

早期接納加密通貨的人確實賺到不少錢，他們得到的鉅額利潤，可能不亞於 1849 年加州淘金熱的第一批探礦家，不過，我們應該慶幸錯過諸如此類的成績。一如我去年經由比特幣上獲得的六倍收穫，那類成績是隨機的。

事實上，如果你相信加密通貨將繼續欣欣向榮，我勸你研究一下淘金熱期間曾發生的事。當時雖然有幾名幸運的採礦者順著那股熱潮而發大財，多數淘金客最終卻賠了夫人又折兵，不僅心力交瘁，最終更落得身無分文。但在此同時，聰明的商人卻順勢炒熱瘋狂的淘金話題，藉機累積自己的財富。舉個例子，李維‧史特勞斯（Levi Strauss）原本在舊金山經營一家還算成功的乾貨店，後來，他為一名鉚釘牛仔褲設計師提供資金贊助，並因此發了大財，因為那一系列牛仔褲正適合採礦人穿著。另外，約翰‧斯圖貝克（John Studebaker）一開始也是為了淘金而前往西部，不過，他很快就領悟到，生產單輪手推車能賺到的錢比淘金更多。不僅如此，斯圖貝克

還接著將他透過單輪手推車賺到的錢，投資到一家生產康尼斯托加（Conestoga）寬篷運貨馬車的公司。後來，這家公司又開始製造美國最具代表性的汽車。其他例子還包括亨利·威爾斯（Henry Wells）與威廉·富國（William Fargo），他們成立了一家蒸汽船運輸公司，利用船運將黃金從加州運到紐約；1852 年時，他們進一步在舊金山開了一家銀行分行，主要業務是購買金粉與向採礦人放貸。這家分行後來就成了現代銀行業巨擘——富國銀行——的根基。

　　淘金熱時期的狀況應該明顯和當今的「加密通貨運動」非常類似：如果你想要投資這個世代的黃金熱，那麼，你應該投資的是屬於這個世代的李維·史特勞斯、斯圖貝克以及富國。對此，我目前還沒有具體的概念，不過，眼前已經有一些公開掛牌交易的企業可供考慮。世界最大數位通貨交易所 Coinbase 就是其中一個，而且，交易所本身就是一種非常優質的業務。如果有足夠民眾使用那類交易所，網路效應就會開始發酵。很多和 Coinbase 類似的其他生態系統推動者（ecosystem enablers）有可能群起效尤，而這些公司才是我們應該關注的潛在投資標的。

紅迪與迷因股

　　目前的「迷因股」狂熱，瘋狂到讓已經夠狂熱的加密通貨市場看起來井然有序且理性。紅迪訊息交流網站上的內容，以及後續在股票市場真實上演的情境，遠比購買樂透彩券或發生一次婚外情瘋狂。那是一種毫無節制的不理性行為，那樣的投機狂躁局面讓我們想起班·葛拉漢那個時代——一群帶著五顏六色帽子的男性，聚

集在街邊從事證券交易行為。不過,由於當今的科技已遠比當年強大,這股狂熱遂被顯著強化,並產生了武器般的破壞力,不過,它幾乎肯定將以悲劇收場。

　　這個迷因股現象是在川普總統的一群暴民支持者在 2021 年年初攻擊國會山莊後不久形成,而我並不認為這兩者的時間點重疊純屬偶然。這兩場運動有幾個共同特性,包括狂暴、野性以及脫離現實的世界觀等,幾乎可說是電影《決戰猩球》(*Planet of the Apes*)的翻版。以迷因股現象來說,最初是幾檔避險基金經理人認定遊戲驛站(GameStop)與美國多媒體娛樂公司(AMC Entertainment,以下簡稱 AMC 娛樂公司)等企業的前景黯淡,並推測那些公司的股票將會下跌,於是向他人借用這些企業的股票來從事放空的操作。事實上,基金經理人放空那幾檔股票的動機無他,只是為了賺錢(因為他們認為那些股票會下跌,所以先行賣出〔即放空〕,期待等到有一天股價下跌後,再以更低價買回股票,還給當初的出借者),這是華爾街常見的動機與操作方式。不過,卻有高達數百萬名投資經驗有限的業餘投資人,以懲罰之名,透過一個稱為華爾街賭注(WallStreetBets)的紅迪數位附屬頻道,聯合起來對付那一群專業的放空者——即前述避險基金經理人。

　　紅迪上的很多「暴民」是曾經被金融危機重創的較年輕投資人,所以,他們認為那幾位避險基金經理人放空前述幾家企業的行為完全是在對他們挑釁。於是,這群較年輕的投資人透過聯合行動,摧毀那些放空部位(譯注:他們透過社群媒體聯繫,群起購入遊戲驛站與 AMC 等公司的股票,股價因此飆漲,最後導致那些放空部位遭

到嚴重軋空，那些避險基金最終不得不回補放空部位，大虧出場），
藉此發洩他們對所謂「被操縱的體系」的所有怒氣和沮喪。持平來
說，金融危機的主要始作俑者並不是避險基金，問題主要出在銀行
業者還有未能善加監督銀行業的政府監理機構。不過，這群暴民根
本不管那麼多，一心一意只想報復。

　　儘管個別來看，紅迪上的暴民會員的力量非常薄弱，但就像他
們自己形容的，一旦他們團結在一起，就變得跟人猿一樣強壯。其
中有一人宣稱，「華爾街賭注」頻道上有接近三百萬名散戶投資人，
每一個人平均擁有超過 6,000 美元的帳戶餘額，「且沒在這個頻道看
過任何無聊的研究報告」。三百萬人乘以 6,000 美元的平均帳戶餘
額，等於價值 180 億美元的「彈藥補給」，而且，這些像人猿一樣強
壯的散戶，還用了非常高招的手法來部署這些資金。這些暴民經由
集體購買行動，在不到五個月內，將遊戲驛站與 AMC 娛樂公司的股
價分別拉抬到原來的十五倍和三十倍。原本推斷股價將下跌的基金
經理人與其他人因此被軋空；其中一檔放空那類股票的避險基金，
最後更必須挹注 30 億美元才得以繼續維持正常運作。

　　紅迪暴民的「成就」可能構成市場操縱，但也可能不構成市場
操縱，不過，至少有一件事是確定的：在我撰寫本書的今天，他們
鼎力支持的那些公司的股價早已完全偏離現實。只要用 BMP 核對清
單來檢核其中任何一家公司（例如 AMC 娛樂公司）事實就再清楚也
不過了。

　　以「B」（即業務品質）來說，AMC 娛樂公司確實是電影院產業
的市場領導者。不過，早在 2002 年，美國電影院觀眾人數就達到高

峰，隨後便開始減少，這場大流行傳染病更加速了民眾在家收看串流影片的趨勢。在此同時，該公司有高達 100 億美元的債務和長期租賃負債。在來客數持續減少，以及沈重的不動產抵押貸款負擔等不利因素影響下，AMC 娛樂公司過去幾年有數度幾乎宣告破產。

以「M」來說，該公司的經營管理者團隊是由亞當・亞隆（Adam Aron）領軍，以教科書的定義來說，他就是所謂的「槍手」。過去三十年間，他擔任過四家公開掛牌企業的執行長，但他個人未曾持有其中任何一家公司的大量股份。亞隆任職最久的公司是韋爾度假村（Vail Resorts），那是一家在幾個滑雪勝地擁有特許經營權的企業，也是高於平均水準的企業。不過，在亞隆任職韋爾度假村的那十年間，該公司的股票表現只勉強和大盤相當。在離開韋爾度假村並加入 AMC 娛樂公司之前，亞隆是阿波羅公司（Apollo）的資深合夥人之一，而阿波羅公司是紅迪暴民們最痛恨的那種典型涉及內線交易的公司。事實上，2020 年年底時，阿波羅公司還鼓勵 AMC 娛樂公司聲請破產，好讓作為債權人的阿波羅公司能取得該公司的控制權。

「P」（即市場要求我們支付的價格）是 AMC 娛樂公司最明確無法通過檢核的項目。2020 年的大流行傳染病導致該公司虧本，當然，那導致我們無法以當期盈餘來評估該公司的價值。另外，2019年時，因鉅額債務負擔等因素影響，AMC 娛樂公司也是虧本。再回溯到 2018 年，該公司在那一年賺了 1 億多美元，所以，我們可以用那個數字來評估看看，不過，拿這 1 億多美元和該公司 150 億美元的市值比較後，可算出以該公司 2018 年盈餘為基礎，它的本益比高達一百五十倍。那意味它的盈餘收益率只有 0.66％，大約只有十年

期美國政府公債的殖利率的三分之一，而十年期美國公債是極度安全的投資標的。

　　為了瞭解 AMC 娛樂公司的真正盈利能力，我很樂意試著調整該公司的申報盈餘數字，不過，這是一家緩慢凋零的連鎖電影院，要怎麼調整它的損益表才算合理？究竟我們該指望哪些趨勢能促使來客填滿那些空蕩蕩的電影院座椅？在 AMC 股票狂熱的最高點，《霸榮》雜誌試圖提出一個看好這檔股票的論據：假定 AMC 娛樂公司的營收較高峰時期增加一倍，利潤增加兩倍，它的本益比就會降到五十倍。問題是，即使是採用最樂觀的假設，都無法實現《霸榮》雜誌估計的營收與盈餘目標。何況，即使真的實現那些目標，它的本益比雖會降低，卻還是高達五十倍。

　　五十倍的本益比和我一向堅持的二十倍（盈利能力的二十倍）門檻差距非常遠，何況該公司必須實現任何有常識的人都做不出來的預測值，才能達到那個門檻。當然，亞隆和 AMC 娛樂公司的其他高階執行主管並沒有做那樣的預測。當 AMC 在 2021 年 5 月為了支撐財務狀況而向大眾發售新股時，經營管理者像老實樹般，在那份證券申報文件中加入了以下這段警語：「我們相信……本公司目前的市場價格反映了和公司的根本業務無關的市場動態與交易動態……請容我們提醒，除非您已做好虧掉全部或大部分投入資金的準備，否則請勿投資我們的 A 類（Class A）普通股。」

　　經營管理者透過那份申報文件，將他們自己的 BMP 分析呈現在我們面前。以白話文來解讀那段警語，他們無異是告訴我們，AMC 的股價和該公司的根本業務基本面完全無關。他們還進一步告訴我

們，AMC 是很多投機活動鎖定的對象，所以，如果我們投資該公司，有可能會血本無歸。更糟的是，那不只是他們為了取悅 SEC 而加入的樣版語言。就在該公司經營管理者寫出那些文字的同時，很多高階執行主管也紛紛出售他們持有的 AMC 股票。

但可悲的是，很多紅迪暴民的怨恨並非無的放矢，只不過，他們把怒氣發洩到了錯誤的方向。有一個人在「華爾街賭注」頻道上解釋為何他把全部積蓄都投資到遊戲驛站：「到現在，我依舊清清楚楚地記得華爾街人士的莽撞行為對我個人和我周遭許多人的生活造成多麼巨大的影響，」「你知道用學校食堂的蕃茄醬包煮出來的番茄湯是什麼滋味嗎？我的朋友們可清楚得很。」致「嬰兒潮世代，和／或接近那個年齡的人……」他接著說：「別再聽信那些把我們醜化為市場毀滅者的媒體，請開始支持我們，因為我們終於得到一生難得一見的機會，可以好好懲罰過去十年對我們造成深刻痛苦與壓力的那一批人，而我們正在把握這個大好機會。」

儘管那是一番由衷的懇求，卻隱藏一個很大的問題：試圖利用股票市場來懲罰別人，就好像派一條狗去獵捕章魚一樣無濟於事。市場並不是將惡人繩之以法並鞭笞示眾的公共廣場。市場就只是市場。市場是長期下來可以發現企業的真實價值的場所。等到外界得知 AMC 娛樂公司、遊戲驛站以及其他公司的真實狀況後，那些向人猿一樣強壯的戰士終將被徹底消滅。

社會責任投資

試圖在市場上懲罰作惡多端的人是個差勁的點子，相同的，試

圖將市場變成一個做善事的論壇，也不怎麼高明。市場既不是道德的場所，也不是不道德的場所；它是一個**與道德無關**的場所。除非是出於極端罕見且不同的目的，像是出售在種族隔離時期與南非做生意的企業的股票，否則試圖在股票市場上做善事，也代表著另一種帶狗去獵捕章魚的無謂努力。

　　然而，近來華爾街推銷機器開始意識到一個事實：很多美國與歐洲民眾對他們的繁榮與幸福產生罪惡感，並希望利用他們的資源，一方面繼續累積更多財富，一方面實現另一個宗旨。過去十年間，華爾街開始冒出一些旨在增加財富但又能讓世界變得更美好的商品，這些商品的名稱無奇不有，包括社會責任投資、ESG（環境、社會與治理）投資、影響力投資（impact investing）等。那些投資各有不同的運作方式，但都具備兩個共同的特質：它們操縱你的罪惡感，而且，那些商品的兜售者都因推銷那些商品而賺到高於平均的利潤，相較之下，投資人透過那些商品獲得的利潤卻乏善可陳。

　　最近《華爾街日報》有一篇文章報導，即使社會責任 ETF 的營運成本不比正常的 ETF 高，但它們的收費卻比標準的 ETF 高接近 50％。在此同時，根據這份報紙的說法，太平洋公共政策研究所（Pacific Research Institute）的一份分析發現，過去十年，若你將資金投入 ESG 基金，你的績效將比標普 500 指數型基金低接近 50％。

　　我舉雙手贊同人類應設法把這個世界變得更美好，但上述工具並不能達到這個目的。社會責任投資是一個浮誇的知識結構，它無法達成你希望實現的目標。哪些企業「對社會負責」且「對環境友善」，哪些又不是？除了少數顯而易見的例子（像是煤炭公司），這

個問題的答案其實非常模稜兩可，不是那麼黑白分明。舉先鋒基金
（Vanguard）的「社會責任歐洲股票型基金」為例，它目前持有道達
爾能源公司（TotalEnergies，該公司是世界上最大的石油探勘公司之
一）與力拓集團（Rio Tinto，大型銅與鈾礦公司）相當大的部位。即
使你用了某個有條不紊的方法，試圖辨識出藉由做善事而表現良好
的企業，最後也常找到一些稀奇古怪的候選投資標的。《霸榮》雜誌
從 2018 年就開始根據永續經營的程度來為美國大型企業排序。它委
託六家外部顧問公司分析一千大公開掛牌交易企業，而那些顧問公
司共評估了三百項績效指標（這些指標又進一步濃縮為五個關鍵利
害關係人〔 stakeholder 〕類別）。猜猜最後勝出的企業是哪一家？答
案是高樂氏（Clorox），而它的主要產品是漂白劑。

　　在這個曖昧的世界，哪些企業是「好」企業，哪些又是「爛」
企業，真的很難下定論。比特幣和其他加密通貨又如何？它們對社
會負責嗎？比特幣去除了政府與金融中介機構，並提供一個讓人無
須支付不合理高銀行手續費的喘息空間。熱中於此的伊隆‧馬斯克
在 2020 年年底，為特斯拉購買了 15 億美元的比特幣，並將他的財
務長的頭銜改為「硬幣大師」（Master of Coin）。然而，短短不到一年
後，馬斯克重新謹慎審酌，決定除非比特幣變得對環境更友善，否
則不接受顧客以比特幣購買特斯拉的電動車。原來從事比特幣挖礦
活動的人類一年耗用掉的電力，相當於荷蘭一整年的用電量，而荷
蘭是世界上第十七大經濟體。如果比特幣的接受度繼續上升，挖礦
活動所消耗的電力，很快將達到世界前十大經濟體的年度耗電量。

　　上述種種現象令人感到混淆，但華爾街人士可精明了，他們趁

亂推出一種美其名為社會責任的產品，把它當成萬靈丹來銷售。然而，買者請自行留意：一如十九世紀推銷員四處兜售的蛇油，銷售ESG 產品的那些人幾乎也不受任何監理，而且他們經常不會繼續追蹤那些產品的效用，儘管那些產品是他們一手推銷的。根據《華爾街日報》的報導，在從事所謂影響力投資的私募基金當中，有幾近70％沒有要求它們的 ESG 基金經理人提出具體的衡量標準或任何型式的報告。

基於上述種種亂象，我建議你最好還是自行試著尋找優秀的企業。這麼做不僅可能獲得更好的報酬，也可能自然而然地發現優於企業界平均水準的好公司。由於第三代價值型投資世界觀與 BMP 模型看重的是未來，這兩個方法自然會淘汰掉各式各樣在數位落差方面表現落後的企業。化石燃料公司、化學公司、造紙公司、國防承包商——都不符合 BMP 條件，因為那類公司都沒有亮麗的未來。針對高階執行主管團隊進行的「M」分析，也能找出潛在的問題。任何稍加了解當前時代精神的企業高階執行主管都知道，他們所服務的顧客非常重視諸如氣候變遷、童工和性別與種族平等的議題。也因如此，傑夫‧貝佐斯在 2019 年誓言，亞馬遜將在 2040 年實現碳中和（carbon neutral），換言之，該公司將比各國政府在巴黎氣候協定中達成的協議早十年達標。目前也有幾十家其他企業——包括微軟與優步（Uber）——加入這個誓約。

這引導我回到《科技股的價值投資法》一書的主旨。你不需要依賴專家（很多專家因提供「建議」而收取非常高的費用）告訴你應該做些什麼。用你自己的優質判斷就足夠了。用你自己的常識，

再加上一些實質審查，遲早能找到未來將表現良好但又不會對已經焦頭爛額的這個世界增添過多不利影響的企業。如果你對這個議題非常有感，大可以調整 BMP 框架，將「企業公民的素質」列為具備否決權的要素。屆時如果一家通過你的 BMP 分析的企業未能達到你要求的社會責任門檻，那就拒絕投資它就好。

等到你將這個流程調整到盡善盡美，說不定就足以成立一檔真正言行如一的 ESG 基金呢！或許我也會那麼做。第三代價值型投資的世界觀天生就適合投資負責任的企業，而以當今的狀況來說，EGS 絕對是能匯聚金流與財富的領域。

第十三章

大型科技公司的挑戰和大商機：政府監理和「棋盤下半部」指數成長的力量

　　科技業只花了在大約一個世代的時間，就成了支配人類經濟體系與日常生活——乃至政治語言——的主要力量。事實上，科技業規模之大、成長之快速，已導致立場極度分歧的美國政治人物之間形成一個唯一的共識：大型科技公司是有害的。密蘇里州共和黨籍喬許‧霍利（Josh Hawley，他支持川普為推翻拜登的當選結果而採取的種種作為）參議員最近提出旨在「禁止經營搜尋引擎、市集與交易所的大型企業擴展勢力並製造反競爭利益衝突……」的解散托拉斯（trust-busting）法案。另一方面，曾稱川普「腐敗到骨子裡」的麻州民主黨人伊莉莎白‧華倫（Elizabeth Warren），也使用幾乎一模一樣的語言，她發佈了幾篇新聞稿，其中一篇的標題是：「分拆亞馬遜、Google 和臉書的時候到了。」

　　諸如此類的威脅一點都沒有嚇壞身為投資人的我。美國人愛聽

「小蝦米打敗大鯨魚」的故事，也因如此，政治人物總喜歡把大型科技公司描繪為惡霸，包括左派與右派政治人物。然而，此時此刻華盛頓當局大秀肌肉的種種作為，有可能是 90％的雜音加上 10％的訊號。和監理規定與企業分拆有關的新聞標題，已創造了（且未來將繼續創造）絕佳的買進機會。每當一個產業面臨諸如此類的壓力，「市場先生」都會焦慮不已，而這股焦慮會誘使他在物超所值的價格拋售股票。

　　大型科技公司不必太擔心政府監理的三個具體理由如下：

- 當你跳脫修辭學的干擾，你會發現那些主張反托拉斯與其他分割作法的論點，充其量只是假議題，甚至完全錯誤。
- 若想大幅度改變大型科技公司的業務模型，政府必須先打破存在於消費者和世界上最受歡迎的幾個科技應用程式之間已成了日常習慣的某種羈絆。問題是，這種羈絆關係已形成近一個世代，任何政治實體都幾乎不可能消除它。
- 即使政府成功將科技業的某些巨擘化整為零，分拆後的個別組成單位還是可能繼續欣欣向榮並蓬勃發展。事實上，最後反而極可能產生一加一遠大於二的結果。

　　在探討這些政治宣傳話術的具體內容以前，且讓我先聲明，我既不是數位企業的護教論者（apologist），也不是那些企業的啦啦隊長。取而代之的，我試著當一名公平冷靜且秉持懷疑態度的分析師，何況，我很清楚科技公司的缺點和短處。我記得，當年 Google

曾承諾它永遠不會在搜尋結果的周圍出售任何廣告，但我認為它如今已經打破這個承諾，最初是漸進地違背承諾，如今更已徹底打破承諾。然而，違背承諾並不等於違法，而且，作為股東，我相當讚賞 Google 的這個策略。

　　相同的，我一向密切觀察是否有跡象顯示我持有的科技公司已養成尋租的傾向。我向來對這個問題提高警覺，那倒不是因為我是一個道德主義者，而是因為尋租是一種怠惰的表現。當企業不思如何代表它的顧客創新，而是滿腦子思考如何神不知鬼不覺地不勞而獲，久而久之，它的業務勢必會受到不利的影響。在一個自由市場體系，這類行為最終一定會被識破。財捷軟體公司的「線上快捷帳簿」是快速成長的絕妙產品，能幫助小型企業有條不紊地記帳，但財捷軟體公司的高階執行主管已經承認，他們以該公司較成熟的事業部 TurboTax 從事尋租行為。如果這樣的情況再發生一次，我就會重新考慮我的投資決策。

政府扮演仲裁人監督企業

　　我們的社會有法律可制裁反競爭與掠奪行為，我也樂見那種法律的存在。政府應該監督企業，並對涉及弊端的企業做出懲罰。換言之，政府必須扮演堅定的仲裁人，以確保競賽的公平，並設法確保競賽場地不被破壞。然而，除了那些作為，政府還必須放手讓選手卯足全力參與賽局。作為一個媒體工作者，我看到公共部門被用來作為一種行善的工具，但作為一個投資者，我也看到政府在試

圖解決市場問題時是多麼地笨拙。事實上,資本主義競技場太過開放且太過殘暴,所以,企業很難永遠神不知鬼不覺地傷害它們的顧客,因為顧客遲早一定會反撲。懲罰尋租者的經常不是主管機關,而是消費者,消費者以他們的大規模變節來懲罰尋租的企業;當企業未能提供較低價格、更優質產品或兼具這兩種特性的產品,遲早會被消費者唾棄。

在經濟與技術變遷如此快速的今天,諸如此類的動態尤其常見。如今我們經常見到群起攻擊 Google 和蘋果等企業的情況,不過如果那些企業真的有傷害它們的顧客,顧客遲早會棄之如敝屣。

•••••••••••••••••••••••

至於更具體的科技業監理規定,目前美國的反托拉斯原則要求原告證明所謂「消費者福利」(consumer welfare)確實已遭到損害。通常這種證據有兩種形式:較高的價格,或是缺乏可選擇的商品。我們當今生活的世界裡有發生這兩種狀況嗎?

Google、臉書和 WhatsApp 都是免費的,要找到比免費還要便宜的東西真的是難如登天;對比之下,艾瑞克・布萊恩喬福森在麻省理工學院的研究發現,消費者對臉書的評價是每年 550 美元,WhatsApp 是每年 7,000 美元,而 Google 則是每年 17,500 美元。相同的,在我們生活的這個世界裡,大型科技公司雖坐擁支配力量,卻沒有導致商品短缺。事實上,我們甚至可以說亞馬遜的「應有盡有商店」給了我們太多選擇,結果導致消費主義與環境破壞等情況惡化。這很令人遺憾,但並不違法,尤其不違背反托拉斯法。

有鑑於諸如此類的事實，新一代的反托拉斯鬥士們主張，消費者福利不再是正確的反托拉斯標準。他們主張，雖然我們無法從臉書支配社群媒體以及亞馬遜支配電子商務等情況，看出顯而易見的消費者福利問題，政府還是應該採取行動，防止任何可能的未來損害發生。一位名為莉娜‧漢恩（Lina Khan）的二十八歲法學院學生，曾在 2017 年一份相當有名的反托拉斯文章（發表於《耶魯法學期刊》〔 *Yale Law Journal* 〕）裡寫道：「如果我們主要透過價格和產出來衡量競爭，就無法確知亞馬遜的支配力量對競爭構成了怎樣的潛在傷害。」「目前的反托拉斯原則低估了掠奪性訂價的風險……平台市場的經濟學創造了企業以追求成長為重（利潤其次）的誘因，而這個策略讓投資人獲得優渥的回報。」

那是漢恩針對亞馬遜所做的書面評論，而她的看法是正確的，亞馬遜確實認為成長應優先於利潤，而投資人也因那個策略而獲得優渥的回報。這就是盈利能力的意義所在：理清被數位企業的積極支出掩蓋的價值。但另一方面來說，漢恩的結論卻也錯得令人難以置信。她暗示亞馬遜的最後殺手鐧是掠奪性訂價一事，反而暴露了她的無知，她似乎完全不了解亞馬遜（乃至整體科技業）打算用什麼方式來維持它們的成就。

亞馬遜離壟斷電子商務市場的那一天還非常遙遠，但即使那一天真的到來，它也永遠不會哄抬價格。如今亞馬遜是世界上最受信賴的品牌之一。若亞馬遜藉由訛詐顧客來濫用顧客的這股信任，該公司長遠維持繁榮未來的機率，應該會立即且不可逆地顯著降低。亞馬遜的價值主張（value proposition）結合了更快速、更便宜與更

優質等信條，而它也根據那些信條打造了世界上最有價值的企業之一。既然亞馬遜都已經這麼成功了，它有什麼理由改變那些信條？

關於大型科技公司已不再創新的整體論點，光是從表面上看也一樣荒謬。事實清楚顯示，當前的大型科技公司並不像富國銀行和可口可樂等成熟的企業，偏安在它們的護城河之後，坐收其競爭優勢所孕育的甜美果實。相反的，大型科技公司每年還是花費數十億甚至數百億美元到許多旨在強化現有營運狀況乃至對抗老化等的專案。不僅僅是大型科技公司追求創新，排名較低的較小型科技企業也激烈參與競爭。如果大型科技公司真的導致競爭無效，那麼，這些較名不見經傳的科技企業就不可能像現在這麼欣欣向榮。舉例來說，「反亞馬遜」的 Shopify——讓小商家有了另類的線上銷售點——擁有 850 億美元的市值，換言之，它的價值比克羅格、汽車地帶（Autozone）與達樂雜貨店等等大型傳統零售商高一倍，比馬克斯連鎖百貨公司（TJ Maxx）更高，且幾乎接近塔吉特。而根據《經濟學人》雜誌的報導，從成立當天開始就擁有 10 億美元以上評價的所謂獨角獸企業（即科技業的新創公司）數量，已從八年前的十二家，增加到目前的七百五十家。

然而，目前掌權的政黨是民主黨，所以，政府未來可能會推出某種形式的監管。當年那位評論亞馬遜公司的二十八歲法學院學生莉娜・漢恩，如今已三十二歲，更是聯邦貿易委員會（Federal Trade Commission）的主席。另一位學者吳修銘（Tim Wu，曾著《巨頭的詛咒：就是他們！正在扼殺創新、中小企業、你我的隱私資訊和薪資》〔 *The Curse of Bigness: Antitrust in the New Gilded Age* 〕一書）則擔

任總統在科技及競爭政策方面的特助。

這些官員無疑將想方設法來證明大型科技公司已構成實質威脅。但在此同時，數十億民眾依舊日復一日地繼續使用那些大型科技公司的產品。我很難想像監理機關要如何妨礙這個親密日常關係的發展。也因如此，我也很難想像監理機關要如何妨礙源自於這個關係的競爭優勢——如網路效應、轉換成本等等。

如果科技平台和這些平台的使用者之間的關係不像現在那麼親密，我絕對會更謹慎應對監理規定的潛在影響。科技公司提供了消費者想要且使用的服務；而消費者則反過來同意付錢給這些科技公司（財捷軟體公司、Spotify），或是透過廣告（臉書、Google）將他們的「眼球」化為金錢，讓科技公司得以獲利，這就像一種對等的互惠關係。但批評者卻利用挑撥性的話術，意圖營造「民眾已被科技公司用某種方式利用且操縱」的錯覺。舉個例子，最近俄亥俄州的檢察總長戴夫・尤斯特（Dave Yost）寫道：「當你使用 Google 來搜尋資訊，你並不是顧客——而是產品。」那真是高明的台詞，但最終來說，我使用 Google 的經驗不過就是：我在網路上搜尋鞋子以後，Google 會「餵」鞋子的廣告給我，不過就是如此。我很樂意為了免費搜尋服務，接受那樣的交換條件。

但請別誤會我的意思：我們應該繼續解決諸如隱私權等問題，才不會讓大型科技公司或大政府成為真正的「老大」。不過，作為 Google 的消費者，我在接收到鞋子廣告時，並沒有感覺嚴重受侵犯，那種感覺並不會比看電視節目時被汽水與啤酒廣告轟炸的感覺更差。事實上，相較於電視廣告，我更喜歡 Google 的廣告，因為至

少那是投我所好的廣告——Google 知道我對鞋子有興趣，才會「餵」鞋子的廣告給我。

除非有事實能證明民眾和科技平台之間的交流的確凶險且有害，否則一般人不會改變使用那類產品的習慣。然而，政治人物最痛恨無功而返，所以他們至少會想盡辦法贏得一些勝利，好讓他們得以在退出這個戰場時得意洋洋地說說嘴——宣稱小蝦米已打敗大鯨魚。不過，他們的某些提案——以及這些提案之所繫的邏輯——真的是愚蠢到無以復加。霍利參議員希望分拆亞馬遜的電子商務事業部和雲端運算事業部的理由是，他宣稱亞馬遜擁有「網際網路賴以建立」的多數技術。這麼斬釘截鐵但實則錯誤百出的說法，應該會讓在 1980 年代末期（這是在亞馬遜創立之前六年左右，且大約是在亞馬遜成立它的雲端運算事業部之前二十年）因發明全球資訊網（World Wide Web）而被封為爵士的提姆‧伯納斯－李爵士（Sir Tim Berners-Lee）覺得很傻眼。

為了消滅對手而收購一家公司

其他監理攻擊看起來稍合常理，因此，那些作為有可能會成功。Alphabet 或許不該既控制網路搜尋業務，又控制世界最大的網路廣告銷售仲介業務。為了消滅一個對手而收購一家公司的作法，的確是違反反托拉斯法，所以臉書收購 WhatsApp 與 Instagram 等案件，似乎就犯了這個毛病。馬克‧佐克伯在 2008 年針對這個主題所寫的電子郵件「與其競爭，不如將其收購」，正是監理機關最希望找到的

實錘證據。

　　然而，大型科技公司的核心業務的價值主張極為鞏固，這讓監理機關幾乎無從使力。就算臉書的三個應用程式被剝離為三家獨立的企業，作為臉書業主的你，也不會有損失，因為你最後還是擁有三個備受消費者喜愛的強大應用程式。另外，就算亞馬遜被分拆成電子商務與雲端運算兩個事業部，作為亞馬遜股東的你，還是擁有這兩個市場區隔裡的領導企業。事實上，以很多個案來說，大型科技公司不同事業部門的個別價值加總起來，比整體企業的價值還要高，因為如果一家科技綜合企業集團被迫分割成個別的事業部，每一個事業部就會開始有互別苗頭的壓力，並因此各自展現更大潛力（不僅限於獲利潛力），而在它們「兄弟爬山、各自努力」的過程中，各事業部的個別價值很可能會提升更多，進而產生一加一大於二的效果。

　　這個邏輯也適用於亞馬遜，該公司雲端事業單位的營收雖僅佔企業集團營收的 10％，它的營業利益卻佔企業集團營業利益的 60％；Alphabet 更是如此。雖然 Alphabet 持有諸如 YouTube 與安卓等有潛力獲取數十億利潤的事業部，但到目前為止，那些事業部充其量只達到損益兩平。目前 Google 是以搜尋事業部的利潤來補貼那兩個事業，因為 Google 搜尋堪稱史上最具獲利能力的事業發明。Google 的搜尋業務就像是奶量充足的冠軍牛，有了牠，牧農不需要費事幫其他乳牛擠奶也會有足夠的牛奶產量；如果 Alphabet 的各個事業部被分拆，上述的狀況就可能改變。Alphabet 在新執行長的領導下，已開始緩慢推升較新的事業部的獲利能力層次，而事業分割有

可能加速這個進程。如果 YouTube 和安卓真的變成獨立的實體，它們就有必要明確展現它們的潛在盈利能力。

所以我相信，Alphabet 的分拆可能和一個多世紀前標準石油分拆為三十四個獨立實體時的狀況一樣引人注目。1910 年時，美國最高法院贊成聯邦政府的命令，要求約翰‧洛克斐勒（John D. Rockefeller）分拆他一手打造的企業王國。洛克斐勒接到這項消息時，正好和一位神父在打高爾夫球。

洛克斐勒對那位神父說：「藍儂神父，你有錢嗎？」「買點標準石油吧。」

洛克斐勒當時的直覺一如往常地準確。在標準石油被分拆為不同實體後那十年，它原本的每一個組成要素的價值都成長到原來的四倍。

‧‧‧‧‧‧‧‧‧‧‧‧‧‧‧‧‧‧‧‧‧‧‧

在這個時點，大型科技公司被分拆的風險有多高、新一代反托拉斯鬥士會採取什麼類型的監理行動等，都還純屬猜測。身為分析師，我們絕對不該徹底漠視這些風險，但也應該對那些風險打一點折扣。在華盛頓當局採取實質的行動以前，我們應該把那些新聞頭條當成雜音，而非訊號，因為事實就是如此。

真正肯定的——且因此可付諸行動的——是我們眼前所見的趨勢。我們可以 100％確定運算能力將繼續提高，也能 100％確定運算能力的提高，勢必會帶來更多創新與顛覆。摩爾定律在 1950 年代給了我們超級電腦，在 1960 年代把人類送上地球，並分別在

1980 和 1990 年代讓人類有了桌上型電腦與筆記型電腦可用，而到 2000 年代，它又給了我們比任何超級電腦還要強大的手機。然而，過去二十年，科技業的進取性似乎已經減弱。它的視野似乎已縮小到只解決微小甚至微不足道的問題。科技讓我們能和朋友聊天、在網路上搜尋鞋子，以及在不涉足酒吧的情況下找到對象。在這個過程中，科技為股東創造了數兆美元的財富，卻沒有創造出任何對文明有重大意義的貢獻。世界最大旅遊網站訂房控股公司（Booking Holdings）執行長葛蘭·佛格爾（Glenn Fogel）最近曾問：「除了讓我們更容易在網路上訂旅館房間、購買機票與日常雜貨，」「網際網路究竟為我們做了什麼？」

佛格爾的評論看似輕如鴻毛，實際上卻相當深奧，因為那個評論點出了潛藏在運算能力成長性裡的固有巨大可能性。許多目前還不在我們的投資視線範圍所及的突破性創新，正以極快的速度接近我們。無人駕駛汽車、量子運算、太空殖民、人工智慧的實際應用，以及擴增虛擬實境（augmented reality）等，只是肯定將來臨的一小部分發展。在運算能力的複合成長能力帶動下，那樣的前景保證會實現。

「棋盤的下半部」──
指數成長帶來的巨大財富

未來主義者（Futurists）喜歡談論「棋盤的下半部」──即指數成長，這個用語引用自伊斯蘭學者伊本·喀里肯（Ibn Khallikan）最

初在西元 1256 年講述的一個故事，不過，那可能是個杜撰的故事。
這個寓言提到，一位國王雇用了一名既聰明又頑皮的宮廷數學家。
有一天，這位數學家提議國王玩一個遊戲。

　　數學家說：「且讓我先在棋盤的第一個格子裡放一粒小麥，」「接
下來，每移動到下一格時，我會放進比上一格多一倍的小麥。我會
繼續以這種每一格增加一倍的方式，把小麥擺到每一個棋格裡，直
到抵達這個棋盤的第六十四格——也就是最後一格——時為止。等
到我完成後，您願意把棋盤上的全部小麥賜給我嗎？」

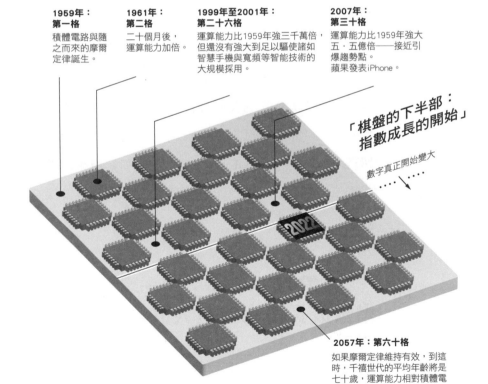

1959年：
第一格
積體電路與隨
之而來的摩爾
定律誕生。

1961年：
第二格
二十個月後，
運算能力加倍。

1999年至2001年：
第二十六格
運算能力比1959年強三千萬倍，
但還沒有強大到足以驅使諸如
智慧手機與寬頻等智能技術的
大規模採用。

2007年：
第三十格
運算能力比1959年強大
五．五億倍——接近引
爆趨勢點。
蘋果發表iPhone。

「棋盤的下半部：
指數成長的開始」

數字真正開始變大

2022

2057年：第六十格
如果摩爾定律維持有效，到這
時，千禧世代的平均年齡將是
七十歲，運算能力相對積體電
路首度問世時的倍數，將是
一千的五次方乘以五七五。

　　這位國王不怎麼懂數學，所以他一口答應了他的請求——但到這個幾何級數（geometric progression）遊戲終於結束時，國王赫然發現他欠了這位數學家 18,446,744,073,709,600,000。那是百萬的三次方乘以十八，加上一千的五次方乘以四四六，再加上七四四兆又七三七億九六〇萬顆小麥，接近地球每年栽種的小麥數量的兩千倍。

　　這個故事闡述了為何愛因斯坦會說複利（譯注：即複合成長）是世界第八大奇蹟。不管是牽涉到金錢或技術進展，當我們達到棋盤的下半部以後，複合成長的力量特別令人驚奇，因為從這時開始，數字會真正開始變得非常巨大。巴菲特到年近六十歲時才成為億萬富翁，但才又過十年，他的財富已是六十歲時的十七倍。在電晶體最初問世後六十三年，運算能力已成為最初的兩千七百五十億倍，這樣已經夠驚人了吧？但接下來兩年，運算能力又會再次成長到兩千七百五十億倍！

　　直到過去十年或十五年間，數位應用才終於達到臨界質量，而那並非偶然：我們正好在那時抵達棋盤的下半部。在網路熱潮與後續的崩潰期間，運算能力還沒有強到足以促使蘋果公司生產 iPhone——但到 2007 年，運算能力已經達到那個要求。直到抵達棋盤下半部，技術才終於進展到足以使強大的大眾市場消費技術應用成真，而這些技術應用又進而讓人類得以在上一個世代體驗到巨大的財富創造成果。

　　此時此刻，我們還處於指數成長的開端，更激烈的變化與創新似乎已不可避免。對這個說法存疑的人應該看看文明世界上一次（大約一個世紀前）經歷這個過程時的模樣：當時機械動力的複合成長

支配一切，並催生了一次又一次的工業創新。請看看下一頁上、下
兩張圖片的對比，這兩張圖片都是紐約市復活節遊行的畫面。第一
張是在西元 1900 年拍攝，在眾多馬車的遊行隊伍中，只出現一輛汽
車。第二張是短短十幾年後的在 1913 年拍攝，在擠滿了汽車的遊行
隊伍中，只剩下一輛馬車。

‧‧‧‧‧‧‧‧‧‧‧‧‧‧‧‧‧‧‧‧‧‧‧‧

隨著我們持續朝棋盤上的方格向前推進，一定會有一些新產業
誕生，而這些新產業勢必會促成全新的顛覆浪潮。屆時諸如蘋果、
Google 和臉書等企業——目前處於攻擊方——將面臨新的競爭，並
必須努力設法捍衛它們的經濟城堡。而到了某個時點，它們的護城
河終將被攻破。目前我們很難說它們的護城河將在何時被攻破，不
過，那一天必然會來臨。

耐久的競爭優勢才能留住顧客

我持有目前手上這些科技公司的原因之一，是那些企業都展現
出一種共同的能力：它們能在競爭者開始「搞破壞」之前，先行自
我顛覆。其中，財捷軟體公司放棄了該公司最初的產品——「快肯」
程式。Alphabet 則是很多下一個「大商機」型專案的明確領導者，包
括無人駕駛汽車與人工智慧。科技變遷的節奏明快且勢不可擋，那
也是我持有很多我認為將能通過科技考驗的非科技公司的理由。畢
竟短期內沒有任何科技公司能利用運算能力來為你粉刷牆壁。

西元 1900 年的紐約市復活節遊行

西元 1913 年的紐約市復活節遊行

　　雖然我深信我持有的企業目前擁有堅強的護城河，但巴菲特曾說，投資成功的關鍵是要找到擁有**耐久**競爭優勢而非擁有**永久**競爭優勢的企業，而他的這個觀點其來有自。永久的競爭優勢根本不存在。合宜的護城河或許堪用一個世代，卓越的護城河更可能耐用好

幾個世代，不過，沒有任何護城河將永垂不朽。自由市場早就看透那個道理。有一段時間，小馬快遞（Pony Express）曾是西部最快速的郵遞服務，但電報發明後，情況改變了，接著，等到橫貫整個大陸的火車乃至航空郵件陸續問世後，情況同樣大幅改變，這次換電報業趨於式微。而到了 1970 年代到 1980 年代期間，聯邦快遞公司（Federal Express）讓民眾得以在一夜之間準時且明確交付緊急文件，再一次改革了這整個產業。然而，1990 年代發明了 PDF 檔案的Adobe，又使隔夜送達的郵遞服務頓時成了一種昂貴又慢吞吞的郵遞方式。

　　優質的企業會欣然擁抱那種變化動態，而不是否定它。西爾斯絕對堪稱它那個年代的亞馬遜，十九世紀末，該公司以郵購目錄創新了業務；到了二十世紀初，它再次以其百貨公司網路做出創新。當年的西爾斯非常靈活，所以企業壽命延續了一百三十年。然而，由於未能因時制宜地適當應對電子商務浪潮，西爾斯已在 2018 年根據破產法第十一章聲請破產保護。

　　亞馬遜是我們這個時代的西爾斯，它以明快的速度，取得了電子商務領域的領導地位。亞馬遜成立十二年後，又接著成了雲端運算領域——這又是一個全新的產業——的市場領導者。由於亞馬遜在它所屬的這兩個市場都擁有競爭優勢，且它的市佔率都還很低，所以，該公司至少將繼續蓬勃發展十年。然而，到了某個時點，亞馬遜終將被科技的快速變遷浪潮淘汰。世界上沒有一艘船堅固到能永久經受風浪的摧殘，也沒有任何一艘船的船長聰明到都能度過所有風浪的考驗。

　　總有一天，投資人會用我在引言中討論玩具反斗城、速霸陸和 Stop & Shop 等（這幾家企業是彼得·林區在一個世代前舉的最佳企業範例）的那種輕蔑語氣，來討論亞馬遜、Alphabet 與其他科技公司。林區時代的最佳企業都已風光不再——總有一天，亞馬遜、Alphabet 與其他在今日叱吒一時的企業，也會失去它們的光環。

　　傑夫·貝佐斯深諳這個道理。他在最近一場員工會議中直白地說：「我預測亞馬遜終將失敗，」「亞馬遜終將破產，」貝佐斯還說，要阻止那個時刻來臨，員工能做的只有一件事：繼續纏住顧客，且永遠顧客第一。

⋯⋯⋯⋯⋯⋯⋯⋯⋯⋯⋯

　　這個世界已經改變，但未來它勢必會再改變。一旦這個世界再次改變，第三代價值型投資法一定也會落伍，到時候，我們將需要新的框架來掌握那些新動態。儘管第三代價值型投資法是今日匯聚財富的良方，但總有一天，勢必會有其他方法取而代之。屆時將是第四代價值型投資法的天下。

術語表

　　這份術語表包含很多能幫助你瞭解會計基本常識的用語，為什麼要了解會計基本常識？因為會計是商業的語言。不過，這份術語表也包含一些和企業創造與保護企業價值有關的抽象概念，因為要成為一名智慧型投資者，主要必須仰賴個人的判斷力，而非會計的借方與貸方。

資產負債表（Balance sheet）：每一家企業都必須編製的三大財務報表之一（另外兩份主要財報是**損益表和現金流量表**）。資產負債表就像是企業資產和負債狀況——企業**擁有**的資產與**積欠**的債務——的速寫。將一家公司的資產減去它的負債，就能算出一個稱為淨值（也稱為**帳面價值**）的數字。

　　在二次世界大戰爆發前（也就是班・葛拉漢的時代），淨值是**價值型投資法**的關鍵衡量標準之一，它被用來衡量一家企業可用來清算的**有形資產**的價值。隨著經濟體系從「實體資產為重」的局面轉型為品牌導向，乃至目前以軟體為主要資產的企業生態，就評估企

業價值而言，資產負債表的重要性已明顯降低。

帳面價值（Book value）：一種以資產為本的衡量標準，它的算法是將企業持有的資產減去它積欠的債務。價值型投資人向來會為了釐清企業的股票交易價和它的淨資產之間的關係，而拿企業的帳面淨值和股價進行比較。請見**股價淨值比**。

資本成本（Capital cost）或**資本費用**（Capital expense）：企業支出的一種，會計規則認定這種支出擁有一年以上的耐用年限。租金和薪資被視為**營業成本**，企業會在這種成本發生的當期，將之列為費用，但在處理資本成本時，則是以許多年度來加以折舊或攤銷。工廠是資本成本的好例子。

然而，請注意，目前的會計規則並沒有跟上數位時代的新經濟現實。科技公司常發生必須在當期沖銷但耐用年限通常長於一年的研發與業務費用。

資本市場（Capital markets）：「華爾街」一詞被視為「資本市場」的代名詞之一。顧名思義，資本市場是指企業在需要資金時，可用來找尋資金——資本——的場所。大型企業能在投資銀行業者的協助下，到華爾街尋找價格最優惠的資金——可能是**權益**（普通股，是最多民眾投資的標的）形式的資金，也可能是債務（遠比權益資本更大的市場，但通常只有專業人士在裡面交易）形式的資金。

競爭優勢（Competitive advantage）：競爭優勢是在市場經濟體系中永續賺取超額利潤的關鍵。在資本主義的環境中，多數企業都只能

賺到相當於平均值的報酬，那是資本主義的競爭本質使然；因為企業為了吸引、取悅並留住消費者，會將超額利潤讓利給消費者。然而，如果一家企業擁有競爭優勢，它就無須與顧客分享它得到的所有經濟利益。取而代之的，它可以將那些利益留給它的股東。所以對投資人來說，成功的關鍵之一就是要找出那類具競爭優勢的企業。

這個現象的其他用語包括「優越條件」或巴菲特所謂的「護城河」，也就是圍繞在企業周圍，用以阻擋競爭的要素。在工業時代，企業的競爭優勢來自規模經濟：企業必須設法創造製造效率或配銷效率，好讓它的單位生產成本低於競爭者的單位生產成本。不過，隨著消費者經濟體系在二次世界大戰後變得較為重要，另一種不同的優越條件取得了支配力量——那是一種以**無形資產**為基礎的優越條件，像是企業的品牌。巴菲特投資那類公司的成功經驗非常豐富，他精準掌握到幾十家那類企業。

到了數位時代，最明顯的競爭優勢通常不是製造經濟規模或甚至品牌忠誠度方面的優越條件，而是其他新的優越條件，例如**網路效應**。

複合成長（Compounding）：複合成長可泛指任何事物的成長——包括利潤、運算能力等，也可具體指從一個較大的基礎變得更加強盛的那種成長：例如，如果你投資 10 美元到一檔股票，而它的價格上漲一倍，你就賺到 10 美元。但如果你投資 100 萬美元到同一檔股票，當它上漲一倍，你的利潤就會變成 100 萬美元。

盈利能力（Earnings power）：多數投資人在判斷他們是否已找到划

算的交易標的時，會觀察企業當期的盈餘或**利潤**，並拿盈餘和企業
的股票交易價格做比較。這個比較結果就是所謂的本益比，簡稱
P/E，這項指標堪稱證券分析領域最常用的評價標準。然而，這項比
率是在多數公開掛牌企業屬於高獲利能力水準的成熟型企業的那個
時代構思而來。那類成熟的高獲利企業根本不需要投資大量資源到
業務、行銷與產品開發。相反的，目前多數數位企業都還處於發展
初期，所以會花費大量資源來開拓它們的市場。這樣的支出通常是
明智的，但在落伍的會計慣例影響下，這類支出卻會對當期損益表
造成懲罰效果，並導致本益比看起來不自然地偏高。

　　因此，直接比較營運規模龐大的成熟企業和還忙著再投資的不
成熟企業之間的本益比，會犯下分析不正確的毛病。若希望能客觀
就新興成長型企業和成熟傳統企業進行比較，並衡量這些企業創造
財富的根本內在能力，就不能太執著於企業申報的盈餘數字，而是
應該著眼於企業的「盈利能力」。成熟的軟體公司幾乎能從每 1 美元
的銷貨收入中獲得 50 美分的營業利益，不過，諸如財捷軟體公司等
快速成長企業的**利潤率**，卻只有前述那類成熟企業的一半左右。盈
利能力就是尋求矯正那種扭曲。

盈餘收益率（Earnings yield）：企業的**本益比**是瞭解市場要求我們以
多高代價買進特定企業的常用捷徑。不過，把這個方程式倒過來，
從 P/E 變成 E/P，也經常很有幫助。舉個例子，一檔股票的每股價格
15 元，每股盈餘是 1 元，它的本益比是十五倍，但它的「盈餘收益
率」則是一除以十五，也就是 7%。值此時刻，美國政府長期國庫的

債券利率還不到 2%，相較之下，那一檔股票擁有 7% 的收益率，自然顯得較有吸引力。

不過，請注意，我們不能把企業的**利潤**視同債券的利息，因為債券的利息是定期支付的，而企業的利潤可能起伏不定，何況，企業不見得總是會以股利的形式把錢交付給作為股東的你；企業經常會把盈餘保留下來繼續投資它的業務、購買另一家企業，或買回自家公司的股票等。儘管如此，盈餘收益率還是相當有助益的理論構思，因為它讓我們可以直接比較股票和債券。

權益（Equity）：在財務領域，「權益」有兩種意義。就證券而言，權益是指一家公司的普通股。這時，「持有權益」的意思是指你持有這家企業的一部份股權。權益和債務的差異在於，企業創造的所有新增**利潤**——無論多寡——全數歸權益所有，但若企業陷入困境，權益則必須承擔不成比例的損失。而當企業破產，權益投資人通常就會血本無歸。

另外，就企業財務報表而言，「權益」也代表一家公司的淨值。我們可以在企業的**資產負債表**上找到「權益」：將企業**持有**的資產減去它**積欠**的負債，就能算出這項衡量指標。

先發者或飛毛腿優勢（First-mover or fast-mover advantage）：形容當企業及早採取行動奪取新市場而可能獲得的優越條件。這個用語源自西洋棋，在西洋棋局中，一般認為執白棋者擁有優勢，因為持白棋者能先下第一步。相似的，率先採取行動的企業，或是最急切採取行動的企業，通常會成為市場領導者。

飛輪（Flywheel）：請見**網路效應**。

特許經營權（Franchise）：在投資領域，特許經營權是指以優異獲利能力、高**股東權益報酬率**以及未來獲利源流的整體確定性等因素而顯得鶴立雞群的企業。在百貨公司掌握支配力量的時期，西爾斯百貨就是一個特許經營型投資標的；在民眾還不認為碳酸飲料有害健康的時代，可口可樂被視為特許經營型投資標的。如今，由於數位經濟的基礎已非常穩固，且諸如電子商務和線上廣告等趨勢明顯已勢不可擋，亞馬遜和 Google 遂成了當今的特許經營型投資標的。

基本面分析（Fundamental analysis）：基本面分析聚焦在企業的品質和它在所屬產業生態體系裡的地位。基本面分析師在乎的是可用數字來表達的要素──像是**利潤率**、**股東權益報酬率**等等──顧名思義，基本面分析的目的是希望辨識一家企業的基本面優勢。巴菲特就是最著名且最成功的基本面分析師。

成長型投資法（Growth investing）：主要著重在企業的成長展望，較不考慮介入**本益比**高低的一種資金管理方法。

成長率（Growth rate）：企業銷貨收入或**利潤**的增加速率。在其他所有條件都相同的情況下，一家公司的成長率愈高，它就愈有價值。然而，儘管如此，能連續五十年每年創造 10％成長率的企業，比連續五年每年創造 20％成長率的企業更有價值。很多人在投資股票時常犯的錯誤，就是誤把快速成長的企業當成耐久且寶貴的**特許經營型企業**。

無形資產（Intangible assets）：和**有形資產**相反，顧名思義，無形資產幾乎沒有實體形式可言。顧客忠誠度就是一種無形資產：你觸摸不到它，也無法精準量化它，但它很有價值。品牌或正字標記也是一樣，例如可口可樂的紅白標誌或耐吉（Nike）的鉤形圖案。

　　隨著已開發國家已從工業化經濟體系轉型為服務導向的經濟體系，無形資產變得愈來愈重要。數位革命加速了這個趨勢，因為軟體平台不太需要很多有形資產就能運作。美國鋼鐵公司需要龐大的工廠來生產它的商品──即使是英特爾都必須耗費數十億美元來建造半導體生產設施──相較之下，Google 卻只需要一批配備筆記型電腦的聰明工程師和一些中央伺服器來儲存與處理數據，即可運作它的搜尋網路。因此，Google 的關鍵資產──它的搜尋網路──多半是無實體的。

槓桿（Leverage）：華爾街用來形容債務的用語。債務被稱為槓桿的原因是，債務能放大你的**權益**報酬，使用債務就像使用實際的槓桿，能產生借力使力的效果。舉例來說，如果你擁有一棟價值 40 萬美元的房子，那麼，你為了買這棟房子而支付的一半現金（20 萬美元）是你的權益。另外借來的 20 萬美元就是你的槓桿。如果房價增值到 50 萬美元，所有新增的報酬（10 萬美元）將全數歸屬權益，那就是債務帶來的槓桿效果。然而，如果房價下跌到 30 萬美元，權益也同樣要吸收所有損失。

顧客終生價值／顧客獲取成本（LTV/CAC）：很多數位企業利用這項衡量標準來衡量其行銷支出的效用。終生價值（lifetime value，簡稱

LTV）是企業預期將從一名顧客身上獲取的營業收入。顧客獲取成本（customer acquisition cost，簡稱 CAC）則是企業為爭取這位顧客的青睞而花費的金額。多數數位企業追求的比率是 3 美元／1 美元，換言之，它們希望每花 1 美元的行銷支出，就能獲取 3 美元的終生營業收入。

安全邊際（Margin of safety）：**價值型投資法**之父班・葛拉漢首創的用語之一，他呼籲基金經理人要留意他們可能會因一項投資標的而虧多少錢，而不是賺多少錢。如果我以 10 萬美元購買一棟我知道閣樓裡藏有價值 15 萬美元黃金的房子，那麼，別人就會形容我是在有安全邊際的情況下投資這棟房子，因為閣樓黃金的價值比買這棟房子而支付的錢多了 5 萬美元。

市場價值（Market capitalization）：通常簡稱「市值」（market cap），它是指一檔公開掛牌企業股票的金額價值。市值的算法是將一家公司的股票價格乘以它充分稀釋的流通在外股數。

投資人以市值來代表一家企業的價值。市值愈大，企業就愈有價值，當然，股票價格經常起伏不定，而且，股價經常是誤謬的。而這正是投資人賺錢的門路：只要找出股票報價和它的公平價值之間不一致的企業，就有機會賺錢。

動能型投資法（Momentum investing）：也稱為「最大傻瓜理論」（譯注：即最後一隻老鼠理論），這一派資金管理方法既不在乎**基本面分析**，也不在乎**量化分析**。動能型投資人只在乎一件事：一檔股票

正持續上漲,還是一路下跌。顧名思義,動能型投資人希望能趁那類漲跌趨勢獲益。因此,本質上來說,動能型投資法就是一種短期投資,而且,動能型投資人通常被視為投機客,而外人對他們的這個觀感是正確的。

淨利(Net income):「損益表底線的數字」(The bottom line),也就是一家企業的營業收入扣除所有費用後,所申報的利潤數字。扣除的費用包括利息支出、稅金以及諸如薪資和租金等**營業費用**。這個數字也已扣除折舊 —— 折舊代表企業為維護工廠等長期資產而必須花費的**資本成本**。由於非營業項目如利息與稅金等費用,可能會對企業的實際獲利狀況造成扭曲,因此很多分析師認為**營業利益**才是真正能代表企業實際獲利潛力的指標,而且,它才是可與其他企業進行合理比較的指標。

網路效應(Network effects):用來形容一項事業會隨著愈來愈多民眾使用它而變得愈來愈有價值的術語。股票交易所是網路效應的早期例子之一,隨著愈來愈多人決定在某個股票交易所買賣股票,它的價值也會水漲船高。如今,很多軟體公司受惠於網路效應。愈多訪客上愛彼迎的網站,房地產主人就愈有誘因將他們的出租標的與租金張貼在愛彼迎的網站上。而當愈多人將出租標的與租金張貼在愛彼迎的網站,這個網站就會吸引更多尋找住宿處的訪客到來,而這又會進而驅使更多房地產主人將出租資訊張貼到愛彼迎網站,依此類推。基於這個理由,網路效應也被稱為「飛輪」或「良性循環」。

　　網路效應是當今很多數位企業**競爭優勢**的主要來源之一。在過

去，企業是透過規模經濟獲取優勢，而規模經濟取決於工廠或配銷系統的大小。工廠與配銷系統愈大，單位生產成本就愈低，所以，擁有最大規模的企業便會勝出。這個相同的動態也適用於今日，不過，方向正好相反：重要的不是生產產能，而是受吸引到平台的顧客人數。基於這個理由，網路效應也被稱為「需求端規模經濟」，因為此時驅動競爭優勢的是顧客的需求，而不是企業生產產能的大小。

營業成本或費用（Operating cost or expense）：被視為耐用年限低於一年的那類成本。租金、薪資等等就屬於營業成本。較長期的支出如工廠與倉庫等支出，則屬於**資本成本**，而資本支出項目的費用會以折舊的方式，用很多年分批攤銷。然而，整個世界雖已近入數位時代，會計規則卻沒有跟上經濟現實的腳步。很多研發費用明顯擁有多年的耐用年限，會計規則卻規定幾乎所有研發費用都必須在發生年度，全部提列為當期費用。

營業利益（Operating income）：營業利益也被稱為扣除利息與稅金的盈餘，簡稱息前稅前盈餘（EBIT），這項數據可以是衡量企業相對優勢與弱點的好指標。當企業的利潤率很高──以營業利益除以總營收來衡量的利潤率──通常代表它的業務相當強健。然而，請注意，**資本報酬率**才是終極的標竿，因為這項指標計入了獲取收益所需投入的**資本成本**。

平台型企業（Platform company）：一種成為消費者基本需要並促使其他企業不得不和它做生意的企業，當然，其他企業和這類企業做

生意時必須付費。蘋果公司是典型的平台型企業的例子之一：任何透過蘋果 App 商店出售應用程式的企業，都必須將銷貨收入的 30％ 支付給蘋果。

本益比（Price/earnings ratio，簡稱 P/E）：分析師常用的一種速成評估指標，用來衡量一檔股票便宜或昂貴。每一檔股票都有價格，價格就是「P/E」裡的 *P*。分母是當期**盈餘**，也就是企業的稅後利潤。

　　如果一檔股票的價格是每股 15 美元，當期盈餘是每股 1 美元，那麼，它的本益比就是 15 美元除以 1 美元，也就是盈餘的十五倍。如果你覺得這個概念聽起來一個頭兩個大，可以採用另一個思考本益比的方法，就是把這個等式顛倒過來，讓它變成像債券的殖利率一樣，這樣會更實用，也更符合一般人的常識。請見**盈餘收益率**。

　　在所有其他條件都相同的情況下，當一檔股票的本益比較高，意味它較昂貴。然而，請留心：股票代表的是一家企業的局部所有權，而企業的命運總是隨著時間不斷起起落落。過去十年，購買低本益比股票──這類股票向來是**價值型投資**工具箱裡的主要工具──的成效並不好。以當期盈餘來看，諸如西爾斯等傳統企業看起來似乎很便宜，但那些企業之所以便宜，是因為它們的前景黯淡。相反的，一直以來，諸如 Alphabet 與亞馬遜等股票的本益比很高，故看起來好像很昂貴，不過，這些企業本就理應擁有較高的本益比，因為它們的前途非常光明。會計造成的扭曲與數位企業的鉅額投資支出，進一步傷害了本益比的實用性，儘管它曾經是很可靠的衡量指標。更多討論請見**盈利能力**。

股價淨值比（Price to book value）：常見的價值型投資法衡量標準之一，它被用來衡量投資人支付的股價相對他透過持有股票而獲得的企業淨資產價值而言是否划算。股價淨值比是第一代價值型投資框架的常見標準之一，但目前這項指標已不再受青睞，因為現代企業已經比較不依賴諸如工廠與存貨等有形資產來創造利潤了。

利潤與利潤率（Profit and profit margins）：利潤是企業支付所有費用後的剩餘。而利潤率可以用**淨利**或**營業利益**的函數來表達。不管是用淨利或營業利益計算，利潤率都是一項關鍵比率：通常企業能從每一元銷貨收入中留下的利潤愈多，它的業務就愈強健。企業的平均營業利潤率大約落在 10％的區間。若企業的利潤率低於 10％，意味它面臨競爭壓力，或無法藉由它的產品向顧客收取溢價。另一方面，當利潤率超過 15％，情況就相反了。成熟且規模龐大的軟體公司甚至可能創造高達近 50％的利潤率，這顯示出數位企業的優異經濟性。不過，我們還是必須謹慎看待利潤率數字，因為最終來說，資本報酬率還是最有效的衡量指標。

損益表（Profit and loss statement）：損益表是三大財報之一，和**資產負債表**與**現金流量表**並立，它的目的是為了瞭解企業一年內賺了多少錢——這個數字被表達為**淨利**或**利潤**。

量化分析（Quantitative analysis）：量化分析師——或為進行量化分析而設計的電腦程式（目前較常見）——在判斷何時與如何投資時，完全聚焦在數字輸入值。諸如 AQR 資本管理公司和文藝復興科技公

司（Renaissance Technologies）等現代量化導向型的企業，利用龐大的運算能力，在各式各樣不同資產類別中，辨識成千上萬個微小的盤中價格波動，再藉由那些價格波動獲取利潤。落實量化分析的形式有很多種。現代證券分析與價值型投資法之父班・葛拉漢實際上就是個「量化派」（quant）。

資本報酬率（Return on capital）：**資本報酬率**和股東權益報酬率類似，兩者都旨在辨識一家企業是否具備**特許經營型**企業的性質。當企業使用債務——即**槓桿**，它的股東權益報酬率便有機會提升，但企業使用債務與否，對資本報酬率並不會有影響。

股東權益報酬率（Return on equity）：另一個結合了**損益表**和**資產負債表**的重要投資衡量標準。股東權益報酬率和**資本報酬率**都尋求解答以下關鍵疑問：企業每賺一元利潤必須付出多少成本？賺取**利潤**（你可以在損益表上找到利潤的數字）是一回事，但盡可能用最少資本來賺錢，則是另一回事。

股東權益報酬率的分子是企業的利潤。分母是則是該企業為賺取那些利潤而使用的淨資本——即企業的股東權益。當企業的股東權益報酬率（簡稱 ROE）低於 10％，通常顯示它的利潤率很低，或者它需要太多資本才能賺到它的利潤。當 ROE 高於 15％，顯示企業的業務很強健，而 20％以上的 ROE 則通常顯示企業擁有非常優異的業務，或是具有**特許經營性質**。

回歸均值（Reversion to the mean）：一種假定各項事物久而久之將逐

漸回歸常態的財務／數學概念。如果一家零售企業每年銷貨收入的成長率通常是 5％，但它已經有幾年未達標，那麼，如果我們賭它將回歸均值，代表我們賭它的銷貨收入成長率將回到歷史平均值 5％。一如低**本益比**，回歸均值也向來是**價值型投資人**的重要常備工具，因為在二十世紀的多數時間，經濟體系都相對穩定。不過，隨著網際網路興起，使用回歸均值策略可能會很危險。到目前為止，諸如實體零售商和化石燃料企業等傳統產業並沒有回歸常態的跡象，而數位企業也沒有——前者的業務狀況每下愈況，但後者還處於成長軌跡的早期階段。

證券分析師（Securities analyst）：專門研究公開掛牌的企業金融工具（通常不是股票就是債券）的人。這種分析師可分為兩大類。**基本面分析師**關心的是驅動企業成長與獲利能力的**質化要素**：例如業務的強健度或是經營管理團隊的素質。另一類是**量化分析師**，這一類分析師則主要只對「冷冰冰的數字」感興趣，所謂數字是指企業財務報表以及證券交易市場提供的很多統計數據。

標準普爾 500 指數（簡稱標普 500 指數，S&P 500）：由五百檔美國股票（其中很多企業是大型跨國企業）彙編而成的指數，旨在以一項指數涵蓋各式各樣廣泛的美國公開掛牌企業。這項指數的維護者每一季定期開會，以確保該指數對科技公司、金融企業等等的權重分配，能精確反映美國股市與美國經濟體系的現況。

所有投資人都該以「標普指數」或更簡稱的「指數」為基準，衡量他們的資金管理人的績效。每一位投資人都面臨一個無可迴避

的現實面問題：我要找一個長期下來能打敗市場的經理人（扣除資金管理手續費後）？還是應該將就地接受平均水準的報酬？如果投資人選擇接受平均水準的報酬，只要購買複製標普 500 指數的指數型基金就好，橫豎這種基金幾乎不收手續費。

　　世界各地有很多相似的指數。英國有金融時報 100 指數；法國有 CAC 40 指數，還有諸如明晟（MSCI）世界指數等。無論如何，如果你認同「以歷史績效來說，美國股市向來是全球市場中表現最好的市場」的前提，那麼，就都應該以標普 500 指數來衡量自己的績效，每個人都不例外。

現金流量表（Statement of cash flows）：第三且最後一份重要的企業財務報表就是現金流量表，現金流量表說明了特定期間內，流入與流出企業財庫的金錢，它比損益表精準，因為**損益表**會使用了許多不同的非現金估計值與應計項目。

有形資產（Tangible assets）：顧名思義，有形資產是指相當容易估算出現金價值，並因此容易加以清算（即出售）的所有資產。建築物、工廠和存貨都是有形資產；現金與應收帳款（即顧客欠企業的帳款）也是。雖然現金與應收帳款不全然是有實體的，但這兩個項目的價值卻是已知的；相反的，**無形資產**就是較難以量化但也有價值的資產。

價值型投資法（Value investing）：最古老且最成功的投資方法之一。雖然我們很難精確定義什麼是價值型投資法，但至少知道它有以下特性：嚴謹、紀律嚴明、耐性，且投資人堅持以低廉或至少公平的價

格購買標的企業。所有價值型投資法都會使用量化與較質化的衡量標準，只是不同價值型投資法使用這兩種衡量指標的程度各有不同。

　　價值型投資法是在一個世紀前，班‧葛拉漢開始系統化地分析美國大型企業**資產負債表**之後應運而生。後來，他將這項技巧傳授給他的明星門生華倫‧巴菲特等，而巴菲特又進一步將這些技巧傳給後續世代的年輕人。然而，多年來，所謂「便宜價格」或「公平價格」的定義已經大幅改變。葛拉漢認為，價格便宜或公平與否，主要是相對一家企業的清算價值而言；巴菲特則向來較偏好以當期本益比計算而顯得價格合理的**特許經營型企業**；如今由於軟體平台支配全球的力量早已超出葛拉漢與巴菲特所能預見的程度，因此，價值型投資法正再次進入一個轉型與重新檢討期。

贏家通吃（Winner take all）：和**網路效應**和**平台**現象相似，贏家通吃動態和數位企業密切相關。由於消費者在使用各式各樣的數位應用程式時，每個應用程式只習慣用一種服務——例如使用臉書時，只使用社群媒體服務，使用 Google 只使用搜尋服務——這些企業遂可能在各自所屬的利基市場累積巨大的市場佔有率，並形成「贏家通吃」或「贏家吃最多」的現象。

謝詞

　　我把所有曾經幫助我的人分門別類，再依照各個類別，逐一對他們表達感謝。雖然這麼做有點呆板，我卻覺得那是適當的。所有優秀的投資人都會把要思考的內容分門別類，而這畢竟是一本有關投資的書。所以，我決定把要感謝的人分成以下類別，逐一向他們致謝。

　　然而，千萬不要因為我把要感謝的人分門別類，就認為我沒有發自內心感謝他們。我由衷感激且謝謝所有幫過我的人。

朋友與家人

　　首先，我要把最深的謝意獻給我太太莎蒂・布利傑（Sadie Bridger）與我們的兒子艾薩克・布利傑・席塞爾（Isaac Bridger Seessel）。他們在本書的構思時期就提供了很多意見，並以耐心和愛心，一路看顧著這本書。我永遠不會忘記我在我家後院大聲向他們朗讀本書草稿時的情景，儘管那幾份初稿實在很彆腳，他們卻還是

溫暖地對我說這本書非常棒,可能會很成功。

　　感謝道格‧赫斯奇(Doug Hirsch),他在二十五多年前帶領我進入這個行業,而且從那時開始,便不斷給我明智的鼓勵和建議。道格從我還是個窮記者時就與我熟識,所以,他很清楚我從窮記者變成自由作家兼卡多刀具(Cutco)業務員的那一段艱辛歷史。

　　謝謝天才作家塞斯‧史蒂文斯-大衛多維茲(Seth Stephens-Davidowitz),他幫我閱讀本書的幾份初期草稿,並在我迫切需要的時刻,給了我很好又很正面的回饋。

　　感謝我的哥兒們喬治‧克拉斯(George Klas),他總是不斷為我打氣,即使我忙到沒空去中央公園和他一起散步,他也不會忘記為我加油。

　　另外,我要感謝我十歲時就認識的老友約翰‧肯寧(John Canning),他幫忙讀過幾份不同的草稿,並為我提供了「更快、更便宜、更好」的拉丁文翻譯。

專業人脈

　　註:我把以下多數人當成朋友,但因為我主要是透過工作認識他們,所以才會把他們歸入這個類別。

　　首先,我要感謝我的老上司:盛博公司的恰克‧坎恩(Chuck Cahn)與約翰‧馬赫迪(John Mahedy)、巴倫基金的榮恩‧巴倫(Ron Baron),以及戴維斯精選顧問公司的克里斯‧戴維斯(Chris Davis)。在他們的幫助下,原本是新聞記者的我,才得以從青澀的投資學徒蛻變為堪稱熟練的分析師。

感謝馬基爾公司（Markel Corporation）的聯席執行長兼投資長湯姆・蓋納（Tom Gayner），他是非常好的消息來源、意見徵詢對象，也是我轉型為第三代價值型投資者的路途上的良師益友之一。

感謝東岸資產管理公司的克里斯・貝格，他和我分享他自己邁向第三代價值型投資法的歷程，事實上，我在本書採用的第一代、第二代與第三代價值型投資法等名稱，就是受他啟發而來。

感謝 TCI 基金管理公司（TCI Fund Management）的合夥人之一索拉夫・喬德哈利（Sourav Choudhary），關於當今經濟體系的優異企業應具備哪些要件，以及應該如何評價這些企業等議題，他的意見對我的影響勝過任何一個人。

感謝我的印度友人吉姆・基南（Jim Keenan）、克林特・雷曼以及蓋瑞・席耶伯（Gary Sieber），他們幫忙閱讀前幾個章節的草稿，並在本書漸漸成形之際，提供了非常有建設性的批評。

感謝馬克・迪斯頓（Mark Disston），他在本書還處於提案階段之際，花了非常多時間與心力幫助我搞定本書的輪廓。當我在思考要如何闡明當今投資人面臨的最緊迫問題時，馬克毫不猶豫地給了我很多直接且正確的意見。

感謝我在網路泡沫幻滅時認識的老亞馬遜人提姆・史東（Tim Stone），當時該公司的市值僅僅 40 億美元。提姆後來成了福特汽車的財務長，他對舊經濟與新經濟有著獨樹一格的見解，而且不吝於和我分享他的觀點。

感謝我最敬重的加密通貨專家約翰・史密斯（John Smith），他要求我用化名來保護他，以免加密通貨海盜開始設法掠奪他的比特

幣、以太幣與其他加密通貨。約翰是個通情達理的人，而他被迫對我提出這個要求，充分說明了加密通貨的本質，以及它的成熟度（或不成熟度）是否足以讓它成為一項資產類別。

感謝我的兩位前分析師曼紐爾‧納瓦斯（Manuel Navas）與莫瑞茲‧馬蒙（Meraz Mamun），他們各自閱讀了不同部分的手稿，並從他們各自能力圈視角，給了我非常寶貴的獨特見解。

感謝紐約大學會計教授巴魯克‧列夫，他跟我分享他的研究報告，也詳細說明為何他認為這項學科──這是商業計分所需的必要工具──需要大規模翻修。

感謝漢萊克‧詹考斯基（Henryk Jankowski，別名 Fromchmm），他是才華洋溢的會計師與查帳人員，在他的幫助下，我參透了各種不同會計議題，也了解那些議題在數位時代的應用方式。

感謝標普道瓊指數公司的克瑞格‧拉薩拉（Craig Lazzara），他完整維護了華倫‧巴菲特的長期績效記錄，並和我分享這項資料。

感謝現實世界洞見諮詢公司（Real World Insights）的創辦人兼負責人大衛‧肯特（David Kanter），他毫不藏私且耐心地向希望了解摩爾定律與梅特卡夫定律的我，述說那些定律的精妙要點，更告訴我那兩項定律對科技的未來將有何影響。

編輯過程

感謝我的出版經紀人 ICM 的珍妮佛‧喬爾（Jennifer Joel），她也和我太太與兒子一樣，在場見證《科技股的價值投資法》一書的誕生。珍對這整個提案的擬定，發揮了重要的作用力；她幫我編輯了

本書的各種不同版本；而且她了解我什麼時候需要建議、什麼時候需要鼓勵、還有什麼時候需要別人的臨門一腳。本書因她的參與而變得更盡善盡美。

感謝我的編輯——Avid Reader Press 的班‧羅南（Ben Loehnen）——和他的助理卡洛琳‧凱利（Carolyn Kelly）。他們像牧羊人般，以非常用心的態度、機智和技巧，處理本書的幾份草稿。不知怎地，班總是知道何時應該介入，何時應該提出編輯建議，何時又該放手讓我自己搞定。所有曾在編輯底下做過事的人都知道，這是一種罕見技能，而且這項技能備受作家（包括我）讚賞。

感謝艾瑞克‧布萊尼德森（Erik Brynildsen），他提供的圖形讓這本書顯得栩栩如生，並在這個過程中證明：一個畫面確實勝過千言萬語。另外，我要感謝輝盛研究公司的傑夫‧史貝克特（Jeff Spector），艾瑞克使用的數據是傑夫一手編製而成。

感謝已和我認識多年的事實查核員林丹（Dan Lam），他擁有像鉛筆一樣尖銳的眼光。

感謝我長期以來的律師布萊恩‧古茲曼（Brian Guzman），他任職於古茲曼顧問合夥公司（Guzman Advisory Partners），他在很多重要的法律與商業議題上為我提供法律上的意見，而且一路上不斷為我加油打氣。

感謝蓋伯‧阿爾波（Gabe Alpert）和妮卡‧羅森斯坦（Nikka Rosenstein），他們讀過本書的幾份早期版本，並給了我很多好意見，讓我知道應該對較年輕的投資人提供什麼建議，以及如何表達那些建議。

感謝《霸榮》雜誌的阿爾瑪·拉圖爾（Almar Latour）、傑克·歐特（Jack Otter）、蘿倫·魯布林（Lauren Rublin）與安德魯·巴瑞（Andrew Bary），尤其是傑克，他敦促我在五年前重新展開我的媒體工作者生涯，並鼓勵我不要放棄。

感謝《財星》雜誌的艾倫·莫瑞（Alan Murray）與梅特·海默（Matt Heimer），他們在 2018 年時發表了我的一篇長文，那篇標題為「致世界最偉大投資者：不進化便衰亡的時刻」（An Evolve-or-Die Moment for the World's Great Investors）的文章，最後成為了這本書的緣起。

作者簡介

　　亞當・席塞爾畢業於達特茅斯學院（Dartmouth College），他展開專業生涯後，最初是在北卡羅萊納州從事新聞記者工作，他因環保相關的報導而在那裡得到一座喬治・波爾克獎（George Polk Award）。1995 年，席塞爾帶著他的研究技能投入華爾街，曾先後在盛博公司（Sanford C. Bernstein）、巴倫資本（Baron Capital）與戴維斯精選顧問公司（Davis Selected Advisers）工作，最後，他開創了自己的企業——引力資本管理公司（Gravity Capital Management），為擁有高資產淨值的有錢人和機構管理資金。自 2000 年代中期為戴維斯基金工作以後，席塞爾便開始累積他的股票市場績效記錄，自始至終，他一直維持著超越標普 500 指數的表現。他也為《霸榮》（*Barron's*）與《財星》（*Fortune*）等雜誌撰寫投資領域的專文。席塞爾已婚，有一名從事軟體工程師工作的成年兒子，他和他的藝術家太太一同住在曼哈頓。

新商業周刊叢書 BW0815

科技股的價值投資法

3 面向、6 指標，全面評估企業獲利能力，
跟巴菲特一起買進科技股

原 文 書 名 /	Where the Money Is: Value Investing in the Digital Age
作　　者 /	亞當・席塞爾（Adam Seessel）
譯　　者 /	陳 儀
編 輯 協 力 /	張語寧
責 任 編 輯 /	鄭凱達
企 劃 選 書 /	黃鈺雯
版　　權 /	顏慧儀
行 銷 業 務 /	周佑潔、林秀津、黃崇華、賴正祐、郭盈均

總 編 輯 /	陳美靜
總 經 理 /	彭之琬
事業群總經理 /	黃淑貞
發 行 人 /	何飛鵬
法 律 顧 問 /	台英國際商務法律事務所 羅明通律師
出　　版 /	商周出版
	115020 臺北市南港區昆陽街 16 號 4 樓
	電話：(02) 2500-7008 傳真：(02) 2500-7759
	E-mail: bwp.service @ cite.com.tw
發　　行 /	英屬蓋曼群島商家庭傳媒股份有限公司　城邦分公司
	115020 臺北市南港區昆陽街 16 號 8 樓
	讀者服務專線：0800-020-299　24 小時傳真服務：(02) 2517-0999
	讀者服務信箱 E-mail: cs@cite.com.tw
	劃撥帳號：19833503　戶名：英屬蓋曼群島商家庭傳媒股份有限公司城邦分公司
訂 購 服 務 /	書虫股份有限公司客服專線：(02) 2500-7718；2500-7719
	服務時間：週一至週五上午 09:30-12:00；下午 13:30-17:00
	24 小時傳真專線：(02) 2500-1990；2500-1991
	劃撥帳號：19863813　戶名：書虫股份有限公司
	E-mail: service@readingclub.com.tw
香港發行所 /	城邦（香港）出版集團有限公司
	香港九龍土瓜灣土瓜灣道 86 號順聯工業大廈 6 樓 A 室
	E-mail: hkcite@biznetvigator.com
	電話：(852) 25086231　傳真：(852) 25789337
馬新發行所 /	城邦（馬新）出版集團
	Cite (M) Sdn. Bhd.
	41, Jalan Radin Anum, Bandar Baru Sri Petaling, 57000 Kuala Lumpur, Malaysia.
	電話：(603) 9056-3833　傳真：(603) 9057-6622　E-mail: services@cite.my

封 面 設 計 /	FE 設計・葉馥儀
印　　刷 /	鴻霖印刷傳媒股份有限公司
經 銷 商 /	聯合發行股份有限公司 電話：(02) 2917-8022 傳真：(02) 2911-0053
	地址：新北市新店區寶橋路 235 巷 6 弄 6 號 2 樓

■ 2023 年 2 月 7 日初版 1 刷　　　　　　　　　　　Printed in Taiwan
■ 2023 年 7 月 9 日初版 2.7 刷

國家圖書館出版品預行編目 (CIP) 資料

科技股的價值投資法：3 面向、6 指標，全面評估企業
獲利能力，跟巴菲特一起買進科技股 / 亞當 . 席塞爾
(Adam Seessel) 著；陳儀譯 . -- 初版 . -- 臺北市：商
周出版：英屬蓋曼群島商家庭傳媒股份有限公司城邦
分公司發行 , 2023.02
　　面；　公分 . -- (新商業周刊叢書；BW0815)
譯自：Where the money is : value investing in the digital
age
ISBN 978-626-318-526-5（平裝）

1.CST: 個人理財 2.CST: 股票投資

563.53　　　　　　　　　　　　　　　111019962

線上版讀者回函卡

定價 490 元（紙本）/ 340 元（EPUB）　版權所有，翻印必究
ISBN: 978-626-318-526-5（紙本）/ 978-626-318-527-2（EPUB）

城邦讀書花園
www.cite.com.tw

 商周出版

廣　告　回　函
北區郵政管理登記證
台北廣字第000791號
郵資已付，免貼郵票

104 台北市民生東路二段141號2樓

**英屬蓋曼群島商家庭傳媒股份有限公司
城邦分公司　收**

請沿虛線對摺，謝謝！

 商周出版

書號：BW0815　　書名：科技股的價值投資法　　編碼：

讀者回函卡

感謝您購買我們出版的書籍！請費心填寫此回函卡，我們將不定期寄上城邦集團最新的出版訊息。

不定期好禮相贈！
立即加入：商周b
Facebook 粉絲團

姓名：＿＿＿＿＿＿＿＿＿＿＿＿＿＿＿＿＿＿＿＿ 性別：□男 □女

生日：西元＿＿＿＿＿＿年＿＿＿＿＿＿月＿＿＿＿＿＿日

地址：＿＿＿＿＿＿＿＿＿＿＿＿＿＿＿＿＿＿＿＿＿＿＿＿

聯絡電話：＿＿＿＿＿＿＿＿＿＿＿ 傳真：＿＿＿＿＿＿＿＿＿＿＿

E-mail：

學歷：□ 1. 小學 □ 2. 國中 □ 3. 高中 □ 4. 大學 □ 5. 研究所以上

職業：□ 1. 學生 □ 2. 軍公教 □ 3. 服務 □ 4. 金融 □ 5. 製造 □ 6. 資訊
　　　□ 7. 傳播 □ 8. 自由業 □ 9. 農漁牧 □ 10. 家管 □ 11. 退休
　　　□ 12. 其他＿＿＿＿＿＿＿＿＿＿＿＿＿＿＿＿＿＿＿＿

您從何種方式得知本書消息？
　　　□ 1. 書店 □ 2. 網路 □ 3. 報紙 □ 4. 雜誌 □ 5. 廣播 □ 6. 電視
　　　□ 7. 親友推薦 □ 8. 其他＿＿＿＿＿＿＿＿＿＿＿＿＿＿

您通常以何種方式購書？
　　　□ 1. 書店 □ 2. 網路 □ 3. 傳真訂購 □ 4. 郵局劃撥 □ 5. 其他＿＿＿

您喜歡閱讀那些類別的書籍？
　　　□ 1. 財經商業 □ 2. 自然科學 □ 3. 歷史 □ 4. 法律 □ 5. 文學
　　　□ 6. 休閒旅遊 □ 7. 小說 □ 8. 人物傳記 □ 9. 生活、勵志 □ 10. 其他

對我們的建議：＿＿＿＿＿＿＿＿＿＿＿＿＿＿＿＿＿＿＿＿
＿＿＿＿＿＿＿＿＿＿＿＿＿＿＿＿＿＿＿＿＿＿＿＿＿＿＿
＿＿＿＿＿＿＿＿＿＿＿＿＿＿＿＿＿＿＿＿＿＿＿＿＿＿＿